老科学家学术成长资料采集工程

中国工程院院士传记丛书

材料人生

涂铭旌传

曹萍 等◎著

28 年
于重庆九龙坡

1947 年
考入同济大学

1951 年
留同济大学任教

1952 年
调入交通大学

1958 年
随交通大学部分院系迁往西安

1988 年
调入四川大学

1995 年
当选中国工程院院士

U0821607

老科学家学术成长资料采集工程
中国工程院院士传记 丛书

材料人生

涂铭旌传

曹萍 等◎著

中国科学技术出版社
上海交通大学出版社

图书在版编目（CIP）数据

材料人生：涂铭旌传／曹萍等著．—北京：中国科学技术出版社，2017.4

（老科学家学术成长资料采集工程丛书．中国工程院院士传记丛书）

ISBN 978-7-5046-7449-4

Ⅰ．①材… Ⅱ．①曹… Ⅲ．①涂铭旌－传记 Ⅳ．①K826.16

中国版本图书馆 CIP 数据核字（2017）第 067636 号

责任编辑	张　楠
责任校对	杨京华
责任印制	张建农
版式设计	中文天地

出　　版	中国科学技术出版社　上海交通大学出版社
发　　行	中国科学技术出版社发行部
地　　址	北京市海淀区中关村南大街 16 号
邮　　编	100081
发行电话	010-62173865
传　　真	010-62179148
网　　址	http://www.cspbooks.com.cn

开　　本	787mm × 1092mm　1/16
字　　数	297 千字
印　　张	19
彩　　插	2
版　　次	2017 年 4 月第 1 版
印　　次	2017 年 4 月第 1 次印刷
印　　刷	北京华联印刷有限公司
书　　号	ISBN 978-7-5046-7449-4 / K · 219
定　　价	75.00 元

（凡购买本社图书，如有缺页、倒页、脱页者，本社发行部负责调换）

老科学家学术成长资料采集工程
领导小组专家委员会

主　任： 杜祥琬

委　员：（以姓氏拼音为序）

巴德年　陈佳洱　胡启恒　李振声

齐　让　王礼恒　王春法

老科学家学术成长资料采集工程
丛书组织机构

特邀顾问（以姓氏拼音为序）

樊洪业　方　新　谢克昌

编 委 会

主　编： 王春法　张　藜

编　委：（以姓氏拼音为序）

艾素珍　崔宇红　定宜庄　董庆九　郭　哲

韩建民　何素兴　胡化凯　胡宗刚　刘晓勘

罗　晖　吕瑞花　秦德继　王　挺　王扬宗

熊卫民　姚　力　张大庆　张　剑　周德进

编委会办公室

主　任： 孟令耘　张利洁

副主任： 许　慧　刘佩英

成　员：（以姓氏拼音为序）

董亚峥　冯　勤　高文静　韩　颖　李　梅

刘如溪　罗兴波　沈林芑　田　田　王传超

余　君　张海新　张佳静

老科学家学术成长资料采集工程简介

老科学家学术成长资料采集工程（以下简称“采集工程”）是根据国务院领导同志的指示精神，由国家科教领导小组于2010年正式启动，中国科协牵头，联合中组部、教育部、科技部、工信部、财政部、文化部、国资委、解放军总政治部、中国科学院、中国工程院、国家自然科学基金委员会等11部委共同实施的一项抢救性工程，旨在通过实物采集、口述访谈、录音录像等方法，把反映老科学家学术成长历程的关键事件、重要节点、师承关系等各方面的资料保存下来，为深入研究科技人才成长规律，宣传优秀科技人物提供第一手资料和原始素材。

采集工程是一项开创性工作。为确保采集工作规范科学，启动之初即成立了由中国科协主要领导任组长、12个部委分管领导任成员的领导小组，负责采集工程的宏观指导和重要政策措施制定，同时成立领导小组专家委员会负责采集原则确定、采集名单审定和学术咨询，委托科学史学者承担学术指导与组织工作，建立专门的馆藏基地确保采集资料的永久性收藏和提供使用，并研究制定了《采集工作流程》《采集工作规范》等一系列基础文件，作为采集人员的工作指南。截止2016年6月，已启动400多位老科学家的学术成长资料采集工作，获得手稿、书信等实物原件资料73968件，数字化资料178326件，视频资料4037小时，音频资料4963小时，具有重要的史料价值。

采集工程的成果目前主要有三种体现形式，一是建设“中国科学家博物馆网络版”，提供学术研究和弘扬科学精神、宣传科学家之用；二是编辑制作科学家专题资料片系列，以视频形式播出；三是研究撰写客观反映老科学家学术成长经历的研究报告，以学术传记的形式，与中国科学院、中国工程院联合出版。随着采集工程的不断拓展和深入，将有更多形式的采集成果问世，为社会公众了解老科学家的感人事迹，探索科技人才成长规律，研究中国科技事业的发展历程提供客观翔实的史料支撑。

总序一

中国科学技术协会主席　韩启德

老科学家是共和国建设的重要参与者，也是新中国科技发展历史的亲历者和见证者，他们的学术成长历程生动反映了近现代中国科技事业与科技教育的进展，本身就是新中国科技发展历史的重要组成部分。针对近年来老科学家相继辞世、学术成长资料大量散失的突出问题，中国科协于2009年向国务院提出抢救老科学家学术成长资料的建议，受到国务院领导同志的高度重视和充分肯定，并明确责成中国科协牵头，联合相关部门共同组织实施。根据国务院批复的《老科学家学术成长资料采集工程实施方案》，中国科协联合中组部、教育部、科技部、工业和信息化部、财政部、文化部、国资委、解放军总政治部、中国科学院、中国工程院、国家自然科学基金委员会等11部委共同组成领导小组，从2010年开始组织实施老科学家学术成长资料采集工程。

老科学家学术成长资料采集是一项系统工程，通过文献与口述资料的搜集和整理、录音录像、实物采集等形式，把反映老科学家求学历程、师承关系、科研活动、学术成就等学术成长中关键节点和重要事件的口述资料、实物资料和音像资料完整系统地保存下来，对于充实新中国科技发展的历史文献，理清我国科技界学术传承脉络，探索我国科技发展规律和科技人才成长规律，弘扬我国科技工作者求真务实、无私奉献的精神，在全社会营造爱科学、学科学、用科学的良好氛围，是一件很有意义的事情。采集工程把重点放在年龄在 80 岁以上、学术成长经历丰富的两院院士，以及虽然不是两院院士、但在我国科技事业发展中作出突出贡献的老科技工作者，充分体现了党和国家对老科学家的关心和爱护。

自 2010 年启动实施以来，采集工程以对历史负责、对国家负责、对科技事业负责的精神，开展了一系列工作，获得大量反映老科学家学术成长历程的文字资料、实物资料和音视频资料，其中有一些资料具有很高的史料价值和学术价值，弥足珍贵。

以传记丛书的形式把采集工程的成果展现给社会公众，是采集工程的目标之一，也是社会各界的共同期待。在我看来，这些传记丛书大都是在充分挖掘档案和书信等各种文献资料、与口述访谈相互印证校核、严密考证的基础之上形成的，内中还有许多很有价值的照片、手稿影印件等珍贵图片，基本做到了图文并茂，语言生动，既体现了历史的鲜活，又立体化地刻画了人物，较好地实现了真实性、专业性、可读性的有机统一。通过这套传记丛书，学者能够获得更加丰富扎实的文献依据，公众能够更加系统深入地了解老一辈科学家的成就、贡献、经历和品格，青少年可以更真实地了解科学家、了解科技活动，进而充分激发对科学家职业的浓厚兴趣。

借此机会，向所有接受采集的老科学家及其亲属朋友，向参与采集工程的工作人员和单位，表示衷心感谢。真诚希望这套丛书能够得到学术界的认可和读者的喜爱，希望采集工程能够得到更广泛的关注和支持。我期待并相信，随着时间的流逝，采集工程的成果将以更加丰富多样的形式呈现给社会公众，采集工程的意义也将越来越彰显于天下。

是为序。

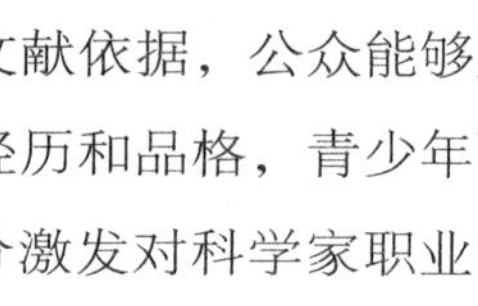

总序二

中国科学院院长　白春礼

由国家科教领导小组直接启动，中国科学技术协会和中国科学院等12个部门和单位共同组织实施的老科学家学术成长资料采集工程，是国务院交办的一项重要任务，也是中国科技界的一件大事。值此采集工程传记丛书出版之际，我向采集工程的顺利实施表示热烈祝贺，向参与采集工程的老科学家和工作人员表示衷心感谢！

按照国务院批准实施的《老科学家学术成长资料采集工程实施方案》，开展这一工作的主要目的就是要通过录音录像、实物采集等多种方式，把反映老科学家学术成长历史的重要资料保存下来，丰富新中国科技发展的历史资料，推动形成新中国的学术传统，激发科技工作者的创新热情和创造活力，在全社会营造爱科学、学科学、用科学的良好氛围。通过实施采集工程，系统搜集、整理反映这些老科学家学术成长历程的关键事件、重要节点、学术传承关系等的各类文献、实物和音视频资料，并结合不同时期的社会发展和国际相关学科领域的发展背景加以梳理和研究，不仅有利于深入了解新中国科学发展的进程特别是老科学家所在学科的发展脉络，而且有利于发现老科学家成长成才中的关键人物、关键事件、关键因素，探索和把握高层次人才培养规律和创新人才成长规律，更有利于理清我国科技界学术传承脉络，深入了解我国科学传统的形成过程，在全社会范围内宣传弘扬老科学家的科学思想、卓越贡献和高尚品质，推动社会主义科学文化和创新文化建设。从这个意义上说，采集工程不仅是一项文化工程，更是一项严肃认真的学术建设工作。

中国科学院是科技事业的国家队，也是凝聚和团结广大院士的大家庭。早在 1955 年，中国科学院选举产生了第一批学部委员，1993 年国务院决定中国科学院学部委员改称中国科学院院士。半个多世纪以来，从学部委员到院士，经历了一个艰难的制度化进程，在我国科学事业发展史上书写了浓墨重彩的一笔。在目前已接受采集的老科学家中，有很大一部分即是 20 世纪八九十年代当选的中国科学院学部委员、院士，其中既有学科领域的奠基人和开拓者，也有作出过重大科学成就的著名科学家，更有毕生在专门学科领域默默耕耘的一流学者。作为声誉卓著的学术带头人，他们以发展科技、服务国家、造福人民为己任，求真务实、开拓创新，为我国经济建设、社会发展、科技进步和国家安全作出了重要贡献；作为杰出的科学教育家，他们着力培养、大力提携青年人才，在弘扬科学精神、倡树科学理念方面书写了可歌可泣的光辉篇章。他们的学术成就和成长经历既是新中国科技发展的一个缩影，也是国家和社会的宝贵财富。通过采集工程为老科学家树碑立传，不仅对老科学家们的成就和贡献是一份肯定和安慰，也使我们多年的夙愿得偿！

鲁迅说过，“跨过那站着的前人”。过去的辉煌历史是老一辈科学家铸就的，新的历史篇章需要我们来谱写。衷心希望广大科技工作者能够通过“采集工程”的这套老科学家传记丛书和院士丛书等类似著作，深入具体地了解和学习老一辈科学家学术成长历程中的感人事迹和优秀品质；继承和弘扬老一辈科学家求真务实、勇于创新的科学精神，不畏艰险、勇攀高峰的探索精神，团结协作、淡泊名利的团队精神，报效祖国、服务社会的奉献精神，在推动科技发展和创新型国家建设的广阔道路上取得更辉煌的成绩。

总序三

中国工程院院长　周　济

由中国科协联合相关部门共同组织实施的老科学家学术成长资料采集工程，是一项经国务院批准开展的弘扬老一辈科技专家崇高精神、加强科学道德建设的重要工作，也是我国科技界的共同责任。中国工程院作为采集工程领导小组的成员单位，能够直接参与此项工作，深感责任重大、意义非凡。

在新的历史时期，科学技术作为第一生产力，已经日益成为经济社会发展的主要驱动力。科技工作者作为先进生产力的开拓者和先进文化的传播者，在推动科学技术进步和科技事业发展方面发挥着关键的决定的作用。

新中国成立以来，特别是改革开放30多年来，我们国家的工程科技取得了伟大的历史性成就，为祖国的现代化事业作出了巨大的历史性贡献。两弹一星、三峡工程、高速铁路、载人航天、杂交水稻、载人深潜、超级计算机……一项项重大工程为社会主义事业的蓬勃发展和祖国富强书写了浓墨重彩的篇章。

这些伟大的重大工程成就，凝聚和倾注了以钱学森、朱光亚、周光召、侯祥麟、袁隆平等为代表的一代又一代科技专家们的心血和智慧。他们克服重重困难，攻克无数技术难关，潜心开展科技研究，致力推动创新发展，为实现我国工程科技水平大幅提升和国家综合实力显著增强作出了杰出贡献。他们热爱祖国，忠于人民，自觉把个人事业融入到国家建设大局之中，为实现国家富强而不断奋斗；他们求真务实，勇于创新，用科技为中华民族的伟大复兴铸就了辉煌；他们治学严谨，鞠躬尽瘁，具有崇高的科学精神和科学道德，是我们后代学习的楷模。科学家们的一生是一本珍贵的教科书，他们坚定的理想信念和淡泊名利的崇高品格是中华民族自强不息精神的宝贵财富，永远值得后人铭记和敬仰。

通过实施采集工程，把反映老科学家学术成长经历的重要文字资料、实物资料和音像资料保存下来，把他们卓越的技术成就和可贵的精神品质记录下来，并编辑出版他们的学术传记，对于进一步宣传他们为我国科技发展和民族进步作出的不朽功勋，引导青年科技工作者学习继承他们的可贵精神和优秀品质，不断攀登世界科技高峰，推动在全社会弘扬科学精神，营造爱科学、讲科学、学科学、用科学的良好氛围，无疑有着十分重要的意义。

中国工程院是我国工程科技界的最高荣誉性、咨询性学术机构，集中了一大批成就卓著、德高望重的老科技专家。以各种形式把他们的学术成长经历留存下来，为后人提供启迪，为社会提供借鉴，为共和国的科技发展留下一份珍贵资料。这是我们的愿望和责任，也是科技界和全社会的共同期待。

周济

涂铭旌

涂铭旌与采集小组部分成员合影
（2014 年 4 月，陈明德摄于四川大学教育电视台演播厅）

涂铭旌与采集小组交流
（2014 年 8 月，陈明德摄于四川大学材料科技楼）

涂铭旌在四川大学老实验室向采集小组介绍当年情况
（2014 年 8 月，陈明德摄于四川大学西五教学楼）

目录

老科学家学术成长资料采集工程简介

总序一 …… 韩启德

总序二 …… 白春礼

总序三 …… 周　济

导　言 …… 1

第一章　青少年时期的启蒙 …… 9

清苦的小商人家庭 …… 9
温暖的亲人关怀 …… 12
爱国情怀初萌发 …… 17
要当“大先生” …… 19
求学同济大学附中 …… 22

第二章　开启工程师之梦 …… 30

沪上的逐梦岁月 …… 30

第一部专著……37
为工程学大师当助教……40
两校读研受益匪浅……42

第三章 与金属材料同行……50

拓荒西安……50
在工厂“锤炼”……55
“发挥金属材料强度潜力”的研究……65
“金属材料强度、塑性、韧性合理配合”的提出……72
理论到实践的转化……79
主持研究所工作的日子……93
重返巴蜀，为研究步履不停……102

第四章 稀土研究新征程……105

花甲开新业……105
靠山吃山 选定稀土研究方向……109
初探稀土永磁材料……112
突出重围研制“微特电机用复合塑料永磁体”……114
深研纳米复合永磁材料……117
研制无钕贮氢合金镍氢电池……121
研制不逊于立邦漆的纳米复合建筑涂料……129
积极组织室温磁致冷材料相关研究……134

第五章 服务地方与办学模式新探索……137

心中两夙愿……137
服务地方产业发展……139

推动材料学科领域交流与合作 …… 143
支援重庆文理学院 …… 147
办学模式新探索 …… 158

第六章 半生钻研科技谋略 …… 168

科学的春天，弯路萌新思 …… 168
谋略论著与科技竞争 …… 173
探索科技与艺术之美 …… 188

第七章 淡看名利　桃李芬芳 …… 194

“当教师不亦说乎” …… 194
知足常乐　自立规矩“五不做” …… 207
不畏病魔　科研不辍 …… 216
科学家的人文情怀 …… 228
相濡以沫 …… 232

结语　博观而约取　厚积而薄发 …… 235

附录一　涂铭旌年表 …… 241

附录二　涂铭旌主要论著目录 …… 262

参考文献 …… 275

后　记 …… 280

图 1-1　20 世纪 60 年代涂铭旌与两个弟弟在西安合影……………………16
图 1-2　同济大学附中 20 世纪 40 年代在宜宾李庄的教学楼…………………25
图 1-3　20 世纪 40 年代涂铭旌与同学在李庄同济中学校园内合影 …………25
图 1-4　1946 年暑期同济附中部分学生在宜昌会合准备由水路到上海复课，候船期间于临时帐篷外合影 ……………………………………………28
图 1-5　涂铭旌高中时全班同学与老师合影 ……………………………………28
图 2-1　1951 年涂铭旌获同济大学学士学位时的照片 …………………………34
图 2-2　涂铭旌第一部专著《钢的热处理》封面…………………………………39
图 2-3　哈尔滨工业大学历史老建筑机械楼………………………………………43
图 2-4　涂铭旌在北京钢铁工业学院读研时的学生注册片 ……………………45
图 2-5　1957 年在上海交通大学金属实验室前与师生合影………………………49
图 3-1　1959 年涂铭旌与上海交通大学 1957 届毕业生分配到西安的同学合影………………………………………………………………………52
图 3-2　20 世纪 60 年代西安交通大学工程物理系 821 专业同事合影………55
图 3-3　1964 年涂铭旌在长春汽车厂实习时与工长合影 ………………………59
图 3-4　1976 年涂铭旌在泾阳农修厂与工人和下乡师生合影……………………68
图 3-5　1987 年涂铭旌与周惠久院士等在云南石林合影 ………………………70
图 3-6　涂铭旌 1979 年参加全国失效分析学术会议留影 ………………………78
图 3-7　涂铭旌因“发挥金属材料强度潜力的理论研究”获得国家教委科技进步奖一等奖的证书…………………………………………………79
图 3-8　《陕西日报》1980 年 8 月 26 日头版相关报道《为国争光　为民争利》………………………………………………………………………89
图 3-9　1984 年 3 月煤矿机械厂矿用圆环链综合强化技术鉴定会的合影··93
图 3-10　西安交通大学金属材料强度国家重点实验室 …………………………95
图 3-11　1983 年涂铭旌在德国卡尔斯鲁厄大学材料科学研究所做访问学者期

间与德国同事参加德国热处理年会活动时留影…………………101
图 4-1　2014 年涂铭旌在当年起步时的实验室介绍初创情况…………107
图 4-2　2014 年 10 月涂铭旌在四川大学稀土纳米科技楼前…………112
图 4-3　1997 年涂铭旌在扫描电子显微镜分析室与学生交流…………118
图 4-4　国家科学技术进步奖二等奖证书………………………………121
图 4-5　1999 年涂铭旌在无钕低温贮氢合金电池实验室为前来参观的社会公众进行讲解…………………………………………………124
图 4-6　涂铭旌团队与宝生公司合作研发的 BYS-MH-Ni-200 型电池和 BYS-MH-Ni-30 型电池…………………………………………127
图 5-1　涂铭旌"关于四川省制定纳米稀土发展规划的建议"手稿……140
图 5-2　20 世纪 90 年代国务院学位委员会材料科学与工程评议组华中工学院评审会留影……………………………………………145
图 5-3　2010 年 1 月涂铭旌在成都市机械工程学会理事扩大会暨新春联谊会上致辞…………………………………………………146
图 5-4　2010 年 10 月涂铭旌亲自去重庆科学技术研究院商谈合作……157
图 5-5　重庆文理学院材料科技楼…………………………………………157
图 5-6　涂铭旌在重庆文理学院建立的 LED 荧光粉生产线……………161
图 5-7　重庆文理学院新材料技术研究院纳米改性涂料展示墙…………162
图 6-1　2014 年 4 月涂铭旌在重庆文理学院做"高素质创新性人才的软实力与巧实力"讲座……………………………………………175
图 6-2　《材料发明学》封面…………………………………………………180
图 6-3　《科技竞争谋略 36 法》封面………………………………………181
图 6-4　《辩证思维与科技谋略》封面………………………………………188
图 6-5　涂铭旌、刘定祥：从美学的角度看科学与艺术。《科学中国人》2011 年第 13 期………………………………………………………191
图 7-1　2007 年 12 月 23 日四川大学校长、中国工程院院士谢和平为涂铭旌八十华诞题词：芝兰馨香桃李天下……………………………195
图 7-2　涂铭旌彩笔手写《地方大学学科建设》PPT 手稿第二页…………196
图 7-3　涂铭旌彩笔手写《辩证思维与科技谋略》PPT 第二章"正与反"第一页…………………………………………………………196
图 7-4　1996 年 6 月涂铭旌在成都科技大学材料系 93 级硕士论文答辩会上宣讲…………………………………………………………197

图 7-5　1997 年，涂铭旌与到成都科技大学后指导的第一届（94 级）博士生合影……206
图 7-6　2008 年 11 月，涂铭旌 80 大寿与学生合影……206
图 7-7　1995 年中国工程院机械与运载学部全体院士合影……208
图 7-8　四川大学“十佳师德奖”获奖证书……215
图 7-9　1995 年 12 月 24 日涂铭旌给潘际銮、黄树槐、王润的信第一页……227
图 7-10　2013 年 11 月涂铭旌与夫人唐昭莼合影……233
图 7-11　1964 年涂铭旌一家在西安兴庆公园留影……234

导言

材料是人类赖以生存和发展的重要物质基础之一，材料科学作为一门研究材料的成分、组织结构、制备工艺、材料性能和应用之间相互关系的新兴学科，其发展水平是人类文明发展程度的重要标志。人类文明的发展史，可以说就是一部如何更好地利用材料和创造材料的历史。今天，中国材料科学研究水平居于世界前列，这是新中国成立以来一大批材料领域的科学家长期执着追求、不懈奋斗的结果。金属材料及热处理专家、中国工程院院士涂铭旌教授就是其中杰出的一员。

涂铭旌，生于 1928 年 11 月 15 日，四川巴县（今重庆市九龙坡区）圆明乡人。1951 年，他毕业于同济大学机械系，次年，其毕业论文《钢的热处理》经上海龙门书局出版发行，成为全国第一本关于钢的热处理研究的中文专著。涂铭旌二十岁出头便已崭露头角、初现锋芒。自 1951 年起，他先后担任过同济大学助教、交通大学助教；1952 年 11 月被推荐到哈尔滨工业大学（后转入北京钢铁工业学院①）攻读研究生，毕业后回交通大学继续任教；在而立之年，他积极响应国家决定，随交通大学西迁至西安，在西安交通大学工作了三十年。在此期间，涂铭旌长期担任周惠久院士的

① 1960 年，北京钢铁工业学院更名为北京钢铁学院；1988 年，北京钢铁学院更名为北京科技大学。

学术助手，主要从事金属材料的研究，先后参与了“低碳马氏体的运用研究”“液体金属对钢及耐热合金的强度、塑形影响”及“铁素体、耐热钢及其高温强度”等材料方面的课题。1970—1981年，他协助周惠久院士主持“论发挥金属材料的强度潜力——强度与塑、韧合理配合”科研项目的开展，并与周惠久、邓增杰、朱维斗在《西安交通大学学报》上分两期发表了题为“再论发挥金属材料强度潜力问题——强度、塑性、韧度的合理配合”[①]的论文。在此基础上，他与周惠久院士一起创立了以“从服役条件出发”为核心内容的金属材料强度理论，在金属材料研究领域产生了重要影响。他还先后担任西安交通大学金属材料及强度研究室副主任、金属材料及强度研究所副所长、所长等，为推动西安交通大学材料学科建设做出了极大贡献。1988年，为实现回报桑梓之夙愿，花甲老人几经周折，叶落归根，由西安交通大学调到成都科技大学[②]，任成都科技大学高新技术研究院院长。在这里，涂铭旌从27平方米空房起步，凭借自己深厚的知识积淀和前瞻性的战略眼光，因地制宜，重新确定了“利用四川丰富的稀土、钒钛资源，大力研究、开发功能材料”的研究方向。于是，他一手创建了稀土及纳米材料研究所，指导或主持开展了“镧镨铈混合稀土在冶金和机械行业中的应用研究”“利用四川混合稀土制取贮氢合金规模生产关键技术”“无钕贮氢合金镍氢电池研究”“高耐候性与抗菌型纳米改性粉末涂料技术研究”“室温磁致冷材料开发”等重大项目研究，逐步将本来基础薄弱的四川大学金属材料学科发展成为全国知名的功能材料研究重镇。在此基础上，涂铭旌面向四川经济建设和发展，提出了一系列切实有效的政策建议和方案，如“关于大力发展四川稀土产业的建议”“关于四川制定纳米稀土发展规划的建议”“依托资源优势发展新材料产业打造四川新经济”“深度开发攀西钒钛资源，打造钢铁、钒

---

① 邓增杰，周惠久，朱维斗：再论发挥金属材料强度潜力问题——强度、塑性、韧度的合理配合。《西安交通大学学报》，1979年第4期；再论发挥金属材料强度潜力问题——强度、塑性、韧度的合理配合（续完）。《西安交通大学学报》，1980年第1期。

② 1994年，成都科技大学与原四川大学合并组建四川联合大学。1998年，四川联合大学更名为四川大学。

钛产业‘航母’的思考和建议”等，得到相关部门的广泛采纳。

涂铭旌长期致力于金属材料及强度和稀土、钒钛、纳米材料等方面的研究，成绩卓越，硕果累累。更难能可贵的是，其中大部分研究成果均在工程领域中得到广泛应用，取得了良好的经济效益。1984 年，涂铭旌被评为“国家有突出贡献的中青年专家”；1988 年，因“发挥金属材料强度潜力的理论研究”及“低合金高强度结构钢新钢种 15MnMoVNRe 钢的强韧化机理研究及其生产应用”项目获国家教委科技进步奖一等奖和二等奖；1996 年，因对教育事业做出的卓越贡献获得香港伯宁（中国）教育基金“孺子牛金球奖”；2007 年，因完成项目“微特电机用纳米晶复合永磁材料及其元器件研究与开发”获得国家科技技术进步奖二等奖。与此同时，涂铭旌院士执教六十载，培育了大批材料科学与工程方面的硕士研究生、博士研究生、博士后等优秀人才，为我国的材料科学与工程领域的建设和发展，画上了浓墨重彩的一笔。正如涂铭旌的同事兼好友、材料科学家、石油管材工程专家、中国工程院院士李鹤林先生对涂铭旌的学术评价所说：

> 涂先生，十分重视科研为生产一线服务，面向国民经济的主战场……他的科研成果在这些企业应用后取得重大的效益，为国家经济建设做出了重大贡献。涂铭旌院士学识渊博，高瞻远瞩。他的学术思想独树一帜，是对周惠久学术思想的继承和发扬，涂先生既是杰出的材料科学家，又是优秀的战略科学家和哲学家。他的许多学术观点经受了长期的工程实践考验，是我国机械工程和材料科学与工程领域的宝贵经验。①

即使已取得丰硕的成果，涂铭旌也没有停下前进的脚步，而是“不待扬鞭自奋蹄”，依然自我鞭策、自我激励，期望在耄耋之年，继续发挥余热，为国家和地方经济社会发展做出更多的贡献。2008 年，涂铭

① 李鹤林对涂铭旌的学术评价。资料存于采集工程数据库。

旌受聘为重庆文理学院发展战略顾问，提出了建设新材料交叉学科集群、建立新材料中心应用研究实验室的构想。之后，他逐步建立并发展起“重庆文理学院新材料技术研究院”，不断探索“材料应用研究所”办学模式和“优秀材料工程师”人才培养模式，至今仍奋斗在科学研究一线。

涂铭旌深耕材料科学的人生是一条与共和国同行的人生轨迹。某种程度上说，他的学术成长经历，也反映了我国材料科学与工程领域的发展进程。因此，涂铭旌学术成长资料的采集和研究，对于厘清中国材料科学与工程的发展线索也具有极大的参考价值。

2013 年 10 月，本采集小组有幸承担了涂铭旌院士的学术成长资料采集任务。采集小组以涂铭旌院士的成长经历为时间线索，结合其所处时代的政治、经济、科技等社会背景，梳理总结了他在学习、工作及生活等多个方面的人生历程。在力求全面、准确展示涂铭旌院士学术成长过程的同时，也希望能够为后人留下更多、更完整的涂铭旌相关资料。在采集过程中，采集小组认真进行了案头准备，多方探寻采集资料的渠道，数次赴涂铭旌院士曾学习、工作过的旅宜四川中学（今江津几江中学）、同济大学、哈尔滨工业大学、北京科技大学、西安交通大学、四川大学、重庆文理学院等单位开展访谈、采集资料。采集小组成员除对涂铭旌本人进行了多次访谈外，还组成多个采访小组，对涂铭旌的部分同事、好友及学生等分别进行了访谈，通过多角度、全方位的采集视角，勾勒出更加鲜活、真实的涂铭旌学术成长脉络。

遗憾的是，目前有关涂铭旌学术思想的研究资料并不多，仅有李茂山于 1989 年发表的“材料强度与失效分析专家”[①]、刘晓东于 2012 年编著的《铭佩不忘，旌麾耀世——记金属材料与热处理专家中国工程院院士涂铭旌》[②] 等零星几篇（部）介绍涂铭旌院士的传记。总的来说，这些

① 李茂山：材料强度与失效分析专家。《兵器材料与工程》，1995 年第 5 期，封三－封四。

② 刘晓东：铭佩不忘，旌麾耀世——记金属材料与热处理专家中国工程院院士涂铭旌。见：《师韵：北科大走出的院士》编委会编著，《师韵：北科大走出的院士》。北京：冶金工业出版社，2012 年，第 246-255 页。

传记对其一生的学术成长经历所做的描述并不全面，且缺乏相关实物资料的考证，更没有对其整个学术思想的形成和发展进行细致梳理和系统探究。

采集小组的研究资料主要来源于采集过程中所获得的音频资料、视频资料、手稿文本、新闻报道、论文专著及档案资料等。同时，采集小组成员在与涂铭旌院士交往的过程中，在与其朋友、学生的交谈中，也了解到一些他日常生活中的爱好及趣闻轶事，与老人建立起了深厚的友谊。记得当初第一次向涂院士索要实物资料的时候，他并不太舍得捐出那些铭刻他一生记忆的手稿、老照片等。然而，通过一次次的交流沟通，不断加深感情，涂院士终被采集小组成员的诚意所感动，主动捐献了他所有的手稿、图纸和大部分老照片、荣誉证书，还有很多其他物品。对于整个采集工程来说，这些资料无疑是最为珍贵和难得的，特别是其中的几十份手稿原件。通过标注在稿件上的时间及撰写缘由，我们发现这些资料大多写于20世纪八九十年代，其中既有西德访学归来的考察报告，也有学术著作的写作手稿和为学术会议撰写的讲话提纲，甚至还有晚年课堂教学的PPT彩笔初稿等。细细翻阅每一份手稿，品读遗留在字里行间的每一处修改和批注痕迹，涂院士研究、创作时深入系统的思考过程跃然纸上，严谨求真的治学态度流于行间。

在一年多的采集过程中，采集小组收获了大量有关涂铭旌学术成长的资料，包括口述文字资料、专著、论文、信件、证书、手稿以及工作照片等。通过对上述资料的整理、研究，编写出这部传记。传记以时间脉络为主线，深入挖掘其学术成长的关键节点，从以下七个方面展现其科教人生轨迹。

青少年时期的启蒙：讲述了涂铭旌少时艰难求学之路。出生于小商人之家的涂铭旌，在母亲的全力支持和家人的理解帮助下，克服了生活清苦、学费拮据的困难，立下当“大先生”的志愿，并历经曲折、千里求学，终于考入同济大学附中学习。日本大轰炸后的心灵伤痛、川江号子的灵魂激荡成为其终生难以磨灭的记忆。母亲善良勤劳的品格、爱国主义情怀、坚韧不拔的乡土文化，共同催生了少年涂铭旌坚定求学的信念。

开启工程师之梦：展现了青年涂铭旌的“优秀工程师”梦想。辗转求学的涂铭旌，在同济大学立下了当工程师的志向。严谨的德式教育和工厂实习，使他获得了扎实的理论训练和经验积累。初出茅庐的他出版了他的第一部专著，先后在同济大学、交通大学任助教，在哈尔滨工业大学和北京钢铁工业学院（今北京科技大学）攻读研究生，并担任周惠久先生的助手。涂铭旌开始谋划他的“优秀工程师”之路。

与金属材料同行：梳理了涂铭旌在西安交通大学的三十年经历。随交通大学西迁后，涂铭旌参与了西安交通大学金属材料及强度研究室的建设，深入工厂“锤炼”，并在20世纪80年代实际主持金属材料及强度研究所工作，期间为研究所建设做出了突出贡献。在周惠久院士的带领下，涂铭旌致力于“发挥金属材料强度潜力”的研究，逐步形成了“以服役条件为核心”的学术思想和金属材料“强度指导强化、强化保证强度”的新理论。他已成长为一名优秀的科研工作者。

稀土研究新征程：讲述了年逾六旬的涂铭旌在四川大学的“二次创业”。回归故乡后，涂铭旌因地制宜，从金属材料强度研究转向稀土研究领域和功能材料研究方向。他从27平方米的简陋实验室起步，筚路蓝缕，再创佳绩：成功研制出“微特电机用复合塑料永磁体”；在此基础上深入研究纳米复合永磁材料，率先在国内制备出高性能快淬NdFeB永磁粉；在无钕贮氢合金镍氢电池和纳米复合建筑涂料研究中，打破了“日本制造”的神话……他白手起家，不懈努力，终推动四川大学的金属材料学科进入全国前列。

服务地方与办学模式新探索：阐述了涂铭旌从材料科学家向战略科学家的转变。晚年的涂铭旌，在指导科研工作的同时，还大力推动科技服务地方发展，积极培养后继人才。他先后向四川省有关部门提出三十多条关于科技发展的建议，建言献策重庆光电材料产业，并在更高层面推动云、贵、川、渝区域产业合作。他利用一些社会兼职，竭力推动材料学科领域合作与交流。2008年又受聘于重庆文理学院，组建实验室和科研团队，亲身践行教育理念，积极探索“政、产、学、研、资、用”合作的“材料应用研究所”办学模式、“优秀材料工程师”人才培养模式。

半生钻研科技谋略：展现了涂铭旌的科技哲学思想升华。从20世纪70年代末开始，他创造性地将辩证法融入科研攻关，将兵家思想运用于科研组织和科技竞争，相继完成了《材料创造发明学》《科技竞争谋略36法》《辩证思维与科技谋略》三部谋略论著。近年来，他更是致力于探索科学与艺术融合之路，独辟蹊径地探索未来科技的发展趋势。“科技竞争谋略”是涂铭旌数十年科研探究和人生阅历的升华，已成为其学术思想的重要组成部分。

淡看名利　桃李芬芳：回顾了涂铭旌的宝贵精神和亲友情谊。涂铭旌坚持以德为先，坚守“五不做”的人生操守。对学生他传道授业解惑、亦师亦父；对家人他心怀歉疚、关爱备至。面对当选院士的殊荣，他保持清醒、坚持原则；面对癌症的病魔，他从容镇定、不辍科研。师生友谊、伉俪情深使涂铭旌的材料人生倍加温馨。

以上七个方面的叙述，是对涂铭旌一生的学术成长历程的再现，也是对其科教人生轨迹的梳理。传记在突出其学术成长过程的同时，重点挖掘了涂铭旌院士的四个特色：一是科教报国矢志不渝。涂铭旌见证了抗日战争时的国破家亡、新中国初建时的百废待兴、改革开放后的欣欣向荣，对家国人生的感悟和科技工作的使命有着更深入的理解。六十多年来他始终以国家经济和科技发展的重大需求为己任，孜孜以求，潜心科研，服务地方，回报国家；二是始终坚持“应用为本”。强调科研的最终目的是转化为生产力，高度重视应用研究和科技成果转化，重视对学生工程实践能力的培养；三是勇闯科技“少人区”，创新创业永无止境。其先后在西安交通大学、四川大学、重庆文理学院三地，白手创业，开拓了一个又一个科研事业的新领域。西安交通大学期间主要研究金属材料，四川大学时期主要研究稀土、纳米材料，晚年支援重庆文理学院时又将目光转向了光电材料的新领域；四是形成了独特的科技竞争谋略思想。作为一名工程领域的专家，却将目光投向科技与人文的结合，将兵家谋略、哲学思辨、儒道精髓融会贯通运用到科技竞争上，形成了其“七分技术，三分艺术”的科技竞争谋略思想。

我们希望这部传记能够彰显出涂铭旌院士“大爱无疆，科教报国”的精神和为中国材料科学与工程事业发展做出的突出贡献，更能为后人研究涂铭旌的学术人生留下可供参考的资料。

第一章
青少年时期的启蒙

清苦的小商人家庭

20 世纪 20 年代，现重庆市九龙坡区所辖的长江南岸地区还叫作巴县，属于四川省。这一片高低起伏的山城土地，自北周武成三年（561 年）始，就被称为巴县，该地名及所辖区域一直稳定延续至民国二十八年（1939 年）重庆设市。重庆设市后的半个多世纪里，巴县迭经市县界限变动和邻县县界调整，1995 年，巴县所辖长江以北的全部境域和长江以南的长生桥、迎龙、广阳三镇所属区域划入九龙坡区，其他划入巴南区，至此，巴县从原来的地图上消失。

巴县圆明乡，现属重庆市九龙坡区西彭镇，是中国工程院院士涂铭旌的故乡。

圆明乡位于巴县西部，距主城区 35 公里，与江津区隔江相望，交通优势明显，气候条件优越，物产较为丰富。1928 年 11 月 15 日，涂铭旌在这里出生，是父母的第二个儿子。在他之前，父亲涂南晖和母亲杨玉冰已育有一子二女，即大哥涂铭泽、大姐涂铭芳、三姐涂铭心。在以后的日子里，父母又生下两个弟弟——三弟涂铭昌和四弟涂铭达。

涂铭旌的整个童年及少年时期，大都与父亲、母亲、两个姐姐、三个兄弟一起生活，一家八口过着十分清苦的日子。

涂铭旌的祖父年轻时候以赶骡走马的运输活计为生，积累了一些财富，在圆明乡里购置有三四十亩田地作为家产。但祖父母一共生育七男一女，所以在儿女分家时，祖父母的田地分到每家后就数量寥寥了。涂南晖，作为家里的第四个儿子，仅获得四五亩田地。少时读过私塾，有一定文化的涂南晖并没有亲自耕种这四五亩田地，而是将它们租了出去，每年能收租 2 石谷。

青少年时期的涂南晖去了邻县江津，在当地的一家酒行里当学徒，学习关于酒行里的一切营生——收酒、酿酒、买卖、算账等。出师后，涂南晖在街上的商店里做着店员、账房先生的工作，但一直没有积累够开一家自己的商店或者成为师傅的资本。

涂南晖 30 岁的时候，社会经济环境恶化，失业人数增多，而他自己也成为了失业大军中的一员。见得志无望，涂南晖回到家乡，一家人在圆明乡的街道上租下一间当街的铺面，开了一间小茶馆。店里摆着四五张桌子专卖老荫茶[①]给过往进店休息的路人，每碗茶 2 毛钱。但茶馆的收入实在太过微薄，无法维持一家人的生活，经过商议，涂家人便把茶馆改成了饭馆。饭馆里面摆着 5 张四方桌子，门口摆着一个卖稀饭的小摊子。生意清清淡淡的，平日里，往来的路人并不多，上饭店的客人自然稀少；只有等到赶集的日子，店里的生意才能稍微红火一些。

开小饭馆，这本就是一桩利润微薄的生意，除了必要的成本，涂铭旌家里也再没有余钱去请厨师和伙计，于是母亲和大哥挑起了店里所有的担子。从煮饭、洗菜、做饭到洗碗、招待客人，母亲杨玉冰的身影无处不在。她总是从早忙到晚，一整天除了睡觉从不休息；而当时年仅十三四岁

① 老荫茶是一种树叶，并非正规的茶叶，在川东北一带较多，多生长在高山密林之间，其树大而叶茂，叶子比一般茶叶厚、大，枝可入药作清热解毒用。沸煮后，茶汁变成了红褐色，能生津解渴。

的大哥涂铭泽主要负责帮母亲打下手和跑堂的工作，是主要的劳动力。而父亲，受青年不得志的影响，并不愿意更多地参与家庭的营生；再加上他从小读书、做学徒，并无太强的劳动能力，就仅在饭馆里负责收钱、记账。

“民以食为天”，饭馆的生意比茶馆要好一点，但收入仍不够全家的花销，加上家里在乡下的四五亩土地所收取的 2 石谷田租，才能勉强维持一家人生活的平衡。在清贫的生活条件下，父母并未打算让涂铭旌长久地上学、读书，而是更期望他能够读完初中便回家帮忙。

因此，当时涂铭旌读书交学费都非常困难，特别是他在私立江津县旅宜四川中学读初中的时候，正值我国通货膨胀严重，据杨格《中国的战时财政与通货膨胀：1937—1945》，从 1937 年中日开战开始，中国通货膨胀势头渐起，逐年递增，1941 年的通货膨胀率为 173%；1942 年为 235%；1943 年为 245%。[①] 物价的飞速上涨，对涂铭旌一家人来说无疑是雪上加霜。

涂铭旌的初中阶段学费基本是哭出来的，涂铭旌在 2014 年接受采访时这样说道：

> 比如说刚开始的时候缴两个月或几个月的生活费，你生活费一（缴）完了，因为物价飞涨，每一周或者两周要回到乡里拿，江津离我老家的镇上还有 15 华里，回去以后，为了要钱就守着妈妈哭，这么哭出来的。[②]

有一次，涂铭旌因没有学费回到家，眼泪汪汪地看着正在劳作的母亲，却又不敢张口跟她要钱。因为他知道，在物价飞涨的时期，家里维持八口人的生活已经非常困难了，已经懂事的涂铭旌无论如何也无法开口说出要钱的话。就这样，眼泪汪汪地看着母亲近一个上午，母亲终于开口了：“你看，人家那个老板还没来收账嘛，卖米的、卖猪肉的，要等他们来，

---

① Arth N. Young. *China's Wartime Finance and Inflation*，1937-1945. Cambridge：Harvard University Press，1965.

② 涂铭旌访谈，2014 年 3 月 20 日，成都。资料存于采集工程数据库。

来了以后我跟他们求个情嘛。”[①] 原来，母亲想了一个办法：暂缓付钱给卖猪肉和卖大米的老板，把钱拿给涂铭旌上学。终于，母亲说服了卖肉的好心人，拿本该用于付猪肉欠款的钱先给涂铭旌交上了学费。

“哭着要钱上学的日子”一直持续到了涂铭旌初中毕业。家里再没有经济能力支持他上自费高中了，本来以优异成绩考上了江津县高中正取生的涂铭旌只好选择放弃读书，回到圆明乡小学教书，但继续学习的梦想并未破灭，涂铭旌一边教书，一边寻找新的读书机会。

温暖的亲人关怀

在涂铭旌的回忆里，母亲是他最敬爱的人。少年时期母亲对他的关怀和影响，贯穿着涂铭旌的整个人生，他说：

> 我回忆了一下，我人生的为人处世很大一部分是受我母亲的无形的影响。她并没有经常要求我做什么，但是她的为人、她的处事无形当中、有形当中地对我进行了教育。这是我对母亲的记忆，她是怎么样的母亲，应该说是我最敬爱的母亲。[②]

涂铭旌的母亲，名叫杨玉冰，是一个染布坊染匠的女儿，并没有太多文化。但正是这样一个女人，挑起了整个家庭的养家重担，并且默默支持着涂铭旌的求学生涯，鼓励着儿子完成学业、成就事业。

母亲是整个家庭赖以生存的主心骨。新中国成立前，涂铭旌家以经营茶馆和饭馆为生，生意的前后里外全靠母亲带领着大哥一起打理。从洗菜、煮饭、洗碗、招待客人，母亲都要一一照顾，有时甚至还要帮着大哥一起吆喝生意、上菜端盘，一整天从不停歇。为了整个家庭能够吃

---

① 涂铭旌访谈，2014 年 3 月 25 日（下午），成都。资料存于采集工程数据库。

② 同①。

饱饭，为了儿子能够好好上学，母亲并不高大的身材里仿佛永远充满了力量。

虽然家庭生活清苦，但母亲一直支持涂铭旌完成学业，她对涂铭旌说："你们几弟兄，我看得出来，你读书最有天份，读得出来，你能够出头。"[①]1946 年，涂铭旌要跟随战后复原的同济大学附中去上海，可是他穷得连一点可以随身携带的盘缠都没有，母亲看在眼里，急在心里。她拉着涂铭旌说："我最后帮你一次忙。"于是，母亲召集了 10 个约莫 50 多岁的老太太，请每人凑一点钱，最后凑出了 500 多元钱给涂铭旌当盘缠。拿着母亲借来的 500 多元钱，涂铭旌心里格外沉重：一方面，到上海继续读高中的确需要这笔费用，可另一方面，这些钱需要母亲在日后一点一滴来还啊！以后的日子里，每当涂铭旌遇到了困难，不管困难有多大，他都能够忍受并克服，因为他总会想起母亲对他说的话，以及为他所做的付出。

勤劳善良，是母亲用毕生的经历给涂铭旌上的重要一课。新中国成立后，实行公私合营，涂家的小饭馆不存在了，母亲被分配到政府的国营集体食堂工作，成为了一名地地道道的劳动者。母亲 60 岁的时候从国营集体食堂退休了，但她并没有赋闲在家，而是在镇上找了家饭馆继续工作，一直工作到了 80 岁。

在国营食堂工作期间，母亲不忍看到粮食被浪费，便将大家的剩饭剩菜收集起来，拿去喂猪；看到尚好的却没有人要的青菜萝卜，她也将其收集起来，拿回家做成泡菜，免费送给那些没有余钱买菜买肉的职工吃。所以在食堂里，大家都很喜爱和尊重涂铭旌的母亲，亲切地叫她"老婆婆"。

母亲常对年幼的涂铭旌和他的兄弟姐妹们讲要和气对人，多为别人着想。当碰到别人有困难时，母亲总是能帮就帮。不管是帮别人看东西，还是借钱给临时缺钱的人，她总是毫不犹豫。有几次，家里面的鸡被人偷了，店上柜台里的钱也不知被谁顺手拿走了，母亲总是让这些"大事"轻易地过去，她对儿子们讲："偷了就偷了，舍财免灾星。这个钱是人找的，

---

① 涂铭旌访谈，2014 年 3 月 25 日（下午），成都。资料存于采集工程数据库。

一个人只要你活着愿意多做点事情，钱还是会来的。”[①] 每当乡里面遇到天热、干旱，母亲还会自己买一个大水缸，给乡亲免费供应老荫茶。如此宽阔的胸襟和善良的心地让涂铭旌敬佩不已。

涂铭旌一直记得，母亲对他说：“你要让得人，要吃得亏，你不要火气旺盛，遇到什么不对的时候不要去吵、不要去闹。我不希望你去跟人家吵架。另外呢，你要是尊敬别人一尺，别人会还你一丈。”[②] 这些道理，年幼的涂铭旌一开始并不太明白，但他知道这些都是母亲的疼爱，于是把它们深深地记在了脑海里。未来的人生道路上，涂铭旌从不与人争执、不爱与人争利，一直凭借良心做事，这样的人生态度无一不是年少时期受母亲身体力行的影响所致。

1985 年，涂铭旌从西德留学回来，带着小女儿回家乡去探望母亲。长久没有见到儿子的母亲拉着涂铭旌的手，不让他离开，于是涂铭旌就在家陪伴了母亲三天。1987 年，涂铭旌正在事业的道路上奋勇前行，为了西安交通大学的重大科研项目的申报、国家重点实验室和重点学科的建立早晚操劳奔波，而就在这一年，母亲永远地离开了他。没能够及时回家陪伴在母亲身边，见她老人家最后一面，这让涂铭旌抱憾终身。

涂铭旌的大哥涂铭泽，是涂铭旌一生最感激的人。2013 年 7 月，涂铭泽去世，享年 94 岁。涂铭旌闻讯悲痛万分，虽因年迈没有去追悼会现场，但仍坚持写下一封悼念信，沉痛悼念大哥。

涂铭泽是家里的第一个儿子，在清苦的家庭生活中自然地担当起了家庭顶梁柱的责任。当他十三四岁的时候，就已经开始扛起一家人的生活了。那时涂铭旌家在镇上开茶馆，13 岁的大哥身材瘦弱，只比店里的桌子高一点点，但他是店里唯一的伙计。他每天拿着一个很大的茶壶，奔忙于店里，给客人们添茶倒水。到了家里开饭馆的光景，大哥已经 20 多岁了，他协助母亲顶起饭馆的整个营生，成为了家里的顶梁柱。而当时涂铭旌正在读中学，因为有了大哥的支持和帮助，他才能够一路坚持读完初中、上完高中、考上大学。

---

① 涂铭旌访谈，2014 年 3 月 25 日（下午），成都。资料存于采集工程数据库。

② 同①。

同是儿子，一个一直上学读书，一个从小辍学养家，这在外人看来觉得十分不公平。但是，涂铭泽作为大哥，从来没有一句怨言，清苦的生活使他过早成熟，他很自然地从学校辍学回家，很自然地担负起一家人的生计花销，很自然地供弟弟上学，这一切，仿佛本来就是他的份内之事。

涂铭旌从小与哥哥的关系就十分融洽，从未吵过架、红过脸。在哥哥的保护和支持下，涂铭旌在求学的道路上虽然走得艰苦，但也一直顺利前行。1946 年，因抗战结束，在宜宾避难的同济大学附属高中整体搬迁回上海，涂铭旌当时正在该所高中求学，作为学生，他必须追随学校回上海继续学业，哥哥涂铭泽送他去登船的那段场景，涂铭旌永生难忘。

在去江津登船的路上，哥哥涂铭泽为弟弟涂铭旌担着行李，兄弟俩一前一后地走着。涂铭旌不禁为未来的生活和前途担忧，他对哥哥说："大哥，我这次去不知道是什么一个前途，到了大上海不知道那是一个什么样的十里洋场。我最不放心的是你，从小就担起全家的生活重担，我感谢你。假定我能回来的时候，家产，任何家产，我一样都不要。"涂铭泽了解到弟弟的不安，安慰他说："老二，你只管走，天塌下来还有大哥呢，屋塌下来我还会顶着呢，你会读出来的，你放心走。"①

有了大哥做坚强的后盾，涂铭旌在上海同济大学附中的求学，乃至之后的大学学习，都可以完全专心投入，而不必过度忧虑家里老小的生活和照顾难题。而对于大哥的感激之情，涂铭旌一直深深地将其保留在心中，日后，当他有能力的时候，也给予了大哥一家人无私的帮助和回报。兄弟俩的感情十分深厚，大哥铭泽在 2013 年弥留之际仍然呼唤涂铭旌的名字。

除了大哥，涂铭旌还有两个亲生的弟弟。他与三弟涂铭昌的年龄较为接近，两人在一起的时候总有很多共同话语。后来，涂铭昌考取了巴县的益智教会中学，涂铭旌不断寄钱回家供其读书。涂铭昌的大学时光在西安交通大学度过，和涂铭旌一样也学习材料工程学科，他读大学的生活费也

---

① 涂铭旌访谈，2014 年 3 月 25 日（下午），成都。资料存于采集工程数据库。

是涂铭旌供给的，毕业后在海军四机部军工研究所从事相关工作。2013 年，涂铭昌因直肠癌去世，去世前，他还打电话给涂铭旌，希望能够到成都与其共同生活三个月的时间谈述旧情。可惜这个愿望没能实现，也成为了涂铭旌与三弟之间的深深遗憾。

四弟涂铭达在涂铭旌求学上海时还非常年幼，两人相差约 15 岁。后来涂铭达考取了兰州大学数学系，毕业后先后在嘉峪关中学和西安光学仪器厂子弟中学教授数学。涂铭达现在同子女一起定居深圳，与涂铭旌的兄弟之情一直非常亲密，每逢节日，涂铭旌一定会接到来自四弟的电话，兄弟俩相互问候，也许时间很短，但兄弟情义很长。

图 1–1　20 世纪 60 年代涂铭旌与两个弟弟在西安合影（左三弟涂铭昌，中涂铭旌，右四弟涂铭达）

涂铭旌的家庭启蒙教育，基本来自于他的祖母。涂铭旌的祖母，是他祖父的第二任妻子，江津人，大家闺秀，年轻的时候读过一些书，能够识字明理。在涂铭旌七岁上小学以前，父母因忙于生计而无暇照顾他，很多时候都将其托付给祖母。祖母对涂铭旌疼爱有加，年幼的涂铭旌身体不太好，常常生病，祖母一直给予其无微不至的照顾，并同时教他读书识字。

在祖母家，年幼的涂铭旌依偎在祖母的身边，听她读《三字经》《百家姓》，听祖母讲“尊老爱幼、早晚请安、不准高声喧闹、老实做人”等规矩和道理。而这些，也是涂铭旌在其人生中最早获悉的、并一生谨记的道理。

爱国情怀初萌发

1935年，七岁半的涂铭旌进入巴县圆明乡小学就读初级小学。巴县圆明乡小学创办于1926年，现为重庆市九龙坡区西彭镇第三小学。当时，圆明乡小学位于圆明街禹王庙（现西彭三中校址）内。

初小以及之前的时光，其实涂铭旌都叫作“涂铭扬”。在读初小期间，圆明乡小学办起了高级小学，大家都可以破格去考试。当时刚读了三年半初小，还没有毕业的涂铭扬很希望去考高级小学，但根据规定初小没毕业的学生不能够参考，于是他请父亲给他改名为涂铭旌，以便顺利参加高小的录取考试。涂铭旌后来说：“我喜欢这个名字不喜欢那个，名扬四海这个不好。”①

在圆明乡高级小学学习期间，涂铭旌爱国情怀开始萌发。他的一位女老师在这种情怀的萌发中起到了关键性的作用。

1937年，抗日战争全面爆发。1937年8月13日，淞沪会战，惨烈的战争造成了无数人无家可归，成为难民。日军占领上海后，随即在长江三角洲一带进行追击作战，战火很快烧到南京，京沪杭一带出现了无数新的难民。这些难民被迫离开世代居住的家园，辗转前行，奔向西南大后方和安全区域。女教师周剑萍便是其中一员。

周剑萍原是江浙的一位小学女教师，战后逃难来到四川巴县，在圆明乡担任教导主任。经历了战火纷飞，目睹了日军对我国人民的烧杀淫掳，她的心中充满了对日军的仇恨和强烈的爱国情怀，她希望她的学生们可以

① 涂铭旌访谈，2014年3月25日（下午），成都。资料存于采集工程数据库。

了解日本对中国的侵略真相，希望引导学生们产生爱国主义精神。涂铭旌就是她的学生之一。

涂铭旌的高小和初中阶段正值“重庆大轰炸”时期。1938—1943年，日本为了彻底“摧毁中国的抗战意志”，达到“迅速结束中国事变”的目的，对重庆及其周边地区进行了长期的轰炸。根据不完全统计，仅仅从1938年10月到1941年8月的短短近3年时间里，就有3585架日机分84次对重庆城区进行了空袭，共投下了各种炸弹9877枚。在日机轰炸造成的直接伤亡人数中，共有16376人死亡，11814栋房屋被毁，市区大部分繁华地区被破坏[①]。日军对重庆肆无忌惮的轰炸在年幼的涂铭旌心中埋下了仇恨与爱国的种子。

1939年的一天夜晚，天空中又一次传来震耳欲聋的轰隆声，周剑萍老师意识到，日军飞机又来了！她带领着涂铭旌和几个学生来到户外，观看了一场日军飞机与苏联飞机的空中大战。涂铭旌如此描述当时的场景：

> 俄罗斯（注：应为苏联）支援的战斗机升空，进行空战，而且非常精彩的一幕是什么呢？俄罗斯的，这个战斗机把日本的飞机打一架下来，起火。但是日本飞机是众多的，俄罗斯的飞机是比较少的，所以仍然造成了日本飞机的狂轰滥炸[②]。

此时，涂铭旌的心中有一根弦被触动了。

在接下来的几天时间里，江津、永川等县城又遭到日军飞机轰炸，平民死伤无数的消息不断传来。听闻消息，涂铭旌的爱国情绪彻底被激发，他暗下决心：我们不是东亚病夫，我们一定要振兴、一定要奋起，中国人一定要争气！

1940年9月，涂铭旌本该高小毕业，但因家中无钱供他升学读书，他只能留校在圆明乡小学补习。1941年，涂铭旌考入江津县旅宜四川中学初

---

① 重庆抗战调研课题组主编:《重庆市抗战时期人口伤亡和财产损失》。北京：中共党史出版社，2004年。

② 涂铭旌访谈，2014年3月20日，成都。资料存于采集工程数据库。

中部，开始了他三年的初中学习。而这三年，对于涂铭旌一生的成长与发展方向来说，有着奠基性的意义，其中，爱国情怀的进一步激发，对他日后的科研活动产生了直接而重要的影响。

江津县旅宜四川中学当时的校长为陈锡环，是江津本地人。旅宜四川中学最初是陈锡环在宜昌为当地的四川人入学而开办的学校。抗日战争爆发后，宜昌被日军占领，陈锡环才将学校整体搬迁到了江津，并带回了一批具有爱国思想的青年教师。

1943 年，日本飞机轰炸江津西门，正在江津读初中的涂铭旌亲眼目睹到了血肉横飞的场景：

> 那个是血肉横飞，有的就是把死难者的衣服挂在树上，有的呢，是一只腿，哎呀，真是惨无人道。①

在环境和老师们的影响下，“天下兴亡、匹夫有责”是当时很多年轻人都拥有的爱国思想，而经历了江津轰炸的涂铭旌对这种思想理解得越发清晰和深刻了，他想：“一定要抗战到底！把日本人赶出去！”

要当“大先生”

在江津旅宜四川中学初中部学习期间，涂铭旌受到了学校年轻老师们关于科技救国思想的熏陶。年轻的老师们将自己的进步思想告诉学生：做工程师、做科学家，让落后的中国得到进步，让濒临破碎的中国重新站起来。年轻的涂铭旌被老师们的激情和教导所感染，但他对自己的人生发展方向依然比较懵懂，直到初中二年级下学期，才因为一件偶然的事情受到触动确立了自己的理想。

---

① 涂铭旌访谈，2014 年 3 月 20 日，成都。资料存于采集工程数据库。

1942年，涂铭旌升入初中二年级。虽然家境清贫，但家里有母亲和哥哥做顶梁柱，涂铭旌也算能比较单纯地读书，所以一直以来也并未对自己毕业后的出路考虑过太多。懵懵懂懂中，涂铭旌进入了初中二年级后半学期，面临一年后的毕业，他不得不开始考虑自己的出路问题了：

> 初中毕业以后，家里估计是没钱读书了。那么，该怎么办？对我来讲，突然想到肩不能挑担，手无缚鸡之力，如果让我回家去种田，脸朝黄土背朝天，我没有这个本事，没有这个本事。①

当时的旧社会里面，一个人能够读到高小，大家都说他是“秀才”；如果初中毕业，就可以去小学教书，被称为“读书先生”了。在这样的社会环境下，家境清贫的涂铭旌本并没有考虑再继续升学，他想起他刚进初中时的梦想——回到家乡去教小学，成为一名受人尊重的“读书先生”。

但是，无情的现实却击碎了这个“梦想”。

初二下学期期末，一个噩耗传来：圆明乡小学的校长王文章的岳父悲惨地去世了。王文章是涂铭旌的小学校长，也是他很敬重的人，而王文章的岳父就是一名小学的老师，是涂铭旌心目中那位“读书先生”的形象。

王文章校长的岳父年轻时一直在外乡教书育人，十分受人尊重，但晚年回到乡里却没有人管照，过着穷困潦倒的生活：没有住房，住在乡里的一所破庙里面，房间里仅有一张床；没有人去拜访他，最终一个人孤独地在破庙中去世。

当涂铭旌听说了这位“读书先生”的经历后，感受到极大的震撼，“读书先生”的形象在他心中轰然倒塌，一想到自己如果做了“读书先生”的结局可能与校长的岳父一样，涂铭旌便感到不寒而栗。“这就是我梦想里的那位先生最终的下场。所以我想，既不能够种地，又不能够教书，那怎么办，那只好再继续上学了。”②

正在思考自己人生道路的涂铭旌猛然醒悟，否定了要当个“读书先

① 涂铭旌访谈，2014年3月20日，成都。资料存于采集工程数据库。

② 同①。

生”的想法，家境清苦的他希望自己能够拥有一份稳定的工作，成为人上人，而非落魄的小知识分子；与此同时，酷爱读书的他接触到了一些国学书籍，并受到孔孟之道“做大先生、做有大学问的人”的影响，也希望自己能够成为“大先生”；加上当时具有爱国情怀的老师们对“科技救国”思想的传播，初二末期的涂铭旌将人生的目标瞄准了做个“大先生”，他决定初中毕业后继续读书，好好学习科技知识，要成为一名有学问的工程师，为国家的建设做出贡献。

人生方向确定后，目标明确的涂铭旌更加主动努力学习，希望能顺利考上高中继续求学。初中三年级阶段，涂铭旌的学习成绩突飞猛进，从年级排名的中上游一下飞跃到前几名。

涂铭旌在初中时有一个爱好——到学校后门的长江岸边去看往来船只和聆听船夫们的“川江号子”。重庆到宜昌有 1000 多千米的长江江段，被俗称为川江，这一段长江航道艰险，险滩密布，礁石林立，水流湍急，过往船只常常需要船工们用统一的动作和节奏来操作或拉纤，才能顺利渡过，于是便在明清时期诞生了“川江号子”这一民间歌唱形式。

旅宜四川中学的后门外就是长江，后门正对着一片狭窄的滩涂，河滩下礁石密布，每一次有大船经过，都需要艄公认真指挥，与船夫们默契配合，唱着“川江号子”才可能将船顺利地拉过。涂铭旌对这“川江号子”十分着迷，几乎每天下午四五点下课后，他都会到学校的后门江边去看纤夫拉船，听他们唱“川江号子”。

每一次看船夫们拉纤，看着他们在艄公的指挥下齐心合力、统一行动；听着他们唱高亢的“川江号子”，涂铭旌都会被深深震撼，他强烈地感受到一种齐心合力、众志成城、不怕困难、坚持不懈的精神。一次，在河边看纤夫拉船的涂铭旌突然看到一段纤绳已被磨得只剩下一点牵连，即将扯断，他高度紧张，情不自禁地跟着船夫们喊起了号子，为他们加油；还有一次，大船被拉到中途时，纤绳猛然断裂，失去了控制的船翻倒在江水中……这一切，都带给年轻的涂铭旌以震撼和思考，并成为他骨子里的“重庆基因”，影响着他的一生。涂铭旌在接受采访时表示：

这个川江号子啊，叫激流勇进，不畏险滩恶水激流勇进。而对艄公来讲，是绕过暗礁斗智斗勇，特别是在千钧一发的时候，艄公让一二十个拉纤的纤夫要坚持。这些给我很多很多的启示，就相当于这个船夫号子融入了我人生当中的、一个重庆的基因。①

求学同济大学附中

曲折升学路

1944 年 1 月，涂铭旌初中毕业。毕业时，涂铭旌因在初二时确立了“要做大先生”的人生目标，便立即报名参加了江津县县立中学（即现在的江津中学）高中部的升学考试。升学考试历时两天，近 400 人参考。考完后的第二天便是发榜日，在鲜红的榜单上，正榜 40 人，副榜 40 人，涂铭旌名列正榜之上，成为江津县县立中学高中部的正取生之一。看到自己的考试名次后，涂铭旌十分高兴：自己的努力没有白费，成绩得到了肯定！但是他也暗暗发愁：考上了又有什么用呢？江津县县立中学是自费中学，清贫的家庭已再没有钱支撑自己继续求学。每每想到这些，涂铭旌都十分难过。

但是，一封来自初中同窗的书信让涂铭旌看到了希望。

这封书信来自当时位于宜宾李庄的同济大学附属中学，是涂铭旌的初中同班同学所写。在信中，这位同学告诉涂铭旌，自己已经提前考取了同济大学附中高中部，那是一所很好的公费学校，只要考上就能读，不再需要自己家里花钱。既能继续读书，又能不再依靠家里，这对于涂铭旌来说，是一个天大的好消息，他立刻下定决心：瞄准同济大学附中高中部这个机会，死死盯牢，努力考上。

同济大学，这所以医学和工程学著称的大学，在抗日战争中不得不内

① 涂铭旌访谈，2014 年 3 月 20 日，成都。资料存于采集工程数据库。

迁，但是其附带产生的结果，却让很多内地贫家子弟以及内地工业获益。同济大学在内迁过程中一直采用边走边就业、边招生的策略，在内迁沿途，为不少内地工厂特别是兵工厂提供了大批工程师。同济大学及其附中在内迁中不断招收沿途的学生，也让内地许多贫困子弟得到受教育的机会并改变了自身命运。

此时，距下一次同济大学附中高中部招生的考试还有约半年时间，涂铭旌便在这段时间里到家乡的保国民学校谋了一个初小教师的职位，一边教书一边继续复习备考，同时也为自己筹集一些前往李庄求学的路费和盘缠。

同济大学附属中学为现在的上海市同济中学，其前身是德籍宝隆医学博士于 1907 年创办的同济德文医学堂德文科。1917 年，华人接办该校；1924 年 5 月，改为“同济医工大学附属中学”；1927 年 8 月，改为“国立同济大学附属中学”。1950 年 6 月，附中与同济大学脱离附属关系，定名为同济中学至今。在抗日战争的战火中，1940 年秋，学校第六次搬迁，从昆明搬到四川宜宾李庄镇，直至 1946 年 4 月搬回上海。同济大学附中在李庄的招生和教学，给四川和重庆的许多学子带来了珍贵的学习机会。

1944 年夏，涂铭旌终于迎来了同济大学附中的升学考试。但赶考的道路并非一帆风顺——两次惊险差点让涂铭旌与同济大学附中擦肩而过。

同济大学附中高中升学考试的考点设在重庆大学，从圆明乡到重庆约有 180 华里的路程。路途遥远，在领取准考证的前夕，涂铭旌便拜托一位即将前往重庆办事的老乡帮他领取准考证，并约定考前在江津码头见面向老乡拿准考证。很快到了临考前，涂铭旌来到了江津，由于第二天才能登船前往重庆，他便抽空到江津县公园游玩，哪知，却在公园中碰到了那位帮他领取准考证的老乡。可是，当涂铭旌问老乡拿准考证时，才知道老乡并没有把准考证带回来，而是放在了重庆朝天门码头的一家茶馆里。得知该消息的涂铭旌不禁惊出了一身冷汗，他想，如果不是自己偷闲到公园玩就不会遇到老乡并得知准考证的消息，自己也就与同济大学附中擦身而过了。

到了重庆，取得准考证后，涂铭旌便前往家在重庆的舅公家休息，准备第二天考试。舅公家距离重庆大学考场路途较远，需要乘坐很长时间的公交车才可到达。考试当天，涂铭旌早上四点便起床出门，但令他没想到的是，一大早的公交车居然人满为患。使出吃奶的力气，涂铭旌总算挤上了公交车。车子在路上慢慢行驶，涂铭旌内心焦急如火，他没有手表，不知道时间，十分担心自己会考试迟到。终于，公交车停靠在了重庆大学站，涂铭旌赶紧下车朝着考点飞奔，当他刚刚跨进考场的门槛时，一阵清脆的铃声响了起来，考场大门关闭，考试开始了。

涂铭旌在接受采访时回忆起参考路途上这两次惊险，依旧唏嘘不已：

> 如果我没偶然的到江津公园碰到我这个老乡，我拿不到准考证，那我到重庆也是白搭。拿到了以后再去，就差一秒钟。哎呀，人生真是玄乎，真是玄乎！当然那个时候我就非常幸运的，这是我一生当中另外一种机遇，要去往前走。那么这是我的一种要奔前程的第一站，很幸运地躲过一劫，躲过两劫。[①]

更幸运的是，涂铭旌成功地考上了同济大学附中高中部，成为了一名公费高中生。

“饥饿”的读书日子

1944 年 9 月，涂铭旌从江津坐船，沿江而上，来到宜宾李庄镇，进入同济大学附中学习。同济附中高中一个年级被分为甲、乙、丙三个班，涂铭旌被分在乙班。到高二时，因为学校复原上海、学生人数减少的缘故，三个班合并为甲、乙两个班，涂铭旌仍在乙班学习。

在高中的学习生活中，涂铭旌十分刻苦用功，随时随地都在看书，数理化、语文和外语，各门学科的成绩都十分优秀。当时同济大学附中所教授的外语主要是德语，涂铭旌德语成绩十分优秀，一般的同学都只能

① 涂铭旌访谈，2014 年 3 月 20 日，成都。资料存于采集工程数据库。

考七八十分，而涂铭旌往往都可以考到九十分以上。为了能学好德语，他总是找机会与在学校生活的德国太太们聊天，跟她们在谈话中练习自己的德语。

因为成绩优异，他在同学中也小有名气，不少同学都希望能跟他做朋友，向他学习，涂铭旌的好友徐承宗便是其中之一。徐承宗刚进高中时被分在了丙班，他十分羡慕涂铭旌的成绩，下定决心要以涂铭旌为榜样，向其学习。高二并班时，徐承宗被并入乙班，他挑选了位于涂铭旌后面的座位，主动向涂铭旌学习，两人在互帮互助的学习和交往中，日后成为了毕生的好朋友。

图 1–2　同济大学附中 20 世纪 40 年代在宜宾李庄的教学楼

读书是涂铭旌在高中期间唯一喜欢做的事情，除了读书，他几乎不参加其他社会活动，总是在不停学习，不停看书，可以说是“两耳不闻窗外事，一心只读圣贤书”。

图 1–3　20 世纪 40 年代涂铭旌（桥内左一）与同学在李庄同济中学校园内合影

同济大学附中是公费中学，不需要交学费，但生活十分艰苦。当时正处抗战时期，国民党统治腐败，能够为国家的公费学生提供的生活支持十分有限。正处于身体成长阶段的涂铭旌和同学们，每月只能领到 28 斤米，菜津更是少到只够吃一顿的程度。通常大家吃饭都是一碗白饭、一碗米汤、一小碗煮蚕豆，如此既吃不饱，也饿不死。在这种环境下，涂铭旌一直都处于一种“饥饿”的状态。

很快过年了，本地的同学都回家了，为了节省路费，涂铭旌选择了留在学校。年三十前夕，涂铭旌和同寝室的另外一名留校生不希望自己的除夕过得太凄惨，便商量着去市场买点肉打牙祭。可是，两个人搜遍了全身，所有的钱加起来就够买二两肉。听说只买二两肉，卖肉的人嫌量太少都不愿意卖给他们，好说歹说，软磨硬泡，涂铭旌和同学才终于买到了肉。买好肉后，两人再去找附近的农民说了好话，要到了一点白菜。他们用白菜就着二两肉煮在刚洗干净的洗脸盆里，两个人一边吃一边说：“你看，今天油分子在整个锅里面都有，我们还是过了一个年三十”①，脸上乐开了花。

这个没有回家的春节是涂铭旌第一个离开家、离开母亲的春节，看着锅里零星的油点，他咽下泪水在心里对自己说：“‘天将降大任于斯人，必先劳其筋骨，饿其体肤，苦其心智。’‘饿其体肤’是饿肚子，嘿嘿，‘苦其心智’是你是不是要去读书，是你要读书还是别人要你读书，还有呢，你读书为了什么？”②

初到上海滩

1946年4月，在抗日战争胜利的次年，同济大学附中决定搬迁回上海。学校给了同学们一笔路费，一部分学生随行回上海，一部分学生先回家探亲，在限定时间返校。

涂铭旌和其他同学一起，拿着盘缠回家了。为了筹措前往上海求学的学费，涂铭旌回到圆明乡小学高小担任了三个月的代课教师。

1946年8月，返校的日子到了，涂铭旌带着母亲为他准备的盘缠和自己筹集的路费登上了去上海的轮船，一种离别的愁绪久久萦绕在心头。临

① 涂铭旌访谈，2014年3月20日，成都。资料存于采集工程数据库。

② 同①。

别前，母亲叮嘱他说一定要读出来，成为一个有用的人。

当船经过夔门[①]，即将踏出重庆的土地时，一种浓浓的乡情油然而生，他的心底泛起强烈的感慨：

> “当我过夔门的时候，我一个很强烈的感觉，我要离开我的家乡了，如果有朝一日，我能够读出书来，一定要回报乡里！……这是我记忆当中的一个符号：饮水思源，回报乡里。”[②]

涂铭旌最终能够筹措到学费去上海继续读书是很幸运的，很多同学没能再回到上海，涂铭旌的大学同窗和好友曹树登教授回忆说：

> 随同济附中到上海来读书，也不容易。我们那时三个班，有两种人不能来上海，这个话我跟涂铭旌也没有讲过。一种是有钱人家，用现在的话讲是地主资本家，不愿意自己的子女走远了，背离家乡，这种人不来。因为在四川，也照样读书嘛。富人不来。还有第二种人是经济困难的人不来。当时学校迁校回上海时，把当时叫应变费的搬迁费发给学生，应变费发给大家（作为去上海的路费）。但是（这应变费）没一天两天通货膨胀，钱就不值钱了，路费就没有了。三个班大概九十个人，结果到（上海）复学的时候，就只有两个班了，从甲乙丙三个班，并成甲乙两个班了[③]。

终于来到了上海。战后的中国物价飞涨、满目疮痍、时局萎败，如何选择自己的人生道路和在社会中艰难求生？涂铭旌一心谨记母亲的教导，排除一切困难，坚持艰难求学。因为德文水平很好，涂铭旌被学校老师推荐做了一学期的德文家庭教师，勤工俭学赚取生活费。

---

① 夔门，又名瞿塘峡、瞿塘关，瞿塘峡之西门。三峡西端入口处，两岸断崖壁立，高数百丈，宽不及百米，形同门户，故名。

② 涂铭旌访谈，2014 年 3 月 20 日，成都。资料存于采集工程数据库。

③ 曹树登访谈，2014 年 3 月 19 日，上海。存地同②。

图 1-4　1946 年暑期同济附中部分学生在宜昌会合准备由水路到上海复课，候船期间于临时帐篷外合影（后排左四为涂铭旌）

图 1-5　涂铭旌（后排左五）高中时全班同学与老师合影

在同济大学附中，涂铭旌接受到了现代科学的启蒙教育，体验着爱国主义精神的浸润，并深受同济“务实、求是”的学风的感染，来到上海后的他依然保持埋头刻苦学习的状态。1947 年 7 月，涂铭旌顺利高中毕业，并得到了直接升入同济大学的机会。

面对即将到来的大学生活，涂铭旌作为一个穷学生，家里不能提供经济支持，生活费用没有着落，该怎么办？他陷入了矛盾中。是谋求别人的施舍？还是靠自己的努力？这时，妈妈临别前的嘱咐——一定要把大学读毕业，找个好工作的话成为他强大的动力。他也不时想起在江津旅宜四川中学读书时听到的“川江号子”，涂铭旌暗暗发誓：一定要读书！一定要大学毕业！一定要成为一个优秀的工程师！一定要成为一个有用的人！

为了顺利求学、实现理想，在进入大学前的那个暑假，涂铭旌寻找一切可以筹措自己上学的生活费的机会。很幸运，一个同学的继父给他介绍了一个暑期的临时工作，在上海伪空军供应司令部担任机械零部件登记卡片的临时雇员。夏天很热，工作的时候，在狭小的空间里汗流如雨，吃住也在那里。条件虽然很差，但是这两个月的打工，却解决了涂铭旌上大学时的很多生活费用问题，他买书、买牙膏这些日常生活用品等的费用，都靠这笔打工的收入得到了解决。

同年九月，为着自己“要做大先生，科技报国”的人生理想，涂铭旌在众多备选的学科中选择了机械系，进入上海同济大学机械系开始了他的大学生涯。

第二章
开启工程师之梦

沪上的逐梦岁月

升入大学

1947 年 9 月，涂铭旌进入同济大学开始了大学生活。在特殊的历史背景下，涂铭旌大学时代的求学之路并非一帆风顺，而是与动荡不安、满目疮痍的祖国苦难命运深深地维系在一起。

一方面，1946 年，中国刚刚经历抗日战争胜利带来的片刻喜悦，国民党就一意孤行，发动全面内战，迅速打破了来之不易的国内和平局势，使得社会生活再度陷入混乱之中，也让青年们的求学之路变得尤为艰难。另一方面，从偏远山村来到繁华大都市上海，面对十里洋场、纸醉金迷的新世界，一些同学渐渐迷失了奋斗方向，选择了不同的生活道路。“在上海滩大浪淘沙，有沉有浮，我看到好些同学沉下去了，我究竟怎么办？我不愿意沉下去，我应该浮起来，谁主沉浮，大浪淘沙有沉有浮，沙里谁主沉浮。”[1] 在这个迷茫的十字路口，涂铭旌坚信唯有自己才能主宰自己的沉浮。经过反复思考，他决心坚持自己的方向——立志当一个工程师，学一门科学技术为国效力。于是，涂铭旌从众多专业中选择了同济大学非常有名的机械系。

当时，同济大学刚迁回上海不久，原来的校舍早已在日本轰炸中夷为平地，学校只能临时另找校舍，学生们没有地方落脚，分散在各处，涂铭旌和一批同学只能住在一处由日本人办的中学的体育馆改成的宿舍，床铺挨着床铺，几十号人挤在一起，学生们给这样的宿舍取了个名字叫“大筒仓”。可以说生活条件十分艰苦。

但更让涂铭旌为难的是窘迫的经济状况。1947 年，受内战影响，社会动荡，国家经济萧条，自然也影响到涂铭旌家里的生计。家里微薄的收入维持一大家人的吃穿住行，已属不易，根本没有余钱支付涂铭旌的大学开销。孝顺懂事的涂铭旌十分体谅父母的难处，同时，也非常珍惜来之不易的学习机会，生活极为节俭。为了实现成为一个有用的机械工程师的愿望，即使在吃不饱、穿不暖的艰苦环境下，涂铭旌仍然坚持学习，从未放弃。所以，刚刚迈入大学一年级的他，不仅要尽快熟悉新的学习生活模式，还要利用寒暑假的时间勤工俭学，以减轻家里的经济负担。

由于经济拮据，涂铭旌没有钱添置衣服，一些好心的同学便主动送些旧衣服给他，吃饭时也顺便替他买单，尽力帮助他渡过难关。其中有一位经济条件稍好且热心助人的同学何冀坚就曾给予涂铭旌很多关照。同学之间这种互相支持、同舟共济的情谊，是整个同济大学精神的生动写照，不仅支撑着涂铭旌度过了四年的大学时光，也对他今后的人生和事业产生了深远的影响。

严谨的德式工科教育

同济大学作为一所最初由德国人创办的大学，在德国人建立和控制期间，由于继承德国大学传统，建立了完整和齐备的医学和工学，学风严

① 涂铭旌访谈，2014 年 3 月 20 日，成都。资料存于采集工程数据库。

谨。20 世纪初期，同济大学的前身同济德文医工学堂在德国就已被认为是国际大学，与德国大学具备同等水平，赴德深造，可直接攻读博士学位[①]。同济大学严格按照德式教育模式进行，教材均使用德国医科和工科的原版教材，德语为第一外语。从德文二年级起，一律用德语进行教学。特别重视学生实习和培养学生自主研究能力。

在经历过抗日战争，同济大学迁回上海之后，虽然德国人早已不在学校占据主导地位，但德式教育体系却得到了保留：

> 同济大学一贯沿袭德国教学制度，学风严谨，注重求实。这一时期，德籍教授虽已所剩无几，并且不担任校院两级的管理领导职务。但是，在中国教授中，留德学成回国者却相当多。他们在德国接受专业教育的同时，完全适应了该国的教育制度和方式，回到同济工作，自然地贯穿德国的一套。所以说，这一时期，同济大学的教育制度和教育方式，仍保持着德国特色。学校经过八年离乱之后，元气大伤，靠同舟共济、顽强拼搏走过来了[②]。

涂铭旌就读的工学院是全校规模最大、师生人数最多的学院。工学院原有机械、电机、土木、测量四个系和一个造船组。1945 年，造船组改为造船系，从此，工学院就有了五个系。这一时期工学院各系教学的特点是：

> 第一、仍然坚持理论与实际密切结合，各系一年级学生，坚持在工厂进行机、锻、铸、钳、木、泥等方面实习；第二、继续注重学生基本技能训练，要求工科学生工程制图必须上墨，线条不符必须重画，习题计算必须精确到小数点后三位，并要求学生都能使用计算尺和应用工程手册；第三、考试严格，补考后仍有一门不及格者留级一年[③]。

---

① 皋古平主编:《同济大学 100 年》。上海：同济大学出版社，2007 年 5 月，第 10 页。

② 翁智远，屠听泉主编:《同济大学史第一卷（1907–1949）》第二版。上海：同济大学出版社，2007 年，145 页。

③ 同②，第 88–89 页。

同济大学一贯非常重视工厂实习，机械、电机、造船诸系都把本校实习工厂作为重要教学基地，重视工厂实习是同济教学特色之一。学校迁回上海后，面对百废待兴的局面，仍然通过多种途径尽快恢复了工厂的水平：

复原后，工厂仅剩：二十余部机器。为尽快使工厂恢复到战前吴淞时期的水平，首先买进了爱工工厂的全部机器，后又得到教育部拨来日本赔偿的若干机器及联合国救济总署赠送的机床设备，使学校的各类机器增加到近二百部。这在当时国内各大学工厂中，算是设备最齐全的学校之一了①。

涂铭旌升入同济大学后，接受的就是这种严谨的德国工程教育体系的教育，可以说，德国工程教育体系培养了涂铭旌扎实的工程专业素养，也奠定了他重视工程实践的思想根基。

工厂实习确定材料人生

在同济大学求学的前两年，涂铭旌对学科和课程似乎并没有什么特别的偏好，成绩也只是中上，尽管经常到图书馆自学，但是年轻的他尚未真正找到自己的兴趣所在。只是在学习过程中，他一直有个疑问："振兴工业研究是靠机器设计，还是靠创新工艺？"② 后来，当他念完大二，两次偶然的工厂实习经历帮助他找到了问题的答案，使他的学习目标更清晰明确，将专业从机械设计转向了金属材料热处理。

原来，1949 年 8 月，涂铭旌和同学们一起到上海工具厂实习，在参观工厂时，善于发现和学习的他偶然看到了高速钢刀具经过高温加热烧红后在油中冷却，由软变硬，成为锋钢的全工艺过程。这一从未在书中学到过

① 翁智远，屠听泉主编:《同济大学史第一卷（1907-1949）》第二版。上海：同济大学出版社，2007 年，第 99 页。

② 铭佩不忘 旌麾耀世——记金属材料与热处理专家中国工程院院士涂铭旌。见:《师韵：北科大走出的院士》编委会编著,《师韵：北师大走出的院士》。北京：冶金工业出版社，2012 年，第 248 页。

的钢铁热处理工艺让涂铭旌感到十分惊奇和感兴趣。

这之后不久，涂铭旌参观上海纺织机械厂热处理车间时，在十分混乱、沙土油泥满地和设备陈旧的环境中，几对三牙轮钻头引起了他的注意。工人告诉他，这是马上就要用飞机运到新疆的克拉玛依油田钻井用的，刚刚用牛骨头碳粉装箱在 900 摄氏度高温表面渗碳淬火后的钻头，表面变硬了，才能用来钻破坚硬的岩石，打几千米深的油井。而这个活儿，目前只有他们能做，在日本人统治时期，渗碳剂的配方完全由日本人掌握，是不外传的秘方，现在他们是沿用日本人的工艺。神奇的热处理技术，神奇的加热、冷却过程，神奇的内部组织结构转变——这一系列课堂上和书本中都没有学过的技术强烈地激发了涂铭旌的兴趣，让他不禁赞叹道："神奇啊，真是太神奇了！"。正是在"实践"这位"神奇"导师的带领下，涂铭旌踏上了漫长的材料工艺研究之路。同样，也正是这两次偶然的工厂实践以及在同济大学所受到的德式教育，奠定了涂铭旌一生从事科研和育人工作的基调：注重实践，务实，严谨。

1951 年上半年，在临近大学毕业之际，涂铭旌做了一个令老师和同学都深感意外的决定：申请写材料工艺方向的毕业论文。当时涂铭旌所在的 47 届机械系，一共五六十名毕业生，同学们都申请做机械方向的毕业设计，并且已找到了相应指导老师。唯有涂铭旌特立独行，申请做毕业论文《钢的热处理》，并请到第二次世界大战胜利后从瑞士留学归国的专家李国华教授做指导老师。最终，涂铭旌的这一举动得到了老师们的理解，并获得了系主任的特批。做了这一大胆决定之后，涂铭旌便抓紧时间，争分夺秒。在李教授的悉心指导下，用半年的时间写成了洋洋洒洒 10 万字的毕业论文，并获得了 96 分的好成绩。

图 2-1　1951 年涂铭旌获同济大学学士学位时的照片

“个人奋斗”与“爱国情怀”的交织

20 世纪 40 年代中后期的国家在经历了抗日战争的巨大损伤后，又陷入内战危机，此际的国家犹如一位千疮百孔的伤者。受天灾人祸的影响，1946 年、1947 年南方发生大饥荒，两年间仅粤贵湘三省就饿死了 1700 多万人。饥荒不断蔓延，饥民们以挖草根、剥树皮为食，用“观音土”充饥。而此时的上海也褪去了“十里洋场”的繁华，不再是美国人霍塞在《出卖上海滩》一书中描述的“它已是非常之伟大、非常之富裕、非常之动人”的“黄金时代”的上海滩[①]。这个城市已充满苦难。

1947 年开始，上海广大学生进行了“反饥饿、反内战、反迫害”大游行活动。此后，救饥救寒和抗议英帝九龙暴行等学生运动风起云涌，群情高涨。看着周围的同学都纷纷上街游行抗议，涂铭旌内心承受着巨大煎熬。正如涂铭旌自己总结的：“实际上，是个人奋斗跟爱国主义，以及看不见的竞争。”[②]

面对当时国民党政府的腐败统治，特别是亲眼看到国民党军警武力镇压学生的反动行径，尽管涂铭旌内心很同情那些被抓的同学，但是为了不辜负母亲的殷切期望，他强忍住内心的愤懑，只能自嘲是个“书呆子”，“躲进小楼成一统，管他春夏与秋冬”。在心中一遍又一遍地告诉自己：“我要读书，我要大学毕业，我要找一个比较稳定的工作，我（要）对得起我母亲。”[③] 因为一心读书，还被同学取了个“啃书匠”的绰号：

> 因关到房间里读书，死读书，读死书，所以我们班上的同学给我取了一个绰号，上海话叫“啃书匠”。这个“啃书匠”的外号，之后很长时间都还在[④]。

---

① 霍赛【美】:《出卖上海滩》。上海：上海书店出版社，2000 年。

② 涂铭旌访谈，2014 年 3 月 20 日，成都。资料存于采集工程数据库。

③ 同②。

④ 同②。

在涂铭旌上大学二年级的时候，上海终于解放了！全国掀起了知识青年参军参干的运动，几十名同济的四川同学放弃了学业，参加了西南服务团，涂铭旌也曾动摇想去参干，然而，一想到母亲对他的叮嘱，涂铭旌第二次艰难地打消了念头：

> 有一部分四川同学参加了西南服务团，他们希望我走。我呢，耳朵里面一方面有激动的劝说，一方面就是我母亲给我的嘱咐：你要把大学毕业，你要能够为我们家里争争气，光宗耀祖。这就是个人情怀。所以呢，我又没有去。我有一个（同学），跟我住在一个寝室的，大学一年级的同学，他是学土木的，四川泸州人，他参加了西南服务团，最后我听说在沿途过程中，去征粮，被土匪打死了，为国捐躯了[①]。

尽管涂铭旌的爱国主义情怀最终并未能成功地转化为实际行动，令他非常失落。到大学四年级的时候，涂铭旌经过激烈的思想斗争，报名参加抗美援朝，结果却没被组织批准。后来他才知道，组织上希望他留在学校任教。当时组织的拒绝让他在失望之余重新对自己为什么要学知识、学知识用来干什么等问题都进行了深入思考：学知识首先是为国家服务、为老百姓服务、为人民服务。后来涂铭旌想通了，认为这是党组织对他的培养与锻炼。

可以看出，在大学阶段，涂铭旌的两大思想脉络非常清楚，一方面是出人头地，成为工程师的抱负，另一方面是面对国家乱象，萌生的投身社会活动的激情。虽然，涂铭旌最终没有成为一个热心社会活动的革命青年，但却认识到爱国有不同的途径，不参加革命，不上战场，也可以用知识回报国家。而这些经历，在其后的一生中成为涂铭旌践行“科技报国”理想的强大思想动力，时刻鞭策着他更加勤奋、忘我地学习和开展科研。

---

① 涂铭旌访谈，2014 年 3 月 21 日，成都。资料存于采集工程数据库。

科技期刊小试牛刀

大学期间，除了教室、宿舍之外，图书馆是涂铭旌最熟悉的地方。只要一有空闲时间，他就会跑到图书馆查资料，翻阅专业书籍，自学知识。刚开始，他和其他同学一样，先在书库外面查卡片，查到卡片再进馆寻书。但是，由于当时图书目录分类不全，不够具体详细，检索查阅卡片就成为十分繁琐的事情，这样就使得一些有用的资料很难顺利查到。因此，当时的涂铭旌希望自己就是图书管理员，这样就可以进入书库，无拘无束地饱读书籍了。为了解决这一难题，涂铭旌想到了一个“捷径”：多向图书管理员请教，通过与他们建立良好关系以获得“特殊照顾”。涂铭旌的这一“妙计”果然奏效了，图书管理员见他天天泡在图书馆，在这样一个动荡艰苦的年代，实在难得。管理员们被他的学习热情所打动，开始喜欢上了这个好读书的小伙子，于是特许他能随意出入书库，查阅浏览书籍，以“学生身份”享受“教师”的待遇。

查阅书籍的难题解决后，阅读变得更加方便，他甚至找到了不少没有建卡的孤本。这样自由地浏览馆藏书刊的机会，大大激发了涂铭旌的求知欲，更为他打开了一扇更广阔的知识大门。为了提高阅读效率，在阅读过程中，涂铭旌十分注意摸索阅读方法：一般情况下，他都是先整理所需资料，再分纲目顺序阅读，然后再运用逻辑思维归纳、分析整理资料。而在阅读外文图书时，他会先将其翻译成中文，再进一步探索书中蕴含的原理、工艺技术和应用途径等。

就这样，得益于得天独厚的外部阅读条件，以及忘我学习的内在精神，涂铭旌日复一日地沉浸在图书馆，专心探究科学奥秘。经过两年的积淀，涂铭旌早已打下扎实而深厚的专业基础。泡图书馆已无法满足他的好奇心和求知欲了，于是从大三开始，他根据学校安排进入一些工厂实习，经历了工厂实践后，涂铭旌充分意识到了实践的重要性。因此，“啃书匠”不再一味死读书、读死书，而是逐渐地将理论与实践结合，并在此基础上把自己的心得和想法转化为实际的研究成果。

在解放战争前后，国家经济萧条，大学图书馆的经费很少，但是为了拓展学生的视野，同济大学图书馆还是订了少量的外文杂志。而当时的国内的中文科技期刊也不多，在上海发行的只有两三种，涂铭旌认真阅读了这些期刊，了解最新的科学动态。1949 年下半年，他在一本德文期刊上看到一篇介绍“高频表面加热淬火新技术”的论文，这在当时看来属于高新技术，他萌生了将其翻译后投稿给上海一本科技期刊的念头。由于该技术先进、新颖且实用，杂志社认为很独到，因此稿件立刻就被采纳刊登了。首次成功投稿给了涂铭旌极大的鼓励，也为这位初试牛刀的稚嫩大学生壮了胆，鼓舞他又陆续撰写了几篇钢铁热处理方法的技术论文投稿。由于当时严重缺乏这方面的专业人员，缺乏技术研究的参与者，所以非常缺乏这方面的论文，因此这些投稿出去的论文很快又被发表。

在那个时候，仅有学中文专业的少数大学生投稿到文学杂志或者报刊，少数能够发表出来，投稿到科技期刊并且成功发表的大学生几乎没有。涂铭旌却接连发了几篇，同学们无不对他另眼相看，纷纷投来羡慕和钦佩的目光。但是，涂铭旌自己心里明白：自己翻译或撰写论文不是出于“想出名”的一时冲动，而是为测验自己能不能成为一位优秀工程师“小试牛刀”，这些成绩与他专注于阅读奠定的基本功和深入工厂实习得到的启发分不开。经过一天天的成长进步，这个“啃书匠”活了起来，心里的想法和见地也越来越多。

龙门书局发表第一部专著

1951 年夏，涂铭旌的大学学习虽然暂告一段落，可是科研求索之路才刚刚起步。有了几次投稿成功的经验之后，涂铭旌还有一个念头：希望毕业论文“钢的热处理”也可以发表出来，让更多的人认识到这一研究领域的重要性。

于是，1952年初，抱着试一试的心态，涂铭旌携带着自己的毕业论文书稿，以及几篇在上海科技期刊上发表过的文章，来到了著名的科技出版社——上海龙门书局。凭着初生牛犊不怕虎的闯劲儿，他直接找到了书局总编辑询问是否可以出版自己的新书。总编是一位白发苍苍、比较威严的老者，他仔细打量了年轻的涂铭旌，然后说道："小伙子啊，我们这儿你也知道，大部分是翻译书，翻译英文教科书，少量的德文教科书，那么，中文书是非常少、非常少，我们出的中文的专业书，都是请几个著名的大学的教授写的。比如说上海交通大学某某某教授，他写什么什么"①，言下之意，他们根本不会出版一位完全不知名的大学毕业生的习作，认为这些论文很难有新意或者深度，并不能达到发表和出版水平。对于这样一个著名且权威的大出版社来说，这样的质疑是自然而合理的。

既然迈出了这一步，涂铭旌肯定不愿无功而返。他立刻谦虚地向总编递上自己在科技期刊上发表的几篇文章。总编接过期刊浏览过后，再三端详了面前的这位青年人，说道："好吧，青年人，这种技术书有市场，还没有一本是中文版的，我们姑且试试，不过我们要请专家评审校阅，是否值得出版。你两个月后等候回复。"听完总编的一番话语，涂铭旌顿时觉得有了希望，十分感激地点点头。更令涂铭旌喜出望外的是，一个月后龙门书局来函通知他前去。总编一见到涂铭旌就高兴地说："小伙子啊，我恭喜你啦！我们请了专家评审了，说你这个里边只要某些章节增加一点就可以了。"② 同时，总编告诉涂铭旌有一个附加条件是：书局准备一次性付全部稿费，并买断你的版权，今后版权归书局所有。涂铭旌欣然

图 2-2　涂铭旌第一部专著《钢的热处理》封面

① 涂铭旌访谈，2014年3月20日，成都。资料存于采集工程数据库。
② 同①。

同意了相关条款，马上与书局签订了出版合同，并收到了书局支付的 400 万稿费（第一套人民币，折合成 1955 年 3 月后发行的新币为 400 元，在当时这笔收入十分可观）。捧着稿酬，涂铭旌欣喜若狂，第一次靠自己的劳动换来这么多钱自然激动万分，更重要的是，他认为这是对知识创造人生价值的充分肯定。

《钢的热处理》主要阐述有关钢的热处理的基本原理和工艺以及淬火工厂设备与作业的阐述，成为当时国内第一部研究钢的热处理的专著。

为工程学大师当助教

大学四年，涂铭旌成绩优异，表现不俗，深受学校领导、老师的重视和喜爱。所以，1951 年毕业后，他便留校担任了李国华、吴之凤教授的助教，并同时担任孙珍宝[①]教授“金相学”的助教，开启了一段全新的助教生涯。特别是在孙教授的课堂上，他像学生一样专心听讲，认真做笔记，并将记录提供给同学参考。最后，他不单从孙教授那里学到了教学相长的道理，更掌握了金相学原理的知识。尤为重要的是，在跟随孙教授到工程实践的过程中，逐步加深了涂铭旌对金属性质、热处理和材料方面知识的理解与认识，进一步提升了他的专业能力。

1952 年，全国高校院系调整，涂铭旌被调到了交通大学，进入了交通大学机械与材料系的金相与热处理教研室继续从事助教工作。从母校同济大学辗转到交通大学的这段经历，对于涂铭旌来说，不仅给他带去了更多的机会和挑战，更让他遇到了对自己一生的科研和学术生涯都产生重要影响的导师——金属实验室主任周惠久先生。周惠久长期从事金属材料、热

① 孙珍宝（1909–1987），山东海阳人。物理冶金学家、合金钢专家。长期从事钢材质量仲裁、机械零件失效分析和金属材料物理检验等技术基础工作。1946 年获美国理海大学冶金学博士，同年回国。1949–1952 年任华东工业部经理处材料试验所（后直属重工业部）物理组负责人；同济大学兼职教授。

加工、材料强度等领域的科研工作和教育事业，是冶金界的大师级人物。时隔多年，每每谈到周惠久先生，涂铭旌对周先生的渊博学识和人品无不充满了尊敬和钦佩，他一直谦虚地给自己定位为周惠久教授的学生、助手角色：

> 我接下去谈一下我的老师周惠久教授，他是唐山交大土木工程系的学生，是唐山做了助教以后考到清华公费（庚子赔款的公费），到美国去的，他很务实。他到了伊利诺伊大学，首先是搞土木工程，是土木工程跟力学系有关系的这个，然后得了一个硕士，他不进一步读博士，而是另外再做了一个硕士，实际上是双硕士。由于抗日战争开始以后，他为了救国救亡回来，就担任了战车研究所的所长，他的确还建了战车。因此他的特点是知识比较渊博，因为从土木到战车，到汽车，到机械，到他做了无锡机床厂的总工程师（新中国成立前），同时他又兼中央大学的教授、上海交通大学的教授、浙江大学的教授，那个时候当教授是提一个皮包坐火车，4 个小时到南京，上午到下午讲课。他的知识比较渊博，另外工程实践方面的这种观念比较强，他做过总工程师，知道问题在哪儿，怎么坏的怎么去处理。所以，他一到了院系调整以后就到上海交通大学，教材料的力学性能，我就当他的助教。那么，同时我当支部书记，他入党。然后陪着他一道，他也是最后（1958 年）一批到的西安交通大学。他由于工程实践比较强，眼界也比较宽，更重要的是他能抓住问题的实质，这个在一般的老的先生，这是比较少的。所以他到了西安以后，到了 1959 年以后就提出来一个概念——“材料强度”[①]。

在周惠久教授身边担任助教给涂铭旌提供了非常难得的学习机会，他的学术思想也对涂铭旌产生了极重要的影响。同时，正是在他的带领下，涂铭旌才一步步探索出了自己的研究方向，并最终形成了自己的学术思想。

---

① 涂铭旌访谈，2014 年 3 月 25 日，成都。资料存于采集工程数据库。

除了周惠久教授，曾经指导涂铭旌毕业论文的李国华教授也给予他很多帮助，成为他科研道路的重要领路人之一。从瑞士留学且在瑞士短暂工作后回来的李教授，在交通大学讲授热处理，涂铭旌在担任他助教过程中也“偷”得不少知识。另外，同济的长辈如孙成璠教授、吴之凤教授，第二次世界大战结束后从德国回国的机床专家郑兆益教授、上海工具厂厂长蔡习传先生等人，都是涂铭旌的良师益友。在他们身上，涂铭旌不仅学到了更多的专业技能，更习得了这些优秀学者的治学态度。在涂铭旌自己看来，他无疑比很多年轻人都幸运。

两校读研受益匪浅

北上深造

1952 年 11 月，涂铭旌被推荐到哈尔滨工业大学学习，在苏联专家指导下就读机械系研究生班，专攻金相及热处理专业。

新中国成立初期的哈尔滨工业大学，由于特殊的地理位置和政治形势，成为了新中国的学术中心，培养年轻教师的摇篮。原哈尔滨工业大学校长杨士勤在他的回忆文章中如是叙述：

> 1949 年新中国的诞生，哈工大迈入了一个历史机遇期，基于学校原有的良好基础，加上当时国际上孤立中国的政治背景和邻近社会主义苏联的地域优势，哈工大在 1951 年就被中央确定为全面引进苏联教育模式而重点建设的两所高校之一，在 1954 年成为全国首批六所重点大学之一，也是唯一京外的一所重点大学。国家先后选派以冯仲云、陈康白、李昌等为代表的一批有威望的干部和学者，组成学校领导班子，并先后聘请了 74 位苏联专家（其中 3 位捷克专家）来校任教。在投资基建的同时，重点引进当时苏联的先进仪器、设备，建设

了在当时颇为先进的实验室。学校为新中国建设初期培养了一大批在党、政、军、教育、科技、大型重点企业等各条战线上的优秀领导干部和建设人才①。

图 2-3　哈尔滨工业大学历史老建筑机械楼（涂铭旌当年曾在此学习）

基于哈尔滨工业大学在这一时期的特殊学术地位，全国各地的青年骨干纷纷被选送到这里进修。20 世纪 50 年代，该校开设的研究班在全国都十分有名，新中国的研究生制度，就发端于此。当时培训研究生的专家主要来自苏联，尚未形成正规严谨的研究生制度。苏联专家注重将专业细分化，而这与学员们之前所接受的教学方式不同。因此，学员们必须从头学习相关课程。涂铭旌就读的研究生班，十多名同学都是来自国内各个大学，在最初学习阶段，由五至六名具有副博士学位②的专家用俄语讲授全部专业课，最后一年专家指导研究生做论文设计。

① 杨士勤：传承哈工大的优良校风。见：《栉风沐雨铸辉煌——哈尔滨工业大学建校九十周年纪念文集》，内部刊物，2010 年，第 1 页。

② 副博士，苏联时代的高等教育学历制度，相当于我国的博士学位。

苏式学术体系的训练

金相及热处理专业是一个全新的专业，是整个院系大调整时新增的苏联学术体系里的课程，主要学习金属学、热处理及车间设备设计。学员们不仅要重新学习专业知识，还要学习新语言——俄语，研究班的同学们普遍感觉到学习并不轻松。为了尽快学会俄语，研究生班学生会特意做了一个规定，同学之间见面聊天都要说俄语，否则就要受罚，校园里很快形成了一股浓厚的俄语学习氛围，随处可听见朗朗的俄语读书声。

研究生班采用集体听课模式，苏联专家备课很认真，讲课也很有耐心，同涂铭旌一起在研究生班学习的同学、后成为哈尔滨工业大学教授的姚宗凯对当初的学习情况记忆犹新："上午听苏联专家上课，下午研究生班的学生就给本科生上课。一班有很多个研究生"[①]。期末考试由苏联专家口试加笔试共同考核，每张考卷都要反映教材的三个基本内容（基本理论、基本方法、基本技能），须经过教研室主任签字生效，分为优、良、及格、不及格四个评定级别。这种考试制度有许多优点，最重要的就是有利于教师掌握学生的真实学习水平，使评定结果更准确[②]。

哈尔滨工业大学也是一所具有优良工程实践教学传统的大学，这与苏联专家的苏式工程教育模式十分吻合。苏联专家在教学过程中很重视理论联系实际，专业课有实验、生产实习和毕业实习，还有课程设计和毕业设计。这些实践环节能有效地培养学生的实际动手能力和设计能力，而这正是旧的大学体系所缺少的。苏联专家主张教学和生产结合，很多毕业设计都直接采用与生产实际相关的题目。这样，毕业生到工作岗位后，就能很快胜任工作，并且能在工作中继续沿袭哈尔滨工业大学的这一学习模式。

在校学习期间，涂铭旌深刻地体会到了哈尔滨工业大学重视实践的良好传统。如 1954 年学校安排他们到鞍山钢铁公司实习一个月，之后又到哈

---

① 姚宗凯访谈，2014 年 5 月 21 日，哈尔滨。资料存于采集工程数据库。

② 曹斌：回顾 1950-1956 年的哈工大数学教研室。见：《栉风沐雨铸辉煌——哈尔滨工业大学建校九十周年纪念文集》，内部刊物，2010 年，第 86 页。

尔滨量具刃具厂做热处理实习，这种丰富的实习经历让涂铭旌收获颇多，而这些过程中的锻炼对他日后的理论研究亦是大有裨益。

> 比如说我们所有的研究生，在哈工大的研究生到鞍钢去实习一个月，然后再到哈尔滨量具刃具厂做热处理实习，这些对我来讲，都是一种，看作是一种材料方面的生产过程的一种锻炼，一种过程锻炼，对今后从微观技术上升到这个宏观理论上面来……是有好处的[①]。

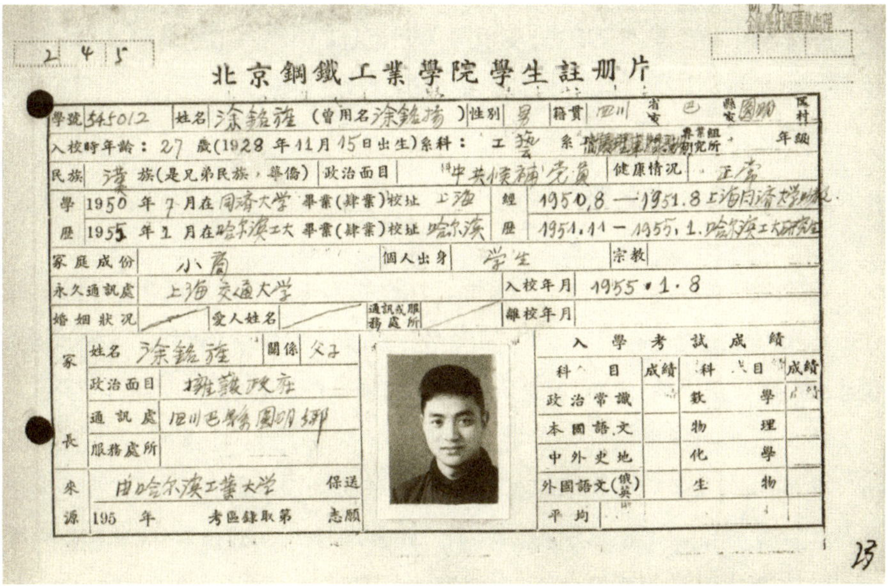

2 4 5

北京鋼鐵工業學院學生註册片

學號 545012 姓名 涂銘旌（曾用名 涂銘揚）性别 男 籍貫 四川 省 巴 縣 區村

入校時年龄：27 歲（1928 年 11 月 15 日出生）系科：工藝 系 研究所 年級

民族 漢 族（是兄弟民族，華僑）政治面目 中共候補党員 健康情况 正常

學歷 1950 年 7 月在同濟大學 畢業（肄業）校址 上海

1955 年 1 月在哈尔濱工大 畢業（肄業）校址 哈尔濱

經歷 1950.8—1951.8 上海同濟大學助教

1951.11—1955.1. 哈尔濱工大研究生

家庭成份 小商 個人出身 学生 宗教

永久通訊處 上海交通大学 入校年月 1955.1.8

婚姻狀况 愛人姓名 通訊或服務處所 離校年月

家長 姓名 涂銘旌 關係 父子

政治面目

通訊處 四川巴縣圓明鄉

服務處所

來源 由哈尔濱工業大学 保送

195 年 考區録取第 志願

入學考試成績

科目	成績	科目	成績
政治常識		數學	
本國語文		物理	
中外史地		化學	
外國語文（俄英）		生物	
平均			

图 2-4　涂铭旌在北京钢铁工业学院读研时的学生注册片

回溯自己的整个求学历程，从严谨的德国工科教育，再到苏联理论与实际相结合的教学模式，不同的教育体系对生产实践的重视都是一以贯之。涂铭旌受到不同国家教育模式的熏陶，不仅提升了他的生产实践能力，也培养了他兼容并蓄的治学方式。

1955 年 1 月，由于专业调整，涂铭旌又跟随苏联专家转至北京钢铁工业学院（今北京科技大学）金属学及钢铁热处理专业继续完成研究生阶段

① 涂铭旌访谈，2014 年 5 月 9 日，成都。资料存于采集工程数据库。

的学习。初到北京钢铁工业学院，涂铭旌就被这所大学浓厚的研究气氛和良好的学风、校风所吸引。在这里，涂铭旌结识了柯俊①、肖纪美②、章守华③等大批名师，得到了很多指导与启发。

不久，学校指定了涂铭旌的毕业设计方向为热处理车间设计，这虽然不是涂铭旌非常感兴趣的研究方向，但是涂铭旌服从安排，把它当成一种工程实践和研究生培养制度的训练，不断培养自己独立分析和解决工程问题的能力，他认认真真做毕业设计，还于 1955 年上半年到上海机床厂热处理车间实习了三个月，充分发挥自身特长，最终确定了毕业设计的选题——“机床零件热处理工艺及生产车间设计”。他一心一意做毕业设计，毕业答辩时得到评审专家的好评，成绩为“优”。

铺设未来合作之路

在整个研究生学习阶段，一方面，先进的苏式工程体系训练，使涂铭旌在专业知识和技能上有了更大的提升；另一方面，与同学们朝夕相处的点滴，也让涂铭旌收获了珍贵的同窗之谊，为日后的学术研究铺设好了合作之路。

研究班的同学来自全国各地高校，他们构成了建国初期的学术骨干队伍，他们中的大多数人在后来都成为某一科研领域的翘楚。在上俄语大班课时，涂铭旌结识了很多机械、材料、电机、土木、建筑等不同专业的同学，他们在这里共同生活、学习，建立起深厚的友谊，对彼此在未来的学科领域开展深度合作铺设了广泛而良好的人际关系网，为日后建立学术合

---

① 柯俊（1917-），浙江黄岩人。金属学、金属物理及科学技术史专家，中国科学院院士。1954 年至今，在北京钢铁学院（现北京科技大学）任教，先后任北京钢铁学院金物教研室主任、物理化学系主任、北京钢铁学院副院长。

② 肖纪美（1950-2014），湖南省凤凰县人。材料科学家、金属学专家和冶金教育家，中国科学院院士。1957 年 10 月到北京钢铁学院（现北京科技大学）任教至今。先后任金属物理教研室主任，材料失效研究所所长、环境断裂开放实验室主任。

③ 章守华（1917-），金属材料科学家，冶金教育家，北京钢铁工业学院技术材料系（现北京科技大学材料科学与工程系）和金相热处理专业的主要创建人和开拓者。1952 年起历任金相及热处理系、工艺系（含金相热处理和压力加工两个专业）教授兼系主任，工艺系、金属材料系教授，材料系教授、博士生导师兼系主任。

作体系打下了基础。可以说，此时建立起来的坚固友谊，对涂铭旌一生都发挥了重要的作用。比如，涂铭旌在哈尔滨工业大学的同窗韩邦彦，在20世纪90年代作为四川省副省长组织稀土科技攻关时，对于涂铭旌工作的开展，给予了巨大的支持和帮助。同时，他也是1988年力邀涂铭旌回川工作的伯乐。这些虽是后话，却足见同学之间建立起的广泛人脉的重要性。正如涂铭旌回忆时谈到的：

那个时候的研究生班在学预科的时候那是一个大班制，但是这个大班制对于以后我们在全国同学之间的交往……大有好处①。

涂铭旌另一位思想上的挚友是后来任教于上海交通大学的同学陈湛清。1954年8月，在陈湛清的介绍下，涂铭旌在哈尔滨工业大学加入了中国共产党。一路走来两人互相扶持，成为莫逆之交，两人的友情维系了一生。晚年时陈老喜欢用书信与涂铭旌保持往来，直至陈老病逝之际，仍然惦念着老友涂铭旌。涂铭旌追忆起两人的深厚情谊时，不禁潸然泪下：

我另外一个入党介绍人上海交通大学的陈湛清教授，哎呀，我们应该是生死之交。到什么程度，他去年五月份体格检查，我打电话给他，他告诉我说：我告诉你一个人，我已经是胰腺癌。我为了核实，我再打同济的同学，另外一个上海交通大学的（人），他去问陈湛清的时候，陈湛清说：我蛮好。因为这种病是没办法的，一检查出来已经是到了中期、晚期了。所以我给他寄了些补品去，说：老兄，你吃吧！还有，我一打电话去，他总是侃侃而谈，平常都没多大力气，但在电话里一讲都是半个小时。讲过去，讲现在，讲对我的看法，讲现在今后我应该怎样。因为他是朱老黑呀（注：方言“大哥”），是我的大哥啊。有两个礼拜我没有打到他家里，家里说已经住到华山医院。我说，糟了。我马上打电话，他听到电话非常高兴，但已经是说不出话来。他耳朵能听，我就给他讲，我说这样吧，我每隔两天给你打电话，你手机开着，你只是

① 涂铭旌访谈，2014年5月9日，成都。资料存于采集工程数据库。

听，你讲话太费劲了。但有一段时间我不在，我就写好叫秘书帮我发短信息。他在已经垂危的时候，给我寄了三封信，有一封写的大字，他眼睛已经看不很清楚了，他写了一个条幅，我现在都留起来的，好像交给你们这个（采集）去了。他是搞机械的，但原来我们是同班同学，他也到苏联去留过学，而且是电火花加工，在国内都是很有名气的，但是我们生死之交在于什么呢，(在于）大家非常了解，非常了解。可惜了，你去的时候他已经走了，假如没走的话，他可以跟你谈一天，谈关于我的事，因为太了解了。我们大学毕业以后，我结婚以后，他也结婚了，我们两家人住了一个单元，三间屋，有一间屋就是公共的，作饭厅①。

研究生班的同窗情谊，对于涂铭旌来说，不仅是珍贵的回忆，更是一笔不可多得的人生财富。因为，这种年轻时结下的友谊，并没有随着时间的推移而消逝，反而经由学术上的交流合作而不断得以传承和延续。比如，前两年去世的太原理工大学的侯增寿教授是涂铭旌研究生班的同学、老友，侯教授的一名学生是现任太原理工大学的副校长，他继承了导师的研究衣钵，曾与涂铭旌在科研上开展了多次合作。此外，中国工程院院士雷廷权教授②也是涂铭旌研究生班同学，他的学生周玉③教授在学术上也得到了涂铭旌的指导。

对成为“优秀工程师”的思索

1955 年 12 月，从北京钢铁工业学院研究生毕业的涂铭旌，回到交通大学机械系金相热处理教研室继续担任助教，开始了长达半个多世纪的科教生涯。期间，涂铭旌除了当好一名称职的助教，还积极参与到金属材料

---

① 涂铭旌访谈，2014 年 5 月 9 日，成都。资料存于采集工程数据库。

② 雷廷权（1928–2007），陕西省西安市人。金属材料与热处理专家，国际著名热处理与表面工程专家，中国工程院院士。1949 年毕业于西北工学院机械系，1951 年来哈尔滨工业大学进修及工作。

③ 周玉（1955–　），金属材料与热处理专家教授，博士生导师，中国工程院院士，哈尔滨工业大学校长。

热处理专业的教学实践，并完成了从助教到讲师的教学转变。

图 2-5 1957 年在上海交通大学金属实验室前与师生合影（后排右二为涂铭旌）

在教学过程中，涂铭旌十分重视理论与实践的结合，他曾多次带领学生到工厂去进行生产实习，从基本专业设计原理、课程、工艺，到生产实践的验证，最后结合企业开展金属材料及热处理等领域的科技攻关。在这样的实际操作中解决产品质量、寿命以及降低成本等问题，在这些生产实践、科技攻关的磨炼中不断地激活自己和学生的应用意识，训练成为材料工程师的技能。虽然下工厂是一个非常艰苦的活，工作环境比较差，住宿也比较差，有时候跟工人一起住在破仓库，很多师生都不愿意下工厂，但涂铭旌已经从自身的经历中认识到丰富的工厂实践经验是一笔宝贵的财富。

涂铭旌这个时候也开始思考一个材料专业学生如何百炼成钢成为优秀的材料工程师。他认为就是读书不拘泥于形式，科研必须与实践相结合，要在实践中检验真知。下工厂是成为一名合格工程师的必经过程。比如研究金属材料，必须要深入钢铁厂，从平炉到电炉，再到轧钢，一步步走下来才能知道钢铁是怎样炼成的。对科研工作者来说也是一样，只有通过实地实践，了解到工厂需要解决什么问题，清楚工厂的发展方向是什么，才能进而根据实际需求来开展应用研究。比如工程机械的高强钢，要保证焊机质量没问题，就必须要到工程机械厂去，要到钢厂去，同时要跟实验室结合起来，实现产学研结合，才能掌握解决实际问题的科研与实践能力。

这些思考对涂铭旌其后影响很大，他在此后一直倡导重视工程实践能力培养，晚年更进一步开展“优秀材料工程师”人才培养模式的探索。

第三章
与金属材料同行

拓 荒 西 安

西行的列车

1956 年，交通大学迎来成立 60 周年校庆。这所在民国时期即以理科、工科和管理学见长的名校，经过一甲子的发展，已经成为上海乃至全国最重要的大学之一。这一年的 8 月 10 日，是交通大学历史上最重要的转折点。上千学生、家属和教职工冒着酷暑从徐家汇车站出发，踏上了西行的专列。他们的目的地是古都西安。

20 世纪 50 年代的中国，百废待兴，朝鲜战争刚刚结束，而台海局势依然紧张。因此，国家提出“沿海紧缩”的战略，当时苏联援建的 156 个重点项目不得不大多选择部署内地。“开发建设大西北”是那个时代最著名的口号。在这样的背景下，1955 年 4 月，国务院做出交通大学内迁西安的重大决定。这个决定，是时代的选择，但交通大学并非被动接受。交通大学师生，把自己的命运与国家建设紧密相连，以极大的牺牲与奉献精神投入了西迁。

当时的西安新校园，整体上就是一个大工地，一批又一批的拓荒者从繁华的大上海来到这里。据资料记载，当时每天都有约 150 吨物资到达西安。师生员工不仅要在这里坚持教学、保证生活，还要投入新校区建设。图书资料、实验设备、生活用品……许多都是由师生自己打包搬运。古老的兴庆宫边上，朝气蓬勃的校园被交大人热火朝天地建设起来。距离第一批师生启程仅仅一个月，1956 年 9 月 10 日，交通大学借用当时西安最豪华的人民大厦举行了开学典礼，不仅让每一位西迁的交大人体会到交通大学在西安已落地生根，更是让西安市民看到了交大人积极向上的精神风貌。

将交通大学的机电传统带到西安

1957 年，西行的列车依然轰隆向前，质疑之声却悄然兴起。这一年，“大鸣大放”的气氛日渐浓厚，交通大学是不是需要西迁，会不会“水土不服”，上海为什么不需要交通大学……这些问题又浮出水面。实事求是地说，人们的担心并非单纯来自对大上海的留恋。1956 年下半年开始，国家改变紧缩策略，加紧建设沿海工业基地。当时上海只有交大、同济两所理工见长的大学，西迁还面临着再建一所高校的尴尬。1956 年 7 月，周恩来总理指示交大西迁，需为上海“留一个机电底子，以为南洋公学之续”。正是这些背景，人们开始讨论大费周章西迁的意义。然而支援西北的方针不能改，开发沿海的思路也不能变，为此交通大学问题在 1957 年 5 月被提到国务院，由周总理亲自组织研究解决。他把交大的校领导和教授代表请到北京，连夜协商，并在会后派人广泛听取上海、西安两地师生员工的意见。最终，1957 年 8 月 4 日，在呈报总理的文件中提出：交通大学分设西安、上海两地，两部分为一个系统，统一领导。两部分根据西北及上海地区的需要，各承担不同的任务。西安部分的任务为：完整地设置机、电方面的主要专业，逐步添设新技术和理科方面专业，并发展为理工大学；它在提高质量的基础上适当地发展数量。上海部分的任务为：办好机、电各专业，着重提高教学质量。

1958 年 3 月，涂铭旌的大女儿涂红出生了。暑假，交通大学动力系的全部，机、电各系大部陆续迁往西安。10 月，半岁的涂红也坐上了西行的列车，涂铭旌随着最后一批西迁队伍来到西安，并成为金相学专业的骨干力量。据涂铭旌的老同事周敬恩教授回忆，涂铭旌是新中国成立后我国培养的第一批金属学热处理方面的专家，这批专家绝大部分都到了西安，成为日后西安交通大学机、电、动三大优势专业的中流砥柱。

1959 年 7 月，顺应办学实际，国务院决定交通大学西安、上海两校区独立办校，成立西安交通大学、上海交通大学，两所大学都纳入全国重点大学队伍。

其实，涂铭旌离开上海前，当时西迁的大军都基本走完，只剩下二三十个老师和家属还没启程。涂铭旌的爱人唐昭莼毕业分配到了上海交通大学，还没有定岗位，暂时在学校人事处工作。当时上海非常缺中学老师，唐昭莼要谋一份中学老师的工作很容易，涂铭旌如若凭借爱人在上海工作而申请留下是不成问题的。然而涂铭旌仍然坚持服从安排去了西安。

当聊起这段往事，涂铭旌解释说，当时学校有两位归国专家——周志宏和周惠久，都是金属材料方面一等一的专家，当国家决定将交通大学分为上海与西安两所后，校方就决定让两位专家分到不同学校，将交通大学的工学传统在两地共同发展。涂铭旌和后来成为上海交通大学副校长的林栋梁，正好是机械系两位发展看好的年轻教师，被作为两位专家的副手培养。当西迁的决定摆在眼前，涂铭旌几乎是毫不犹豫地选择跟着周惠久教授去西安“拓荒”。时隔六十年，回忆起这个决定，涂铭旌仍然不后悔。

图 3–1　1959 年涂铭旌（前排左三）与上海交通大学 1957 届毕业生分配到西安的同学合影

至此，涂铭旌在西安

交通大学终于尘埃落定，他人生中最黄金的一段岁月将与这所大学紧紧联系在一起。

821 所的五年

1958 年，“大跃进”轰轰烈烈地开展。1959 年全国大炼钢铁，西安交通大学师生被时代浪潮推着向前进。机械系的老师刚刚结束新校区的建设，大部分又被分派到了炼钢任务，带着学生来回奔波于陕西各地。涂铭旌是特例，他肩负着更重要的任务。

当时的西安交通大学，和其他全国重点高校一样，还承担着建设我国稀缺专业的任务。“大跃进”伊始，这个任务就立即上马展开。以机、电、动为核心专业的西安交通大学决定筹建两个新的系：无线电系和原子能系。其中原子能系的建设似乎尤被重视，由时任校长彭康兼任系主任。原子能系下设反应堆物理、反应堆工程、反应堆化学、反应堆材料等多个教研组，每个教研组就是一个专业。这些完全崭新的专业，既缺教师，又缺学生。涂铭旌被紧急抽调到原子能系，筹建其中的反应堆材料专业，全称反应堆材料金属学及金属物理专业，当时全国也只有清华大学有类似专业。

出于特殊时代保密的需求，原子能系被称为工程物理系，代号 821 所，821 所意味着我国对于发展原子能的迫切需求，是西安交通大学师生心照不宣的事实。涂铭旌当时毅然接受了组织安排，来到了这里。当时的 821 所属于保密专业，门口有专人站岗，进出大楼都要签到打卡，颇有些神秘。

然而，反应堆材料专业初建时的情况却是“什么也没有”。据涂铭旌在 821 所期间的同事金志浩教授回忆：这个新专业，从机械系抽调了多名老师，但是没有一个人有过反应堆的知识储备，更难谈开展教学；原来的专业叫金属材料处理，专业名称差不太多，都是搞材料和热处理的，但是跟反应堆结合却让大家陷入了窘境[①]。

当时反应堆材料专业开设的课程有金属物理、固体物理、核物理等物

① 金志浩访谈，2014 年 3 月 13 日，西安。资料存于采集工程数据库。

理学的课，还有热处理设备腐蚀、金属物理等材料学方面的课。这对于抽调来系上的老师是极大的挑战，因为很多课程对于老师们来说，一样陌生。

这一年，涂铭旌不过 30 岁，却是这个专业资格最“老”的教员，被选为教研组组长。1958 年“大跃进”要求“解放思想”，涂铭旌也来了个“不按部就班”，将手下所有的“兵”派往其他高校，学习反应堆知识，并要求外派老师一边听课一边教。

吉林大学、清华大学、北京大学……反应堆材料的老师们又回到了学生身份，前往全国各高校。金志浩正在其中，他被派往吉林大学进修物理。当时金志浩已经是机械系金属材料处理专业的教师，可是到了吉林大学发现，要和反应堆结合，自己数学不够，物理也不够，几乎是从头学起。然而教研组组长涂铭旌的要求却很高，要求所有外派老师必须全五分回来，理由是“不然怎么当老师”。在那样的条件下，一边学一边教，涂铭旌称之为“边干边学”，也是无奈之举。

迫于形势要求，工程物理系已经等不到万事俱备才开课，始建之初招生就已经开始，生源有一部分是从能源系二年级招收。涂铭旌所在教研室的教员，一部分是金属材料学的老师，因为反应堆材料和金属材料有共性；另一部分就是金志浩那样的外派老师。当时苏联专家来华，“金志浩们”一面“贪婪地”向苏联专家学习新知，一面又马不停蹄地赶回西安教学。比如刚听了金相的物理性能，回学校马上教工程物理系的物理性能课。没有教材，一方面用苏联的参考材料，一方面由老师们根据需求马上编写。

“人”安排好了，教学条件却几乎为零。整个工程物理系只有当时被称为“东二楼”第二层的几间教室，第三层给了无线电系。两个新兴专业守着一栋空空如也的楼，却要开展当时最尖端的教学活动，可见当时的条件是多么艰苦。然而涂铭旌等“拓荒者”却没有退缩，全校被抽调的老师，搞化学的、搞物理的、搞机械的、搞能动的……现在都为着一个目的在行动。大家时常聚集在一起研究苏联的教学大纲，该买什么实验设备，该怎么编写自己的大纲，人才培养计划怎么安排……不到一年时间，工程物理系便初具规模。

现在，这批1957年进入交通大学、被西安交通大学老一辈教授称为“七字头”的学生，大部分已经退休，然而当年从工程物理系毕业时，不少人被分到了中国原子能科学研究院，成为我国原子能行业的第一批骨干力量。

图3–2 20世纪60年代西安交通大学工程物理系821专业同事合影（前排中间为涂铭旌）

在工厂“锤炼”

回到金相专业

到了1962年，正是国家三年困难时期，国民经济极端困难。西安交通大学也未能幸免，“饿”，是摆在师生面前重要的难题。

而且当时国家“浮夸风”愈演愈烈，成立于大跃进时期的821所也被认为是“放卫星”的产物。虽然学校和师生投入了极大热情，但是人们后来发现搞原子能的条件是不具备的。没有实验设备，很多问题的研究只能停留在理论上，成果产出大大受限。

“大炼钢铁”一开始，金相专业的不少老师更是被抽调去带学生炼钢铁。理由是“学冶金，专业对口”，甚至金相专业的学生到了农村都成了“炼钢专家”。

国家贫弱，养不起没有太大产出的821所了。这时候，民生问题成了国家发展的核心，各高校的新兴专业纷纷下马。工程物理系再一次“顺应了形势”，只留下几个专业，反应堆材料专业是“解除”名单之一。

1962年、1963年，反应堆材料专业的老师们相继回到了机械系金相教研室，涂铭旌也一样。回到教研室，他继续担任讲师，重操旧业搞金属材料及热处理。虽然又回到原位，涂铭旌的科研热情丝毫不减。1963年，刚回教研室，他便在《西安交通大学学报》发表了“液体金属对钢及耐热合金的高温强度及塑性的影响”一文，在前人工作的基础上，进一步探讨几种典型的钢及耐热合金在某些液体金属作用下的高温短时拉伸的应力——应变规律及高温持久应力作用下的断裂规律。他提出：

> 金属在具有表面活性的液体金属作用下可能出现列宾捷尔表面吸附效应，亦即在一般的情况下使金属的强度及塑性下降，造成脆性断裂。这一表面吸附效应的出现条件与金属材料、液体金属的本性及其物理化学相互作用、形变速度、温度、应力大小、缺口尺寸等因素有关。高温持久强度的实验结果说明：液体金属使金属材料在高温下早期断裂的原因，看来与表面吸附效应使表面能下降，或者与固体金属同液体金属相互作用所引起的表面组织变化以及晶界应力腐蚀等因素有关。当上述因素同时起作用时，将加速使金属早期断裂。当采用适当的缓蚀剂或合金化方法减弱或消除上述因素的危害作用时，钢的高温长期腐蚀强度将会得到显著的改善[①]。

这一发现是涂铭旌对“发挥金属材料强度潜力”理论的初步探索，也为后来涂铭旌在这方面的工作打下了一块坚定的基石。

就在这个时期，教育部出台了一项措施，鼓励高校骨干教师在学术理论方面追求造诣的同时，多去接触一些生产实践，同时选拔了一批教师到国内一些骨干企业进行挂职锻炼和学术调研。为顺应国家的号召，仅在1964—1965年，西安交通大学金属学热处理及车间设备专业（简称“金相专业”）就派出了30位教师深入工厂实践。涂铭旌几乎是毫无意外地出现

① 涂铭旌：液体金属对钢及耐热合金的高温强度及塑性的影响。《西安交通大学学报》，1963年第3期，第71页。

在了名单上。

那个年代的中国高校，不仅仅在教师群体中有到工厂锻炼的风气，学生在读书期间也会被安排到对口的工厂进行锻炼。据资料显示，当时西安交通大学的工科学生在大学四年间需要到工厂实习三次，第一次是在进校第一年的第一学期期末至第二学期上半学期，主要是在学校的工厂进行实习，需要把机械制造的五大工艺熟悉一遍；第二次是生产实习，一般在完成专业课学习的大四阶段，会针对不同专业的特点到相关工厂去了解整个生产工艺；第三次是毕业实习，主要为了方便学生进行毕业论文和毕业设计[①]。涂铭旌多次作为带队老师指导学生生产实习，而“实践”，也成为了他在西安交通大学期间最显著的教学特色。

1962年9月至1965年6月，涂铭旌在西安交通大学金属学及热处理教研室担任讲师一职，在此期间，他作为重点培养对象参加了由高教部组织的前往长春第一汽车制造厂做见习工程师的技术锻炼。

长春汽车厂的“见习工程师”

1964年，高教部组织重点高校讲师去长春汽车厂做见习工程师一年，为将来回校搞教学工作增加实践知识，涂铭旌于当年一月到了长春汽车厂。高教部的第一规定是外派讲师要跟工人同吃同住同劳动。涂铭旌到长春汽车厂被分配到底盘热处理车间，那是最大的一个生产车间，车间的工程师大部分都是从苏联的一个汽车厂实习回来的。

见习工程师需要到车间亲自参与劳动，这是高教部的第二条规定。底盘热处理车间主要负责制造齿轮，涂铭旌称：

> 我到的那个车间是齿轮（车间），这么一个盘装小齿轮、大齿轮，搞渗碳的，渗碳以后再冷却，冷却以后淬硬，把它淬硬了再去回火，那个料盘是很重的，料盘那边一弄好了，一空出来以后，要把那个料

① 周敬恩访谈，2014年3月13日，西安。资料存于采集工程数据库。

盘拉过来，嘿，虽然有一个轨道拉，但是那个玩意儿也有十几公斤，十来公斤重啊，还要那么来回跑。我们老师傅跟我讲一天他要跑30公里，就那么连续渗碳淬火连续装置。我去（那里）照样劳动，并没有因为人家说你是讲师，也算是高级知识分子，我从来没有这种想法①。

到了工厂实际操作的时候，涂铭旌发现大学的书本理论与实际实习操作是不对等的。首先就是渗碳，工厂那个时候的设备还算先进，车间旁边就有一个快速检验站，检验站里就有金相师把齿轮解剖之后进行观察，除了观察硬度以外，质量方面是否达到了金相的检验标准。检验站里有一台显微硬度计，这在当时算是非常先进的设备。涂铭旌看到了非常高兴，因为可以做实验。想做实验的涂铭旌问工厂的老师傅有什么问题需要解决，老师傅介绍了厂里的一名班长。涂铭旌回忆，那名班长很有一点钻研精神，他说，在齿轮渗碳的时候有时候会"过渗"，碳渗进去太多。除了"过渗"，"超差"也是个问题，一旦"超差"，返工都没办法。涂铭旌听了，主动请缨，说以后要是有质量问题就给他，他拿去快速分析室研究。"过渗"了、"超差"了，他根据实际情况提出修改意见。那个班长按照涂铭旌的话照做，果然大大改善。

一次涂铭旌听一个班长说楼上在吵架，跑去一看，原来是碳过渗了，过渗了就看到在金相里边有一颗一颗的碳化物，然后操作的两人就开始争论：到底是渗碳高温时形成的呢，还是冷却里边形成的？这时涂铭旌站出来了，他提出，十几盘齿轮连续地加进去渗碳，刚开始渗碳然后保温，最后淬火，如果要这样做的话，这些动作都要在三分钟的时间内完成。随后，他又提出一个建议，在炉子要关闭进行检修的时候做一次试验，把机加工的废齿轮找来，放在渗碳的盘子上面，到时间以后马上全部出炉，放到油里面冷却，并且将每一个齿轮都打上记号，这样每一盘的时间次序就清楚了。在场的人都对涂铭旌的建议表示赞同。

等到炉子要检修的时候，满炉都装上了一盘一盘的试验齿轮，涂铭旌

---

① 涂铭旌访谈，2014年3月20日，成都。资料存于采集工程数据库。

就站在油槽旁边，来一个就扔一个到油槽里，等完全冷却够了再拿起来，打上标号，最后解剖。就这么一盘一盘地弄，弄完解剖以后一看发现：大部分的都是块状的碳化物，这是高温形成的，而不是冷却析出来的。这时就有人问了，铁碳二元相图上没有碳化物存在，现在为什么有了呢？涂铭旌又耐心地解释称，这个钢是多元的，三元以上的相图就可以在高温的时候形成碳化物。大家听完后都表示心服口服，才发现原来这个大学老师有点厉害！

那时工厂的车间自动化程度普遍都比较低，干活儿都靠劳力，非常累。当时汽车后边的一个半轴驱动重达二十多公斤，要把它拿去加热，就要先把它摆在推杆炉上推进去加热，在水里面淬火冷了之后再拿把它抬出来，一天大概要抬一百根，工作结束手早就酸了。有一次，一个半轴驱动抬出来以后竟然裂开了。当时厂里有规定，只要淬裂了就要扣奖金，先扣工长的，再扣当班的。涂铭旌一看，裂了的原因肯定是Cr–40钢里边含钼量高了，合金元素高了。一拿到理化鉴定中心去检查，果然是这样。后来涂铭旌才发现，这个钢厂原来是一个生产军工合金钢的厂，它有很多回炉料，合金元素比较多，做出来Cr–40钢的合金含量超标，就容易在水中淬裂。这样一来，操作工人就不被扣奖金了。

图 3–3　1964 年涂铭旌（右）在长春汽车厂实习时与工长合影

在西安交通大学的老同事金志浩教授看来，涂铭旌有一个很明显的特点，就是善于将工程与理论相结合，他曾回忆说：

一般人比较注意自己小范围的科研，他却能够把你总结的提升一点，上升到理性的高度，把工程跟理论结合后，再提升一点，这是他的本事。理论必须跟工程结合起来，解决工程实际问题。在这方面他搞得比较好，我们也受到了很多好处①。

洛阳拖拉机厂“诊治”二轴齿轮

科学研究和医生看病有异曲同工之处，需要“望、闻、问、切”，从多方面、多角度找出病因后，才能根据病因制订相应的措施进行“治疗”。

在长春第一汽车厂技术锻炼后没多久，1965 年夏天，涂铭旌又带领刚留校任教的周敬恩和两名 66 届金相专业的应届本科毕业生来到洛阳拖拉机制造厂进行工程实践，一方面完成需要的实习，另一方面也协助工厂进行一些科学研究。

当时的拖拉机底盘有个二轴齿轮很不稳定，不仅寿命短而且容易早期失效，而失效方式有两种，一是断齿，一是表面“折出”疲劳麻点剥落。洛阳拖拉机厂非常希望能够解决这个问题。由于西安交通大学的金属材料及强度研究室那个时期在全国范围内名气很大，洛阳拖拉机厂就找到学校，希望能够派专人帮助工厂解决二轴齿轮不稳定的问题。

涂铭旌一行四人到了拖拉机厂后，做的第一件事就是进行调查研究。他们走访了大量工厂里负责二轴齿轮生产的技术员，了解了问题产生的背景后，开始在中央实验室进行实验。实验前期他们解剖失效零件的同时，还研究了国外先进零件的构成，并将寿命低、早期失效的零件和寿命长、正常使用的零件进行对比，分析了这两种零件在结构、材料和力学性能上的差异。在此基础上，他们还找到了当时从美国、苏联、罗马尼亚等国家进口的寿命普遍比较长的二轴齿轮，分析这些零件的材料和工艺，了解到这些进口零件普遍采用的是经渗碳热处理后的低碳合金钢。最后，再到二轴齿轮的生产现场去看、去了解，解决实际问题。

通常情况下，二轴齿轮生产完成后还需要经过一系列的常规检验，如表面碳浓度、渗碳层深度、表面硬度的检验等。完成这些前期的分析实验后，根据经验，涂铭旌又让周敬恩前往理化实验室进行常规检验数据的统

① 金志浩访谈，2014 年 3 月 13 日，西安。资料存于采集工程数据库。

计，按照年月画出分布曲线，统计各项指标的波动范围，寻找其中潜在的规律。

随后，他们还在钢料库对二轴齿轮原材料的成分进行统计分析，并对其力学性能进行检验，在这个阶段，他们研究了各项成分的波动范围以及异常情况等。结合在二轴齿轮生产现场的调研，他们最终发现洛阳拖拉机厂二轴齿轮早期失效和寿命短的原因在于零件材料和制造工艺不稳定。

在周敬恩看来，涂铭旌专业基础扎实，知识面也比较广，特别是在生产实践方面的经验很丰富，视野也比较宽，这使得他们在洛阳拖拉机厂的研究工作变得非常顺利①。

在虢镇615厂接受“再教育”

1966年，“文化大革命”开始后，国家迈入了乌云密布的十年，高速发展的新中国霎时停下了飞速前进的脚步，学校停止招生，教师停止工作，学生停止上课，人们的生活被各种“运动”所充斥。

据涂铭旌在西安交通大学的同事宋余九教授回忆，由于“走资派”的身份，“文化大革命”期间他们并没有什么工作，当时所在的老教研室，学生多，“造反派”也多，所以受冲击的比较厉害，群众每天需要开大会、造反，他们就负责挨批判。那一时期，宋余九利用闲暇时光偷偷摸摸学习外语，日语、英语、德语，抓着什么学什么，一直持续到1976年“文化大革命”结束。

涂铭旌在此阶段的日子也大抵如此，但由于他所在的西安交通大学金属材料及强度教研室刚刚创立不久，学生较少，因而相对其他老师来说受到的冲击要小一些：

第一，我又不是走资派又是走资派，革命群众说你是研究室副主任，主任是我们的周惠久教授，他是打倒了，我呢，是副主任，那

① 周敬恩访谈，2014年3月13日，西安。资料存于采集工程数据库。

么，这个研究室副主任是处级干部还是不是处级干部，谁都没有下个定论。处级干部一定是走资派，所以呢，我又是走资派，又不是走资派，所以，有时候革命群众要结合我的时候，我是革命领导小组的成员，革命群众要批斗我的老师的时候，又是要在旁边陪斗。①

按照中央指示，西安交通大学当时有一半教师的一家老小都要到乡下去。1967年，涂铭旌那个时候先是随着机械系一起到了陕西岐山五丈原的几个公社劳动，突然有一天，一个军宣队的队长来找他，说是要派给他一个光荣的任务——到宝鸡虢镇615厂，也就是渭阳柴油机厂去搞备战任务。虢镇615厂在那个年代实际上是个生产坦克发动机的军用厂，让涂铭旌这些专家从西安到虢镇去，就是要防止当时所谓的“苏联修正主义”来侵略我国。

那个时候苏联生产坦克发动机用的钢是镍铬钨钢，都是含高镍、高铬、高钨，而我们国家当时很缺这种钢铁，如果想要自力更生，就只有选用硅、锰代替铬、镍。当时虢镇615厂已经研制出了一种新型钢种，于是要求涂铭旌他们去参与后续的一些工作。这样一来，涂铭旌和另外两人启程前往宝鸡。然而由于“身份”原因，夫人不能同去，只能留在学校，几个儿女则被送回了四川老家。

在虢镇的那两年，所有的粮票和钱都是自带，自带粮票、自带钱、白出劳动力，厂里唯一提供给三人的，就是招待所的一间小房子。在那个招待所也只有公共厕所的年代，这已经是最大的恩惠，因为他们是去接受工人阶级的“再教育”的。由于之前在长春汽车厂待过一年，涂铭旌很熟悉工厂的一系列操作流程，与工人们相处融洽。有个老师傅对涂铭旌很好，所有的累活都不让涂铭旌干。当时坦克发动机的毛坯很重，要把它抬到架子上再送到电炉子里面去，每当技术工人要调试工艺的时候，涂铭旌就会在旁边给他们进行指导，打打下手。他们就在这种相互学习的氛围中度过了两年时光。

① 涂铭旌访谈，2014年3月20日，成都。资料存于采集工程数据库。

615厂是从上海搬迁到虢镇的，当时有很多精通锻造工艺的老师傅也随着工厂一起来到了虢镇。但涂铭旌在厂子里从不以专家自居，而是像个学生一样虚心学习。那时候用的模具容易掉牙，“嘣”的一声，螺丝就滚出来了，涂铭旌就专门为此跑去请教一个上海来的八级老师傅，想请师傅告诉他一点绝招，如何把模具锻好。老师傅告诉他四个字：三墩三拔。想要让锻造出来的模具不掉牙，三墩三拔是必须的。涂铭旌不明白了，何为三墩三拔呢？师傅又接着解释道：一块钢，锯下来以后要把它打扁，打扁后再合过来把它拔长，这不就跟揉面是一个道理吗，再来一次，又墩又拔，如此反复三次就好了。师傅质朴简明的话语启发了涂铭旌，他终于明白模具掉牙的关键在哪了。原来，锻造模具的原料是从钢厂来的，里面有大量的带状碳化物，根据涂铭旌以前做实验的经验，这样的碳化物即使加热到1200℃都不能被消除。怎么解决呢，就是依靠老师傅讲的三墩三拔的办法，才能把碳化物打碎、分散，钢的质量才能得到锻炼。今天谈起这件往事，涂铭旌依然很有感触：

> 他那个“三墩三拔”让我对人生的经历也悟出一个道理。孙悟空在太上老君的炼丹炉里经历七七四十九天，终于练就了一双火眼金睛，脱胎换骨了。人生也是那样，人生要锻炼，要“三墩三拔”，做学问要锻炼，做人的人品也要讲求“三墩三拔”。这钢材如此，人生也如此[①]。

有一次新的钢种坦克在野外试车的时候，发动机曲轴中间断了，军代表立马把涂铭旌找来分析问题。涂铭旌仔细研究后告诉军代表，这不是钢轴的问题，也不是磨工师傅的操作问题，这是设计出来的磨削本身的问题，因为设计人员设计的曲轴中间有两个R型的磨穴，他在纸上画图的时候很容易，用工具就能把磨削画得规规矩矩。但是到了实际开磨削砂轮的圆弧的时候，要想把这两个半径半圆都磨出来的话，中间必然要有个沟槽。而现在的疲劳问题就出在这个沟槽上，应力一集中它就会疲劳断掉，

① 涂铭旌访谈，2014年3月20日，成都。资料存于采集工程数据库。

原因就在这儿，而不是新钢种的问题。圆满解决了这个问题后，军代表纷纷表示认同。

“捉老鼠”式的教学

虽然受冲击不如其他老师，涂铭旌仍不能逃脱“文化大革命”的影响，从1972年起至1974年，工农兵学员接管了大学，并且要求“上大学”“管大学”“改造教师”（简称“上管改”），提出让教师下工厂后以典型任务带教学。这样一来，不少教师都生畏了，如果能解决问题还好，就可以变成受欢迎的知识分子不用被劳教了，就算改造好了，但万一解决不了问题呢？这种情况下，由于大家都不愿意去带教学，之前在金属材料及强度教研室担任副主任、主管科研的涂铭旌就被大家“轰”去管教学了。

所谓的“管教学”，每天的工作基本上就是带领教师和工农兵代表四处选点，看看有没有能解决的质量问题和技术问题。涂铭旌戏称自己的工作就是“捉老鼠”，他戏称：

> 我的任务无非这样，看那里哪个地方有没有“老鼠”，是“大老鼠”还是“小老鼠”，是“调皮老鼠”还是“死老鼠”，要会找这个玩意儿。找到“老鼠”以后还得给“老鼠”搞一个笼子，要让它进来把它关着，还要有“长腿猫”去捉“老鼠”[①]。

在永乐店齿轮厂，涂铭旌发现工厂角落堆了一堆齿轮毛坯，有一二十吨重，问厂长是什么问题，厂长告诉他因为材料的球墨铸铁机械性能不过关，已经堆放了好长时间。而在当时我国球铁使用量虽已占总铸件的比例较大，但与国外相比仍有很大差距，尚有很大发展的余地。涂铭旌就此发现了“老鼠”，他问厂长是否需要解决这些废弃材料的问题，如果要解决的话，需要和他立一个君子协定——假定涂铭旌及其团队来到工厂后在工

① 涂铭旌访谈，2014年3月20日，成都。资料存于采集工程数据库。

人阶级的领导下以做实验为首要任务，那么厂房是否能够提供一个窑洞供师生居住；另外，随队的还有一位老教师，希望能给他一个有电灯的房间供他备课。厂长答复他，如果能够解决问题，就同意这些条件。

在此之前，工农兵学员和教师在工厂一直都是睡在地板上，谷草和稻草一铺就变成了一个被子；吃饭也需要自己带粮票，没有什么生活补贴，条件很是艰苦。但尽管这样的交换条件极具诱惑力，同行的不少教师仍对涂铭旌是否能顺利解决工厂材料球墨铸铁机械性能不过关的问题表示担忧。

面对一片不乐观的态势，涂铭旌根据以往经验告诉大家，以他的判断，只要能够解决材料的韧性，就能解决问题。顺着这个方向，大家开始翻阅资料，最终通过热处理将材料内部的金相组织改变后，顺利地解决了问题。自此以后，下工厂的工农兵学员和教师再也不用睡在铺着稻草的地板上了。

就是在这样艰苦的环境里，涂铭旌仍不忘进行科学研究。1970 年，涂铭旌与周惠久先生共同主持的科研项目“论发挥金属材料的强度潜力——强度与塑、韧合理配合”正式立项。西安交通大学金属材料及强度研究所自此开始了这项长达十一年的研究，这些工厂实践就是这个项目的重要部分。

“发挥金属材料强度潜力”的研究

泾阳农修厂的喜讯

按照金相的说法，钢有两类回火脆性，第一类发生在碳钢和一般的低碳合金钢、中碳合金钢上，主要发生在回火温度为 250—400℃时。发生第一类回火脆性时，钢的冲击韧性会显著降低，更由于第一类回火脆性是不可逆的，所以当时的教科书都建议避开这个回火脆性问题来制定钢的处理工艺。要么低一些，要么高一些，这在当时近乎“铁律”。

涂铭旌和同事们下到工厂时发现，很多小型的工厂制造零件时也避开第一类回火温区，在比这个温度低时回火造出来的零件往往寿命很短。冲模和冲头等“冷变形”工具常常有这样的情况，有时生产出来冲击一次就断了。

但是当时工厂技术员还是按照教科书里来，认为老是断可能是硬度太高，把回火温度提高一点，让硬度下来，强度降低了可能就不大能够断裂了。其实技术员这样想，也并非没有道理，毕竟当时教科书里就是这样写的。

“文化大革命”后期，涂铭旌带工农兵学员和教师代表一起去泾阳农修厂实习，也发现了这个问题。当时两名参加劳动的干部正在给弹簧钢板打骑马螺栓的孔。方法很奇怪，是先把钢板放到焦炭炉上烤，烤红了马上拿到冲床上冲出一个孔。涂铭旌越看越纳闷，问为什么不直接冲，还要浪费焦炭。工人摆摆手，说这台冷冲床，冲三五个就得断。这么一说正好让涂铭旌来了兴趣，他对指导老师和工农兵学员说这工作是个“典型”，正好用实践带动教学。他问了工厂需要冲头达到多长的寿命。当时工厂的革委会主任也没抱太大希望，觉得能改善到一两百个就够。涂铭旌却胸有成竹地说要冲五百个孔。

这话刚出口，同行的老师都表示不可思议。涂铭旌却满脸自信，又对革委会主任重复了一遍能做五百个。主任也半信半疑，只能让涂铭旌先试试。

涂铭旌这时候却把话锋一转，问起别的事儿来。原来，来到泾阳农修厂，一众师生只能挤在一个窑洞里，每个人就一米宽不到的铺位，晚上睡觉“不小心就侵犯了别人的领地”，还常常发生一觉醒来脚在别人肚子上的糗事。但那是特殊年代，人人把这视作“改造”“再教育”，也不敢多说什么。涂铭旌作为带队老师，看在眼里，却苦于没机会申请个好条件。抓住这个改造冲床的机会，涂铭旌可不想错过，不但说了窑洞的事，还提出希望师生交粮票和工人一起吃饭，改善改善师生的伙食。

主任一听，也不算过分的要求，而且要是冲床改造成功，对农修厂可是大好事，当即拍板这些都能解决。涂铭旌得到了肯定的答复，便开始向工厂“面授机密”。来到农修厂的学生里，有两个是搞钳工的、一个是搞车工的。涂铭旌让他们仔细观察冲床断裂的原因。大家仔细一看，冲床打下去时，底座也像跳舞一样弹了起来。涂铭旌指出底座不固定，冲击能量会打折扣。而且打下去时冲头还是歪的，因为冲头旁的燕尾槽本身已经快坏了，得重新修过。

提了这两点，工厂方一看觉得颇有道理，涂铭旌接着又说冲头也有问题，要改冲头。这下现场几乎变成了课堂，大家七嘴八舌地向涂铭旌提问，他都一一回答：

> “冲头怎么改？”
> “要减少应力集中，一个冲头变成两个，中间隔一个棍。”
> “那怎么固定？”
> “你是学钳工的，钻床的钻头也是一个杆，你怎么固定？”
> “像‘弹簧夹豆’那样的原理？可是用什么钢呢？”
> “你们觉得用什么钢好？”[①]

大家纷纷说用最好的钢。涂铭旌却摆摆手，要求用最便宜的钢，而且还补充说，淬火后马上在200—300℃的时间点回火。现场的人一听，马上否定了，都说书上早就写了这个温度是禁区，绝对不能让高碳钢在那时候回火。涂铭旌却坚持让大家试试看。眼见涂铭旌自信的样子，大家面面相觑，最后还是工厂方拍了板，决定试试。新冲头下厂试验时涂铭旌没去，他说如果没问题告诉他就行。结果一出来，出人意料，不仅轻易地超过革命委员会主任的预期“一两百个”，还超出涂铭旌自己承诺的五百个，第一次试就达到了五千个。这下泾阳农机厂的大喇叭热闹了：

> 革命的同志们，报告大家一个特大喜讯，西安交通大学的革命师生在我们工人阶级的领导下，接受工人阶级再教育，发挥了冲天干劲，把我们厂弹簧钢板的冲头从热冲变成了冷冲，寿命提高了很多倍[②]！

三四个的寿命变成了五千个，革命委员会赶紧通知涂铭旌去，要当面

---

① 涂铭旌访谈，2014年3月20日，成都。资料存于采集工程数据库。

② 同①。

图 3-4 1976 年涂铭旌（第二排左四）在泾阳农修厂与工人和下乡师生合影

感谢。涂铭旌去了，还带去一个新想法，他还要提高冲头寿命。革命委员会主任还沉浸在五千个的喜悦中，没想到老涂还建议改装冲头，再攀高峰。

这一次经历，让涂铭旌声名远扬，成了“备受欢迎的知识分子”。而他坚持冲头在禁区回火，打破了高碳工具钢不能在回火禁区回火的限制，不仅又一次证明了教科书的矛盾，还成为了“发挥金属材料强度潜力问题”的绝佳实践佐证。

追随周惠久先生的脚步

说起这项研究，不得不提到周惠久院士。交通大学还在上海时，涂铭旌就是周惠久的助教。1958 年，涂铭旌陪着周惠久一道，最后一批到西安。

这助手，一当就是将近三十年。回忆起与周惠久先生的交往，涂铭旌仍然称呼周惠久是“我的老师”。

周惠久院士，1909 年出生在辽宁沈阳，自幼家贫的他很小就树立了刻苦求学的志向。1927 年，他考入了交通大学唐山工学院土木系结构工程专业，学习铁道桥梁。拿到学士学位后，周惠久回到沈阳，在东北大学担任助教。九一八事变后，周惠久不愿在日伪政府下当亡国奴，毅然辞去工作到了北平清华大学任教。1935 年，他考取公费赴美国伊利诺伊大学留学，获得力学硕士学位。同时，他的研究方向发生了转变，开始研究金属材料，并在 1938 年获得密歇根大学冶金工程硕士学位。

虽然周惠久成绩优异，他的两位硕士导师都力劝他继续读博深造，但是卢沟桥事变爆发后，眼见民族陷于危亡之际，周惠久选择了提前回国。在国家动荡的那些年，周惠久和许多知识报国的教师一样，辗转了多个地方、多所大学，还一度在陆军机械化学校战车机械工程研究所工作，为抗战服务。在这些漂泊的年月里，周惠久没有放弃的是对金相热处理、金属材料等的研究，最终，他落足交通大学，教授材料的力学性能，并顺应国家安排举家内迁西安。

周惠久选择来西安，涂铭旌也毫不犹豫一同前往。在西安开疆拓土，涂铭旌一直协助周惠久。周惠久学术思想形成和西安交通大学金属材料科学的教学科研管理，涂铭旌功不可没。但即便是后期周惠久因为年龄、身体状况等原因退居二线，涂铭旌当了所长，他仍告诉周惠久自己只是个“执行人”，而对于在他主持下研究所取得的成绩也一直对人坚称“这是我的老师与西安交通大学的功劳”。

现中国工程院院士、周惠久教授的学生李鹤林回忆称，当时听说西安交通大学的机械系很厉害，于是自己便舍弃了原来向往的清华大学水利系而来到了交大机械专业，后来因为全国大炼钢铁运动的形势，又被抽调去了冶金系，也就接触到了当时在有色金属领域已经非常有名的周惠久教授。

当时涂铭旌仍然待在 821 所研究反应堆材料。尽管担负着筹建这个新兴专业的重担，但每逢周惠久给李鹤林他们大三学生讲课的时候，涂铭旌都会到教室旁听，并且一遇到课堂讨论时，总是积极提问，提的问题还都非常深刻。

实际上那个时候涂铭旌已经是周惠久很重要的助手，在后来很长一段时间内，西安交通大学的金相专业在全国的实际排名上，很多时候都是排在第一位。

发挥金属材料的强度潜力的研究，来源于周惠久"从服役条件出发"的学术思想。他认为从一种机件或构件的具体服役条件出发，通过典型的失效分析，找出造成材料失效的主导因素，确立衡量材料对此种失效抗力的判据（即相应的强度性能指标），据此选择最合适的材料成分、组织、状态及相应的加工、处理工艺，从材料的角度保证零件的短时承载能力和长期使用寿命，是材料强度工作服务于生产实践的主要内容。

在 20 世纪 60 年代初，美国的 Cohen 教授在提倡建立"材料科学与工程"学科时，为了形象说明这个学科的内涵，把材料的成分 / 结构—合成 / 加工—性质—服役（使用）性能画成一个四面体。前三者构成底面的三角形，服务性能是四面体的顶点，美国人之所以把服役性能放在最顶点，是因为它非常重要。其实这与周惠久早在 50 年代就提出的"从服役条件出发"的思路有着异曲同工之妙。周惠久提出，要解决材料问题，首先要从服役条件出发，分析材料零件的服役条件，来确定它的主要失效模式，找出它的失效抗震指标，这个失效抗震指标实际上就是服役性能。一个具体零件有它自己的服役性能，像吊环的服役性能就是低频疲劳。这个低周期的疲劳和材料的成分、组织、性能是两码事，低频疲劳属于材料性能，材料的成分、组织则是服役性能。吊环的疲劳与强度和韧度有关，任何一个零件强韧性的匹配是不一样的。首先

图 3-5　1987 年涂铭旌与周惠久院士等在云南石林合影（前排中间为周惠久院士，右边为涂铭旌，后排左二为李鹤林院士）

要搞清楚这个零部件的服役性能是什么，然后再研究服役性能和材料的成分、组织和性能之间的关系，这些都清楚了以后，问题就迎刃而解了。

无论是在教学还是工厂实践中，周惠久都坚持将“服役条件”放在重要地位，正是这些以实际运用为指导的思想，孕育出“发挥材料强度潜力”的思想。

新观念打破旧标准

“发挥金属材料的强度潜力——强度与塑、韧合理配合”的观点提出，其实是基于当时我国工业发展需求的大背景。在 1970 年立项之前，西安交通大学早已开始进行相关问题的研究。五六十年代，国家虽然贫弱，却仍然苦中求进，积极发展工业，因而对钢材的需求量很高。造飞机、汽车所用的钢材，要求较高的强度，按照当时国内普遍采用的苏联和美国的标准，往往“力不从心”。因为制造钢铁过程中，强度高了，塑性、韧性就降下来了。我国基础条件有限，又受到国际封锁，缺乏该标准中要求的铬、镍等原料，自产又远远不够，只能用锰、硼等相对廉价的金属代替。“代用钢”实属无奈之举，综合力学性能仅是接近原钢种，差距仍然存在。无铬、镍钢种的研究大多中途夭折，国家要为这些夭折项目承受大量人力、物力、财力的损失，一些搞军用无铬、镍钢种研究的技术员，还得背上处分。

20 世纪 60 年代初，西安交通大学金相系的学生实习，洛阳矿山机械厂是一个重要合作单位。由于条件有限，金属强度与塑性、韧性“顾此失彼”。师生在锻工车间实习锻造零件毛坯时抬大锤锤杆，一班两班下来就断了。在西安三桥车辆厂的实习也是一样的情况。铆钉枪的头也容易断，一班就要换好几个。

但是周惠久先生提出“材料强度与塑性、韧性合理配合”后，经过西安交通大学金属材料及强度研究室反复实验后发现，按照过去苏联的理论，其实是盲目追求材料的韧性。正因为金属材料的强度和韧性是矛盾的，要追求高强度，就要牺牲塑性、韧性。当时还形容这种老观念下的设备“傻大笨粗”。比如一个大摆锤，想要不让它被冲断，按照苏联的数据就要求它有很高的冲击韧性。而实际生产中的很多其他零件很少有达到大摆锤要求的这个韧性。像冲床、铆钉枪等，它们所承受的都是小能量、多次的冲击。这表示各种零件材料要求的强度、塑性、韧性配合是不同的。

周惠久针对当时我国引进的苏联机械产品及苏联机械设计规范冲击韧性偏高，使用强度偏低，因而机械粗大笨重且使用寿命不长的情况，提出了小能量多次冲击抗力理论，与黄明志先生一起带领研究生、本科生进行了大量理论研究，并进行了广泛的生产实践考验，取得了重大成果，高教部因此批准西安交通大学在周先生研究工作基础上成立金属材料强度研究室。多次冲击理论、低碳马氏体理论和工艺以及强化理论和工艺形成了西安交通大学材料强度研究三大鼎足的局面。1964 年，周惠久、王笑天、黄明志三位先生联名发表了题为“低碳马氏体及其综合性能”的论文，这篇文章被认为是西安交通大学此后近 20 年开展材料强度研究的总方针、总纲领。

“合理配合”，要求的就是按照实际生产所需调整回火温度等热处理工艺条件。这个思想颠覆了固有观念，然而成就却惊人。在工厂实习的师生与技术员们合作，让原来的损耗件变成了耐损件。西安交通大学金属材料系也因此声名大振，在 1964 年北京全国高校科研成果展览会上，被誉为业内高校“五朵金花”之一。

“金属材料强度、塑性、韧性合理配合”的提出

理论的“再推进”

1979 年，周惠久、涂铭旌、邓增杰、朱维斗合著的论文“再论发挥金属材料强度潜力问题——强度、塑性、韧性的合理配合”在《西安交通大学学报》发表。这篇论文是金属材料及强度研究所近十年工作的总结，主

要内容是钢铁材料在各种服役条件下断裂失效的表征参量（服役性能）与强度、塑性、韧度等基本性质的关系。在文章的摘要中写道：

> 本文根据我所集体研究成果初步总结了常用的钢铁材料在各种服役条件下断裂失效的表征参量与强度、塑性、韧度的关系。主要结论为在一定服役条件下强度与塑性、韧度的适当配合可以得到这些参量的最佳值，而这个最佳值所要求的强度、韧性、韧度的配合随服役条件的改变而向一定的方向改变，这些变异的规律指出了一个在保证安全的条件下充分发挥材料强度潜力以达到提高材料的承载能力和延长使用寿命的途径①。

这项研究，虽然更多地是站在理论的高度上，然而所做的若干次实验却不得不提。为了让结论更有说服力，在九年的时间里，研究所针对不同温度、不同大气环境等不同服役条件，进行了一次加载断裂、多次冲击加载断裂、循环载荷作用下的疲劳断裂等不同情况的实验，还探讨了多次冲击和疲劳载荷作用下，裂纹萌生、发展与强度和塑性的关系。最终得出了在当时具有普遍指导意义的结论，还提出了实际生产中生产厂可以采取的措施，比如：①采用纯净化处理冶炼工艺、提高冶金质量；②充分利用我国富产而只需加入微量的合金如B、Re、Nb等；③钢中加入某些合金元素，必要时加入少量Cr、Ni，改善马氏体状态的塑性；加入Si可适当回火温度向高温移动；④低碳马氏体钢由于是位错马氏体，具有高的强度和大的塑性和韧度相配合，应当广泛推荐使用；⑤对高碳钢包括轴承钢、工模具钢，适当降低碳含量或稍稍提高回火温度；⑥结合近期对马氏体、贝氏体形态及精细结构的深入研究，以及一些钢的强、韧化工艺，在保证高强度的条件下提高塑性、韧度。

在这篇文章中，还特别强调“局部复合强化”的作用：

---

① 周惠久，涂铭旌，邓增杰，朱维斗：再论发挥金属材料强度潜力问题——强度、塑性、韧性的合理配合。《西安交通大学学报》，1979年第4期，第1页。

> 承受交变载荷的零件上存在高应力集中的不为，往往是最先产生疲劳裂纹直至早期断裂的薄弱环节。根据实验规律，这时对材料要求较大的塑性荷中等强度相配合，须采用中温回火。但是在缺口处进行滚压，局部复合强化，最佳回火温度向低温回火转移，从而可以提高材料使用强度水平。试验表明，中碳合金结构钢淬火、低温回火后滚压，或者合金渗碳钢经碳、氮共渗淬火，低温回火后滚压，都可以大大提高其缺口疲劳极限。可见，热处理强化后，再施以冷变形强化，使零件接近等强度设计，是大幅度提高零件疲劳强度的有效措施①。

这篇文章的主要结论为：在一定服役条件下，强度与塑性、韧度的适当配合可以得到这些参量（服役性能）的最佳值，而这个最佳值所要求的强度、塑性、韧性的配合又随服役条件的改变向一定的方向改变。这些变异规律指出了一个在保证安全的条件下充分发挥材料强度潜力以达到提高材料承载能力和延长使用寿命的途径。

这项理论的重要意义在于，颠覆了传统观念中对炼钢技术的认识，形成新的指导意见。1987 年，在该项研究成果中逐渐成熟的“低碳马氏体”理论获得了 1987 年国家自然科学奖三等奖。

关于“金属材料强度、塑性、韧性合理配合”的结论公布后，涂铭旌在“强化”这个问题上，推进了这一研究，创造性地提出“强度指导强化、强化保证强度”。

时至今日，在西安交通大学工作的涂铭旌的老同事们仍然一致认为，如果说“合理配合”的成果是集体的智慧，那么“强度指导强化、强化保证强度”就是涂铭旌的成果②。“强度指导强化、强化保证强度”简单地说，就是金属材料要求强度要把材料进行工艺上的强化，落足点在“工艺”上。比如低碳合金钢做的齿轮，要提高耐磨性、防止断齿，就要在表面进行强化，比如渗碳、渗氮，这就是“强度指导强化”，即“要求怎样的强

① 周惠久，涂铭旌，邓增杰，朱维斗：再论发挥金属材料强度潜力问题——强度、塑性、韧性的合理配合。《西安交通大学学报》，1979 年第 4 期，第 36 页。

② 宋余九、邓增杰、金志浩访谈录，2014 年 11 月 8 日，西安。资料存于采集工程数据库。

度，就进行相应的强化”，然后在制定强化工艺的时候，保证需要的强度，这就是强度与强化的关系。

“失效分析”研究

在研究发挥金属材料强度潜力的过程中，西安交通大学金属材料及强度研究所将“失效分析”放在重要地位。

通常，金属零件存在着过量变形、断裂、表面损伤等失效形式，对金属材料进行失效分析，目的是提高产品质量，开发和改进检测技术以及为失效事故仲裁提供依据等。正确的失效分析是解决零件失效问题、提高机器承载能力和使用寿命的先导及基础环节。早在20世纪50年代，周惠久在给学生上“金属机械性能”一课时，就一直强调失效分析的重要性。

涂铭旌后期提出“强度指导强化，强化保证强度”时，同样也没有忽视失效分析的作用，两者的研究是并行的。他认为失效分析就是给零件看病，怎么治需要具体问题具体分析，需要材料强度的理论研究来指导。

同时，涂铭旌与师生合作，对突破传统热处理工艺来克服零件失效提出了指导意见。在1981年涂铭旌与周惠久、鄢文彬合著了论文“从材料强度观点论机器零件的失效分析及失效的防止”①。论文从材料强度学的观点出发，分析了机器零件的失效类型，并从零件服役条件和材料因素两大方面分析了造成这些失效的基本原因；从而建立主要的失效抗力指标，研究这种失效抗力指标随着材料成分、组织、状态的变异规律；运用金属学和材料强度学的理论成果，提出增强失效抗力的措施，打破现有选材、用材的传统观念束缚，做到充分发挥材料强度潜力、提高机械产品质量。除此之外，论文还指出了一些经常为人们所忽视而又重要的失效原因，如载荷条件中载荷谱、附加应力的影响，零件结构中薄弱环节的问题，环境因素的影响等；材料因素中着重分析了表面与界面对裂纹萌生与扩展的影响。并在此基础之上总结了强化工艺：

① 周惠久，涂铭旌，鄢文彬：从材料强度观点论机器零件的失效分析及失效的防止。《西安交通大学学报》，1981年第3期，第5–17页。

（1）低碳钢直接淬火得低碳马氏体，在许多机器零件上运用。

（2）中碳钢用于渗碳或碳氮共渗，如凿岩机钎杆、钎尾。

（3）利用锻造余热进行超高温淬火，如输煤机连接环。

（4）高碳钢或渗碳件短时加热淬火，如凿岩机活塞、牙轮钻头牙爪。

（5）高速钢降温淬火，如模具。

（6）中碳钢不用传统的淬火高温回火（调质），而用中、低温回火，如模锻锤锤杆、挖掘机传动链、汽车半轴。

（7）炭素工具钢第一类回火脆区回火使用，如 T10 钢模具。

（8）中碳钢薄壳淬火，如铲运机功率输出轴。

（9）薄壁圆筒件双面渗碳，如内燃机活塞销。

1982 年，涂铭旌的研究论文“零件失效分析及材料强度、塑性、韧性的合理配合”发表，在文中他总结了发挥金属材料强度潜力与失效分析的关系：

> 正确的失效分析是解决机器零件失效问题的先导和基础，而失效规律及其机理正是材料强度学研究的基础和重要组成部分，从这个意义上说，材料强度学就是从材料的角度与机器零件失效斗争的一门学科①。

在对失效分析进行研究的过程中，涂铭旌秉持了以服役条件为指导的原则，提出失效分析及防止的基本思路：

（1）对具体服役条件下零件做具体分析，从中找出主要的失效方式及主要失效抗力指标。

（2）运用金属学、材料强度学和断裂物理、化学、力学的研究成果，深入分析各种失效现象的本质；主要失效抗力指标与材料成分、组织、状态的关系；提出改进措施。

（3）根据“不同服役条件要求材料强度与塑性、韧性的合理配合”这

① 涂铭旌：零件失效分析及材料强度、塑性、韧性的合理配合。《西安交通大学学报》，1982 年第 4 期，第 24 页。

一规律，分析研究失效零件现行的选材、用材技术条件是否合理，是否受旧的传统学术观念束缚。在失效分析中常遇到一些“合法而不合理”的技术条件规定，如果把它当成金科玉律，则会犯分析上的错误，对防止零件失效不利。

（4）采用局部复合强化，克服零件上的薄弱环节，争取达到材料强度等的设计。

（5）在进行失效分析和提出克服失效的措施时，还应该做到几个结合：①设计、材料、工艺相结合，即对形状、尺寸、成形加工和强化工艺统一考虑；②结构强度（力学计算，实验应力分析）与材料强度相结合，试棒试验与实际零件台架模拟试验相结合；③宏观规律与微观机理相结合；宏观断口分析与微观断口分析相结合；宏观、显微、亚显微组织分析相结合；④试验室规律性试验研究与生产考验相结合。

在此思路下，涂铭旌结合不同服役条件下金属强度、塑性、韧性合理配合的思路对钢材进行分析。提出“当外在条件一定时，材料的各种失效抗力指标与基本机械性能指标有着密切的联系，因而有一个材料强度、塑性、韧性的合理配合。而材料的性能是由材料成分、组织结构、状态所决定的。沿着这样的思路寻求选材、用材（强化）的最优化”。

这个观点，其实结合的就是“发挥金属材料强度潜力”的成果，在研究中，西安交通大学金属材料及强度研究所前期工作均成为了涂铭旌失效分析研究的有力佐证。在对金属零件材料选择提出建议时，“强度、塑性、韧性合理配合”也被放在了首位，并强调了回火温度的重要性。

周惠久先生曾在一份鉴定表中对涂铭旌在发挥材料强度潜力和失效分析方面所做的工作进行了总结：

> 发挥材料强度潜力——“强塑韧合理配合”和“失效分析及防止”，两篇综述性论文是总结我所过去工作、指出方向以解决大面积选材原则的论文，前一篇论文获得了陕西省1978年科技成果奖一等奖，涂铭旌同志是这两篇论文的起草者之一。他的研究工作着重于三个方面：疲劳及多冲裂纹的萌生及扩展；复合强化提高疲劳强度；低

温下的材料强度及断裂。综合起来，总的研究方向即发挥材料潜力、提高零件的使用寿命①。

时任西安交通大学弹塑性力学教研室主任的陆毅中教授在对涂铭旌的鉴定中写道：

图 3-6　涂铭旌（第二排左二）1979 年参加全国失效分析学术会议留影

涂铭旌代表作有“论发挥金属材料强度潜力问题”和“从材料强度观点论机器零件的失效分析及失效的防止”。前一篇是国内少有的大作，文中提出强度、塑性、韧度三者的合理配合，发挥金属材料机械性能潜力的观念和方法，对工程材料的选择及采用的热处理工艺具有战略性的指导意义。后一篇综述了失效分析的基本思路，并根据自己的过去经验，提出应用实例。此文工程意义重大、经济价值较高，也有较高的学术水平②。

国家教委科技进步奖一等奖的肯定

1988 年 7 月，“发挥金属材料强度潜力的理论研究”因在促进科学技术进步工作中做出重大贡献，荣获国家教委科技进步奖一等奖。该理论还被列为新中国成立以来基础理论研究一百例之一。喜讯传来，研究所上下极

① 1986 涂铭旌提升教授呈报表。存于西安交通大学档案馆。

② 同①。

为振奋。这项持续了二十多年的研究获得了最高肯定，对于以后西安交通大学金属材料及强度国家重点实验室的申报也提供了有力支持。

在西安交通大学工作生活三十年，为了“发挥金属材料强度潜力的理论研究”一题，涂铭旌与同事们多次下工厂，进行了若干次的实验，采集的数据不计其数。取得这个成绩，是团队共同的智慧与多年努力的成果。

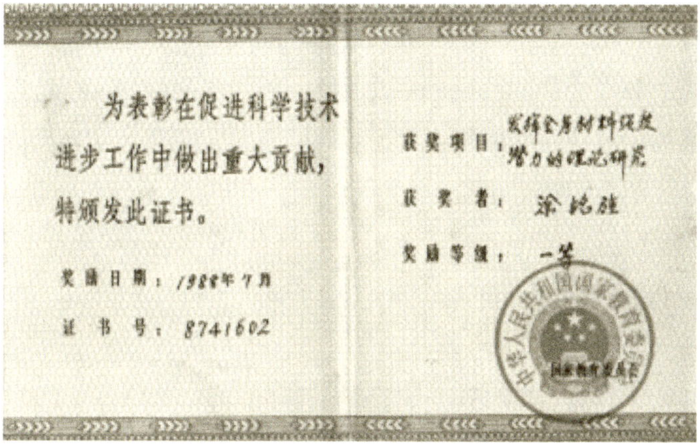
为表彰在促进科学技术进步工作中做出重大贡献，特颁发此证书。

奖励日期：1988年7月

证书号：8741602

获奖项目：发挥金属材料强度潜力的理论研究

获奖者：涂铭旌

奖励等级：一等

中华人民共和国国家教育委员会

国家教育委员会

图 3-7　涂铭旌因“发挥金属材料强度潜力的理论研究”获得国家教委科技进步奖一等奖的证书

理论到实践的转化

从石油钻井吊环说起

“发挥金属材料强度潜力”的提出，除了成为业界的理论指导依据，西安交通大学金属材料及强度研究所得出该结论所做的大量实验，还为炼钢技术的改良与新钢种的研发提供了原始数据基础。石油机械材料工程与石油管工程专家、中科院院士李鹤林的石油吊卡、吊环改良正是这项研究的受益者。当时李鹤林还是原石油工业部第一机械厂（现宝鸡石油机械厂）的技术员，他与西安交通大学金属材料及强度研究所的合作，涂铭旌起了至关重要的作用。

李鹤林院士，1956—1961年在西安交通大学机械工程系金属材料及热处理专业学习，算起来是涂铭旌的“学生”。然而几十年来，涂铭旌却一直强调和李鹤林“不是师生关系”，“合作”也好、“朋友”也罢，两人的往来与西安交通大学金属材料及强度研究密不可分。

事情还得从李鹤林与“铁人”王进喜的一次会面说起。从西安交通大学毕业后，李鹤林被分配到宝鸡石油机械厂工作，1963年，石油工业部抽调他到北京编写《石油机械用钢手册》。在北京期间，“铁人”王进喜刚好到北京出差，领导让李鹤林去和王进喜聊一聊，听听石油生产一线对试验新钢种、改进石油机械的意见。李鹤林与王进喜促膝长谈三个小时，王进喜提到石油吊环、吊卡太重，工人不仅搬不动，也不太安全。听说李鹤林和同事们正在试验新钢种、研制轻型“三吊”（吊环、吊卡、吊钳），王进喜非常赞同。

“铁人”的话，让李鹤林深感责任重大，1965年来到宝鸡石油机械厂后，他拟定了一个宏大的规划：减轻石油机械重量方面，重点是减轻吊环、吊卡的重量，同时，大幅度减轻正太钻机的重量；在延长使用寿命方面，重点是射孔器、公锥、母锥、钻机刹车鼓、泥浆泵配件（缸套、阀体、阀座、活塞杆），要把这些产品的寿命提高一倍以上；在改善特殊服役条件下工作的石油机械使用性能方面，重点解决电测绞车的磁化干扰问题，包括滚筒、刹车鼓、拉紧螺丝、滚动轴承和链条，同时要解决井口装置和防喷器的抗硫化氢腐蚀问题。

这个规划中最重要的一点就是改良新钢种。李鹤林想到了与西安交通大学金属材料及强度研究所合作。

当时，“文化大革命”正如火如荼地展开。西安交通大学的校长彭康被“打倒”，研究所的许多老师统统“靠边站”，周惠久教授被划为“资产阶级反动学术权威”的典型，要“集中接受再教育”。这些“学术权威”都被送到工厂或农村，周惠久教授正好在宝鸡石油机械厂。虽然对工厂也有冲击，但李鹤林的研究因为打上了“王进喜支持”的烙印，便一直没有停止。

由于曾经在西安交通大学读书，李鹤林对周惠久有很深的感情。当时周惠久已经五十多岁，车间里条件艰苦，身体根本吃不消。李鹤林想办法将周惠久调到了实验室，请他协助改良新钢种。从此，开启了西安交通大学金属材料及强度教研室与宝鸡石油机械厂在新钢种研究上的合作。周惠久教授进入实验室后几个月，返回了学校。但研究却没有中止。接替他做联络工作的，正是涂铭旌。在 20 世纪 60—80 年代二十余年时间里，涂铭旌及其所在的金属材料及强度教研室围绕“保证吊环使用安全的前提下大幅度减轻吊环和吊钳的重量”一题，协同李鹤林所在的宝鸡石油机械厂进行了大量研究。

然而，这看上去“合情合理”的合作起初却经历了诸多波折。在石油钻井里，钻杆固定在“三吊”上，担负着深度钻探的重任。“三吊”稳不稳，直接关系着钻杆的命运。如果“三吊”坏了，钻杆掉到油井里，油井也废了。在改良前，吊环、吊钳十分笨重，石油工人安装这些部件要费九牛二虎之力，同时，吊环的强度水平却很低，一旦断裂对石油工人的生命安全会造成威胁。改良“三吊”迫在眉睫，然而采用新钢种，减轻吊环、吊卡的重量，是不是就能保证钻杆的稳固，谁也不敢打包票。而且一旦断裂，油井报废，这对于当时我国窘迫的经济状况，是谁也负不起的责任。李鹤林却站了出来，坚定信心要做。

改良新钢种，其中一个就是低碳合金钢，这种钢加热后快速冷却获得低碳马氏体，然后进行低温回火，这时候得到的钢材强度很高，塑性也不错，安全性也将大大提高。这是西安交通大学周惠久、王笑天等老师带着大家共同研究的成果。到底该不该给李鹤林这个成果让他去改良石油机械，其实在西安交通大学金属材料及强度研究所里也是两种思想、两种观点。有人认为李鹤林拿着西安交通大学的成果在宝鸡干得“风生水起”，成绩却算是宝鸡石油机械厂的，对金属材料及强度研究所各位师生的努力不公平。然而时任金属材料及强度研究室副主任的涂铭旌却自始至终坚持站在李鹤林这边，现在谈起缘由，涂铭旌认为当时大家还是秉持着从国家出发、从国家利益出发。他认为研究室和李鹤林不存在根本的利益矛盾，李鹤林的成就、宝鸡石油机械厂的成就要肯定，而技术源头从西安交通大学来也清清楚楚，这些都是被承认的。

为了支持李鹤林，涂铭旌还多次到宝鸡去和李鹤林商量。工作之余，李鹤林特别带涂铭旌等人去了一趟宝鸡钓鱼台，那是姜太公钓鱼的故址。那时，宝鸡石油机械厂仍然是西安交通大学机械系实习的合作单位之一。学生到了工厂，李鹤林带着他们做科研和实践。“文化大革命”来了，学生们无心实习，要回学校“造反”，工厂根据省委指示不能让学生们贸然返校。李鹤林跟着去火车站拦学生，被学生们怀恨在心。回校后，学生就给他写了张大字报——“李鹤林，‘只专不红’的典型”。涂铭旌自己虽然没受太大冲击，却时常下工厂接受“工人阶级再教育”，系上的教学科研也进展缓慢。在这个特殊时期，在国家利益面前，两人虽分属于西安交通大学和宝鸡石油机械厂，却都没有占用成果的私心，互相鼓励着。这种无私的合作，从 1967 年左右开始，一直到 1978 年结束，持续了十多年之久。

涂铭旌在宝鸡石油机械厂主要是做一些材料的试样准备方面的工作，把锻造后的材料进行热处理，之后再拿回学校加工，加工完成后再拿回工厂做成产品。这些实验的量都很大，且持续时间比较长。最后拿这些实验结果的数据用来指导生产，再把做成的产品拿到郑州去做疲劳试验。

当时全国最大的实物疲劳试验机在郑州，涂铭旌没少去做技术指导。每次去都要待个十天左右，主要的指导内容就是如何将低碳马氏体的研究成果运用到这个吊环当中，考察它的寿命。当时国外做吊环最好的公司是美国 BJ 服务公司。李鹤林与涂铭旌一直将自己的不同产品样本与 BJ 公司进行寿命比较，还重点考察当产生缺陷后，产品的剩余寿命还有多少。

在实验过程中，失败是家常便饭。因为吊环要承担很大载荷，每一个吊环出厂时都要做负荷试验。有一次李鹤林站在试验场地附近，吊环突然断了，中间一小截贴着李鹤林的耳朵飞了出去，非常危险。而试验吊环规格不一，从 20 吨、30 吨到 500 吨的负荷不等，试验中不断出问题。

就是在这样一次次带着“未知危险”的试验中，终于换来了成果，宝鸡石油机械厂与西安交通大学金属材料及强度研究室合作研制出用于吊环、吊卡的高强度高韧度结构钢（大截面低碳马氏体钢）20SiMn2MoVA、25SiMn2MoVA、20CrMnSiMoVA，改进了产品的结构设计，对薄弱截面处实施了表面强化，使各型轻型吊环的自重只有仿苏产品的三分之一，寿命是美国 BJ 公司同类产品的 1.5 倍，吊卡的自重也有仿苏吊卡的二分之一。特别是在我国第一台 5000 米电驱动钻机研制中，钻机轿车轴采用 15CrMnSiMoVA 等大截面空冷贝氏体钢，其他零部件则从各自的服役条件出发，分别提高了力学性能要求，减小了截面，降低了重量。结果，这台 5000 米钻机的绞车部分自重只相当于 3500 米钻机。

石油钻井吊环性能的提升为国家取得了巨大的经济利益，随着国家开始主抓国民经济，当时的机械部、国家机械委想要寻找一个“抓经济、抓质量”的突破口，涂铭旌曾参与的吊环、吊卡事例由于很有典型意义，且具有较大经济价值而被选中成为典型事例开始进行全国性的交流和宣传，主要宣讲“从服役条件出发”。之后团队又在昆明召开的全国的热处理会议上做了报告，这次会议由西安交通大学主持，主要内容就是介绍如何发挥材料塑韧性强度。李鹤林曾回忆说，“通过这个事情我们搞的这个吊环、吊钳就进入了各个学校的教材，这样的话就造成了各个学校没有这个专业的也要办这个专业，鼎盛时期大概就是 70 年代末期了。”

1978 年，在全国科学大会上，“无镍低铬无磁钢”“高强度高韧性结构钢”“轻型吊卡、吊环、吊钳”等三项成果被评为全国科学大会重大科技成果奖，宝鸡石油机械厂、西安交通大学、大连钢铁厂共同分享了这份成果。后来依靠这个成果研发的“宝石牌单臂吊环”更是获得了国家科学技术进步奖。李鹤林院士指出周惠久先生和涂铭旌教授都是主要贡献者。他回忆说：

> 60 年代我刚毕业就搞这个，吊环我搞就搞了大概有二十多年，这里头从头到尾就是交大的合作和支持，这里包括涂老师[①]。

直到涂铭旌离开西安交通大学，两人的合作关系几乎没有中断过，在将西安交通大学的科研成果转化为实际生产中，涂铭旌秉持着倾囊相助的

① 李鹤林访谈，2014 年 3 月 15 日，西安。资料存于采集工程数据库。

态度，李鹤林始终认为西安交通大学这个团队里，周惠久、涂铭旌、金达增三位老师对吊环这个产品贡献最大，两人的友谊也一直持续到了今天。

栖霞山合成塔事故

“文化大革命”期间，周惠久教授等一批专家教授被划为“学术反动”典型“赶下”了讲台。涂铭旌等老师却没有停步，还在坚持着教学和科研。

那时的国民经济积贫积弱，最重要的是如何解决几亿人口的吃饭问题。虽然“文化大革命”对各行各业造成了极大的冲击，但国家的工业发展却没有完全停滞。1976 年，“文化大革命”已经接近尾声，此时国民经济已经错过了十年的发展机遇，然而国家还是勒紧裤腰带，从法国引进了三套年产 30 万吨合成氨的装置，其中一套装在南京栖霞山化肥厂。

安装调试的过程都很顺利，却在吊装合成塔时出了事。这个合成塔，直径 20 多米，重量足有 208 吨。安装前是横置在地上，需用起吊设备先将它直立起来再吊装到位。合成塔是 30 万吨合成氨装置的核心部位，中法双方的人员都不敢掉以轻心。当时没有太大的起吊设备，就临时搭建了四台卷扬起重机，一边两台。法国工程师为合成塔设计了两个吊耳，像人的耳朵一样一边一个。吊装时先把吊耳吊起，安装到固定的螺栓装置下将它固定。然后四台卷扬机同时启动，将合成塔从水平位置吊到垂直。但是四台卷扬机并非一个人操作，是四个工人同时进行，其中的协调难度很大，中法双方各派了一名工程师在现场指挥。

到了吊装的时候，两边的起重机开始启动，另两边却没有及时启动，一边的吊耳就悬空地直了起来。升高到十米多，正打算移动位置，直起的那只吊耳螺栓却突然断了，断了一个其他的因为承重不够也噼里啪啦全部断裂，合成塔一下就倒了下来。万幸的是倒下来时并没有完全倒地，未造成人员伤亡。然而在那个特殊年代，这个事故被定性为重大事故，还上升到了“阶级敌人搞破坏”的政治高度，开卷扬机的四个师傅立即被关禁闭，现场指挥的中国工程师也被抓了起来。

这个事故，法方的现场工程师一口咬定是中方的问题，因为他们的设计是“绝对先进的”。并且，他们还提出了自己的看法：四个卷扬机一边两个，两个师傅需要配合，问题是由于中方操作人员没有完全配合造成的；更何况是一边吊耳先提升的，上升到十米后产生了抖动、震动。法方的设计是安全的，但工人操作不当，这个不在法方保证的范围内。而且法方工程师还反问道，如果是法方的设计问题，为什么吊耳还能吊到十米多高？法方坚称自己的设计是根据现在先进的有限元力学原理。

听上去法方说得非常有道理，但是关系国家投资和人员责任，南京栖霞山工程方面还是邀请了南京各高校和设计单位进行重大事故的分析。所有在南京的相关专家聚在一起，开了好几次分析会。当时的南京工学院，现在的东南大学，还做过模拟试验。讨论来研究去，事故结论还是分为两派：一派说这确实是中方的问题，因为法国现场的工程师讲得很有道理，如果不是我们的问题怎么能吊起十米多，一定是我们操作不当让合成塔发生了震动和抖动才酿成了事故；另一派却坚持能吊起来不代表一定不会断，南京工学院的教授也做了实验，好像法方的设计确实存在问题，但是苦于拿不出确切的证据。双方僵持不下，南京方面非常焦急，当时的化工部更急，因为化工部历年引进国外制造的化工设备好几次都发生过类似事故。有的事故协商不成还到海牙国际法庭打官司，我们国家每次都因为拿不出关键证据败诉了。难道这一次，海牙又是解决的最终目的地吗？

两国协商不成，中方自己内部也有分歧，问题似乎向打国际官司发展。这时候，南京方面想到了西安交通大学金属材料及强度研究室。

当时在国内，由教育部直属管理的高校十几个研究室中，西安交通大学金属材料及强度研究室是出了名的“五朵金花”之一，其金属材料研究成果早就蜚声国内。南京方面在多种因素中考虑到是不是法方设备的强度不够导致了事故，立刻就想到了西安交通大学。他们立即派人前往西安，找到了周惠久和涂铭旌。

同时，南京的代表还带来了法国人设计的吊耳螺栓实物，包括损坏酿成事故的那一个。人一到，涂铭旌和同事们马上行动起来。那时候讲求“为国争光、为国争气”，然而涂铭旌内心里还有一点自己的想法。他想到吊装合成塔开卷扬机四个工人有妻儿老小，如果真是他们不当操作造成了这后果，谁也没办法，但如果并非他们失职，那就是“白坐班房”，作为科研工作者，有责任也有义务用自己的专业知识将他们解救出来，还他们一个清白。而且自己多次下厂劳动，和工人干活时建立了深厚的“阶级感情”，于情于理，自己都应该竭尽全力。

开始着手解决问题后，涂铭旌将研究室所有人调动起来解决两个问题：首先，这个螺栓是什么断口，先根据经验宏观观察后再用电子显微镜扫描观察究竟是脆断还是韧断；然后把螺栓进行断口扫描电饼分析和金相内部组织分析。在金属材料及强度研究室里专门有机械加工车间，进行钢的成分分析后涂铭旌们发现法方并没有用很好的钢材，采用的仅是 20 号普通钢。接着研究员们开始分析 20 号钢的成分，并选了一个与 20 号钢类似钢种的材料，制成吊装螺栓的实物进行实验。

实验集中在几个问题：究竟它的承载能力有多大？它什么时候开始变形？什么时候断裂？到底它能承载多少吨的拉伸引力载荷？同时，研究室还请来力学教研室专家进行强度校核实验，全面分析这件螺栓的断裂事故。

所有实验完成后，专家们进行资料汇总并得出了结论，结论本身出乎所有人的预料。实验数据显示，法方首先选择了一种非常差的钢材做螺栓。从专业角度讲，这个螺栓的钢根本没有进行热处理。实际上，选择钢材的好坏其实并不是关键，按照当时的技术进行热处理将次等品变成强度较高的钢材是完全没有问题的。可是显然法方并没有这样做。并且根据模拟的吊装实验证明，实物确实可以吊起来，但是吊上去后马上变形、紧缩，明显是强度不够，断裂是必然的事情。

除此而外，研究小组还对八个螺栓的分布进行了分析。发现从结构设计本身而言，这件吊装装置就存在很大的错误。因为螺栓安装在合成塔上，受力是往下，完全可以一边两个来分散受力。现在一边一个，增加了断裂风险。

综合各方因素，这件装置设计上有问题、材料选择有问题、钢材没有经过热处理也是问题。最大的问题还在于法方违反了国际安全设计的准则，几乎没有安全系数一说。一般机械设计行业安全系数必须大于 2，现在法方的做法没有保证，吊上去断了掉下来是必然的。

这个结论一出，涂铭旌很欣慰，四个吊装工人师傅和中方工程师有救了。西安交通大学的老师们也松了一口气，他们再一次用自己的知识解决了国家的难题。而南京来的工作人员更是振奋，这样不但中方不用承担责任，还有了回击法方论点最有力的证据。正在这时，南京传来消息，法方的谈判代表到了。西安交通大学作为出实验结果的单位，也要派代表参加。学校决定派涂铭旌与同事张平生一起，随同南京化工局的一位工作人员加速前往南京。

由于时间紧迫，涂铭旌一行几乎是立刻就动身。去的火车没买到卧铺票，所有的车厢里还挤满了人，连厕所里都站着乘客。南京的工作人员觉得很过意不去，毕竟涂、张两位是请去谈判的专家。但是涂铭旌却管不了那么多了，在上车前请送行的同事买了些罐头和饮料，想也没想就挤上了车。下午上车，第二天早上才能到，火车一会儿停一会儿走，整个车厢里又都是人，涂铭旌一行根本没办法休息。回忆起这趟火车，涂铭旌觉得当时还有点大革命的气质，雄赳赳、气昂昂的，觉得是要去跟法国工程师对决。

第二天到达南京，天刚微微亮，几个人也顾不上休息立即前往谈判地和参与谈判的中方代表们交换意见。交换意见时涂铭旌就提出把所有实验数据和调查资料都摆在我方的桌上，事先商量好问法方的几个关键问题。涂铭旌估计法方代表一开始谈判就会提“有限元分析”，提出一系列理论误导中方，所以要问的问题必须紧扣对方违反国际安全准则实际，这是他们的要害。并且中方事先谈好的关于对方螺栓位置、部署等结构设计问题和选材都不提，同时把事故螺栓和模拟实验的螺栓都摆在法方面前，但不告知对方我们的打算。涂铭旌这么谋划是有原因的，研究报告一大摞摆在那里，强度极限校核计算数据也是厚厚一叠放在桌上，法方搞不懂中方葫芦里卖的什么药，而中方早已成竹在胸。

果不其然，谈判一开始，法国工程师就大谈有限元计算，力证他们的结论没有任何问题。中方代表沉住气，按照过去的谈判策略问了些问题，法方并没有回答。这时，法方工程师和总管稍微交换了下意见，说今天交流很好，能不能暂时休会一会儿再谈。中方同意了休会要求。

一个小时后复会，涂铭旌想这回要动真格了，要真枪实干的对决，如果商量不好只好去海牙法庭了。没想到一复会，法方的口风就明显温和了许多，他们说第一，中法双方是友好的，在欧洲法国也是最早承认新中国的；第二，法方生产的 30 万吨合成氨设备是最先进的，同时是以最优惠的价格卖给中方的；第三，在对接过程中难免有这样那样的问题，但是中法人民是友好的，我们中法技术人员也是友好的。

对方开始谈友谊，中方都觉得问题解决有望。最后法方说这个问题他们再商量一下，但是希望双方能友好地解决。最后出了一个初步方案：把这台合成塔的保险期再延长五年，另外赔偿一部分的损失金。后来经过进一步谈判，南京方面最终和法方达成协议，由法方赔偿十万美金，保险期延长五年。

实际上，在法方谈判代表来之前，南京方面已经请机械部合肥通用机械研究所对合成塔进行了探伤检测，发现塔里的部件并没有损坏。这个 30 万吨合成氨装置，合成塔是心脏，既然没坏，中法的谈判不至陷入僵局。最后法方还提到“我们是友好的，希望这个事故不要外传”。当时国际同行的竞争非常激烈，法方并不希望这一事件损害自己的国际形象。至此，南京栖霞山化肥厂事故，中方大获全胜。

事件解决了，涂铭旌和张平生回到了西安。过了没几天，南京方面打电话来说，法方一认错，四个操作卷扬机的工人和现场指挥的中方工程师马上就被无罪释放了。涂铭旌非常高兴，这个事件是中法工程师的对决，并且不是现场的那些工程师的对决，而是中法材料工程师在技术层面的交锋。当时，这个技术问题被当成了政治问题，涂铭旌觉得他们有这么一个机会为国争光值得自豪，而他更为解救了工人兄弟而快乐。

但对他个人而言，他并不觉得自己做了多大的事，只当作一个技术员、一个研究单位应该做的，一直没有声张，但是后来栖霞山化肥厂给西安交通大学寄来了一封感谢信。四年后，《陕西日报》为此在头版刊登了一则消息，标题是“为国争光、为民争利”，副标题是“西安交通大学教师周惠久、涂铭旌、张平生对一起引进设备事故做出科学分析，取得十万元

陕西日报

SHANXI RIBAO

1980年8月26日 星期二

农历庚申年七月十六 第9012号

五届政协常委会第十一次会议决定

二十八日举行五届政协三次会议

协商通过五届政协增补委员名单和五届政协三次会议议程（草案）

国务院关于处理“渤海二号”事故的决定

（一）接受宋振明同志的请求，解除他石油部部长的职务，提请人大常委会批准。（二）国务院主管石油工业的副总理康世恩同志，对这一事故没有认真对待和及时处理，在国务院领导工作中负有直接责任，决定给予记大过的处分。（三）国务院对“渤海二号”死难的同志表示沉痛的哀悼，对他们的家属致以深切的慰问

为国争光 为民争利

引进设备事故做出科学分析，取得十万美元赔偿

西安交大教师周惠久、涂铭旌、张中生对一

图 3-8 《陕西日报》1980 年 8 月 26 日头版相关报道《为国争光　为民争利》

美金的赔偿”。

许多年后，已经是院士的涂铭旌在四川大学商学院为 EMBA 学生开课讲“孙子兵法与科技谋略”时，关于“不战而屈人之兵”一例用的正是栖霞山这段往事。涂铭旌觉得，当时若去了海牙打技术官司，就是中法直接交锋了。不去打这一仗，还让法方认错赔款，不正是“不战而屈人之兵”吗？

《孙子兵法》里说“百战百胜，非善之善者也”，意为打了一百次仗一百次都获胜，也不是最好的用兵方法，因为打仗就会有牺牲和破坏。什么才是最好的？“不战而屈人之兵实乃善之又善也。”后来涂铭旌写作“孙子兵法与科技谋略”时不仅写了栖霞山往事，还提出自己当时是“怎样不战而屈人之兵”：第一，兵临城下，以势压人就是技术上的自信；第二，证据确凿，分析多种可能性，包括提出技术层面的严正交涉。

然而在当时，栖霞山事件并没有给涂铭旌带来多大的变化，他依然作

为金属材料及强度研究室的一名研究员开展着教学和科研工作，在平淡的生活中，“文化大革命”渐渐走向尾声。

因为这一次事件，南京栖霞山化肥厂与西安交通大学建立了良好的工作往来。1981 年，化肥厂的合成氨装置又出了问题，汽轮机动叶片总是断裂，再次请涂铭旌与同事到现场解决问题。涂铭旌、张平生一行不但圆满解决问题，还从这次事故中发现的问题出发，写就了学术论文“法 KT-1501 型汽轮机动叶片的疲劳断裂与强度校核”，分析了合成氨的装置转子动叶片发生多次断裂的原因：

> KT-1501 型汽轮机动叶片断裂均为疲劳断裂，是由于切向振动下传到根齿，根齿颈部存在高度应力集中，齿面与齿轮缘接触面向的切向交变微动引起接触线到齿颈小圆弧间出现较大的交变弯曲应力等原因所致。并讨论了动叶片疲劳强度校核的方法：对于两种断裂源区做了三种不同方法的疲劳强度校核，校核结果与断口分析结论基本一致，其中断裂力学的校核方法较为准确[①]。

理论联系实践，涂铭旌、张平生等人的研究结果获得了众人的肯定。

张家口改良输煤机

1976 年，“四人帮”被打倒后国家百废待兴，涂铭旌等三人在煤炭部科技司的邀请下，赴其下属的张家口煤机厂调研输煤机零部件损坏情况，并与该厂签订新钢种的开发合作协议。

接到邀请后，涂铭旌一行前往郑州、石家庄等地调研，之后再将调研情况向煤炭部汇报。当时的输煤机很笨重，寿命也不长，涂铭旌称其为“傻大笨粗”，发展的潜力很大。煤炭部也希望能够发挥金属材料潜力、钢铁材料潜力的同时尽可能节约钢材。因而在接受涂铭旌汇报的时候，煤炭

① 张平生，邓春枝，涂铭旌：法 KT-1501 型汽轮机动叶片的疲劳断裂与强度校核。《西安交通大学学报》，1985 年第 4 期，第 49-50 页。

部科技司的领导就向涂铭旌表达了希望他们能将调研最后一站放在张家口煤机厂的想法，当时的张家口煤机厂是煤炭部下属的第一主机厂，为国民经济的发展起到了很重要的作用。同年的十月份，涂铭旌就和张振洪、金志浩一行三人坐火车来到了张家口。

下午四点左右，他们来到了张家口煤机厂门口，门卫询问过涂铭旌等的单位后就直接告诉他们，他们来得不是时候。涂铭旌感到很纳闷，就询问了原因，门卫说已经接到了当天晚上要有大地震的预报，并劝他们乘当晚的最后一班火车回北京。

这是涂铭旌第一次来到这么靠北的地方，十月的北方寒风刺骨，风沙不断拍打在他的脸上。面对如此恶劣的形势，涂铭旌和同事商量，到底是留下冒死一搏还是就此回程，最终他们决定"豁出去了"，留下来。

和厂办联系后，涂铭旌决定当晚不睡觉了，连夜研究有关输煤机关键零件测试的资料报告和损坏报告，并和厂方商量希望能住在招待所的一楼，这样一来哪怕是半夜真的遇到了地震，也可以迅速跑出来。就这样，涂铭旌和同事从工厂的检验室抱回了几堆资料，晚饭后就开始了工作。

怎么工作呢？就是统计。比如说一个连接环拉断了，在哪里断的，就做上记号，一个人负责阅读报告，念出损坏的部位，另一个人负责画"正"字统计，统计不同部位损坏的次数。幸运的是整个晚上地震也没有"光临"，整理完数据后他们也对数据做出了一些判断。天亮以后，他们又来到生产车间考察，发现现实情况和他们在晚上猜想的差不多，于是就和厂方进行讨论。

张家口煤机厂对于涂铭旌等人冒死服务的精神很感动，听了他们的报告后立即表示非常愿意合作，随即签订了一份合作协议，希望能研制新的钢种，最大程度发挥它的潜力，并引进国外的输煤机机型，对一些容易损坏、容易断裂的零件进行分析，搞了一个合作协议。三天之后，涂铭旌等人返回北京向煤炭部报告后，煤炭部也表示非常支持。

那个时候从张家口回北京的火车开得非常慢，一路摇摇晃晃，令人昏昏欲睡。就在火车的咯噔咯噔声中，休息中的涂铭旌脑袋中突然蹦出了四句顺口溜：

塞外北风寒，
风沙滚滚急，
地震何足惧，
奋发永不息。[①]

这四句话也一直留在了涂铭旌的脑海里，还写在了他晚年出版的画册《涂铭旌人生集锦》[②] 上。

在那一年以后，涂铭旌、张振洪又陆陆续续去了张家口煤机厂十多次，每次一待就是一个多星期。主要的工作是对研发新钢种的协定进行策划，修订整个研究计划和研究路线，同时对前期进行的工作做一些肯定。几年以后，张家口煤机厂以涂铭旌和张振洪的研究成果申报了国家成果奖，得到了国家科技进步奖三等奖的荣誉。

涂铭旌至今还保留着一张黑白照片。照片是 1984 年 3 月煤矿机械厂矿用圆环链综合强化技术鉴定会的合影。照片上的涂铭旌坐在第二排，戴个小帽，虽然黑白照片像素不高，但人的形貌还能看得清晰。涂铭旌感慨道：

从 1976 年到张家口调研，到拍这张照片时已经过去了整整八年。人生能有几个八年？文化大革命是八年（注：应为十年），我们这儿搞研究也是八年，这是一种历史的回忆。我的回忆在哪儿？就是说要解决工程实际问题。毛主席他老人家在他的著作里面写：你要想知道梨子的滋味，希望你亲口尝一尝。而下工厂不是一般的尝，酸甜苦辣麻的味道都有。一个人要锻炼，怎么锻炼，像我在宝鸡虢镇的时候那个上海老师傅谈的，“三墩三拔”，像揉面一样的，这么一个锻炼[③]。

① 涂铭旌访谈，2014 年 3 月 21 日，成都。资料存于采集工程数据库。

② 《涂铭旌人生集锦》画册。资料存于采集工程数据库。

③ 涂铭旌访谈，2014 年 3 月 21 日，成都。资料存于采集工程数据库。

图 3-9　1984 年 3 月煤矿机械厂矿用圆环链综合强化技术鉴定会的合影
（第二排右七为涂铭旌）

主持研究所工作的日子

奔波的管理者

在"文化大革命"以前，涂铭旌的主要工作是以研究室为主体进行研究和跟生产实际结合，没有什么竞争。"文化大革命"结束，西安交通大学的金属材料及强度研究室逐渐扩建成为研究所，由周惠久教授担任研究所的所长，涂铭旌作为周惠久先生的助手从 1979 年 11 月起担任副所长。作为副职来讲，涂铭旌始终把自己定位于怎么才能贯彻执行周惠久先生的学术思想，并做一些组织协调工作，另外还要参与和各个大学之间关于科研课题的竞争。"文化大革命"之前没有竞争，改革开放之后，面对国内科技领域日新月异的快速发展，科研领域的竞争也越来越激烈，现实的环境逼着涂铭旌去思考对策。从 20 世纪 70 年代末"打倒四人帮"到后来的“改革开放”，涂铭旌一直在按照这项原则跑“部”前进，到科委（科技部）、教委（教育部）去，到机械部、煤炭部去。搞科研的都比较羞涩，不会跑“部”，尽管是“书呆子”一个，涂铭旌也慢慢学会了跟各个领导汇报、跟周围的人进行社交。

在那一时期，他跑到教育部汇报西安交通大学金属材料及强度学科发展情况的同时，把机械部印发的对西安交通大学科技成果的肯定和推广资料拿给教育部看，并向教育部请求说，现有的4000平方米的大楼不够用了，需要修一个12000平方米的材料强度大楼。当时教育部的人认为涂铭旌一下子要12000平方米的楼是“脑袋发热了”，但涂铭旌拿着平面布置图向教育部的人一一解释用处。最终和教育部的科技司和装备司商讨后决定，西安交通大学将建起一个10000平方米的材料强度大楼，并且还允许对国外的先进设备进行成套引进。

得到教育部批准后，涂铭旌回到学校，向学校汇报情况，还请了西北设计研究院专门拿出来一个对外开放的样板设计，之后还花了几千万对研究基地进行建设。当时涂铭旌经常借散步之名拉着夫人一起去查看场地，夫人常笑他平时不散步，现在总为了看工地而散步。就在这样一遍遍地踩点、选址中，最终建成了材料强度大楼。涂铭旌在1979年总结了他在研究所初建中所做的工作：

> 金属材料及强度研究所是教育部重点投资单位，近三年来在下列三个主要方面进行了大量的行政技术管理工作：1. 实验室发展、测试技术的更新，引进国外贵重设备的组装、调试。2. 6000平方米[①]研究所新造大楼的设计原则、设计方案审查。3. 世界银行贷款引进国外仪器、设备的计划制定、审查、修改，组织招标文件编写，对外接待等[②]。

涂铭旌认为，任何事物都有一个生命曲线的规律，比如说横坐标是时间，纵坐标是寿命，刚开始是引入期，到发展期、高速发展期，之后很快

① 档案中记录为6000平方米，涂铭旌认为应是10000平方米，特此注明。

② 1979省高教局批准第一批副教授名单及呈报表。存于西安交通大学档案馆。

就会遇到拐点，事物开始衰亡，人的寿命也是这样的，进入老年后就要开始衰亡。联想自己所在的金属材料及强度研究所，他认为自 1963 年其前身金属材料及强度研究室成立以来已经经历了二十年的快速发展，从理论上讲，一些学术观点已经处在转折的阶段，高速发展之后就会进入衰退期。意识到这样的情况后，涂铭旌向当时的学校领导汇报了发展的情况和即将面临的危机，但校领导认为这些是“小题大做”，但涂铭旌坚持在当前所处的拐点处要做一些改变，让这条“S 型”的生长曲线变成第二个“S 曲线”、第三个“S 曲线”。可怎么做才能达到期望的效果呢？涂铭旌想到了要注入新的活力，包括新的理论、新的应用和新人才的引入，和任何一个技术革命一样，产生第二次的飞跃。

图3-10　西安交通大学金属材料强度国家重点实验室（摄于2014年3月）

实验室建成后，涂铭旌邀请了国家教委和科技司的相关人员前来参观，参观后大家高度肯定了西安交通大学金属材料及强度研究所的开放实验室，并表示要对此重点支持，于是 1985 年西安交通大学金属材料及强度开放实验室成立了。这为之后西安交通大学申请国家重点实验室奠定了基础，更在转折时刻为金属材料及强度学科注入了新的活力，到了 1988 年涂铭旌离开西安交通大学时，国家重点实验室已经通过了评审。

涂铭旌游刃有余的做事原则不仅帮助西安交通大学金属材料及强度研

究所取得了物质资料上的巨大进步，也为当时研究所的研究员们获得不少便利。涂铭旌在西安交通大学的同事邓增杰教授曾回忆道：

> 我后期是做石油机械和管道，管道做得多一些。西安附近做管道的单位很多……这些管道方面的研究所和企业给我的研究提供了很多经费，我的研究生就到管道现场做课题。还有宝鸡的一个钢管厂，也是全国石油管道主要的生产厂，同样跟我是这样的关系，非常的熟悉。涂老师跟我说，要是这个工厂聘你做技术顾问，有这样一个名义，那你就方便多啦，用钱啊、立项目啊什么的①。

邓增杰认为，对方不提出这样的要求，自己不好意思向对方要求太多，只要合作的课题需要经费时对方能够及时提供，对方工厂审查或鉴定时他就会全力以赴。但涂铭旌坚持认为要让工厂聘请邓增杰为技术顾问，并主动请缨去和工厂方面谈谈。

> 后来他就给钢管厂打一个电话，钢管厂说只有周日有空，平时都忙得不得了。于是周日，涂老师就和我两个人去了，钢管厂书记、厂长、总工程师周日都没休息接待我们两个人。他们说邓老师帮我们做了那么多工作，我们不是不想聘邓老师，但是我们没有办法付报酬。涂老师倒是大方得很，说“不要报酬”，只要名义上是顾问就得了。厂长说那没问题，过了几天就给我发了聘书……有了这个聘书，我在厂里做工作就很方便了②。

西安交通大学金属材料及强度研究所的一项重要成果“低碳马氏体”，是将原本不经过热处理的低碳钢进行淬火而得到，它是一种强度高、塑韧性好的材料。将这种材料推广实践后，摆脱了人们以往不敢以高强度使用低合金钢的传统规范思维的约束，取得了良好的应用成果。凭借这项成

---

① 邓增杰访谈，2014年3月13日，西安。资料存于采集工程数据库。

② 同①。

果，金属材料及强度研究所的几个科的负责人决定去申报国家科学技术进步奖，但却失败了。这次失败对西安交通大学金属材料及强度研究所造成的影响非常巨大。1986 年、1987 年左右国家正在评审全国重点实验室和全国重点学科，如果没有国家级奖项进行支撑，评选上国家重点实验室的概率将变得非常微小。

作为当时金属材料及强度研究所的所长，涂铭旌在申报奖项时期正在国外学习，于是就没有直接参与申报材料的准备工作。回国后，他开始四处探寻失败的原因。参加国家科学技术进步奖的一位专家私下里告诉涂铭旌，“低碳马氏体”这项成果本身不错，但是一开始西安交通大学金属材料及强度研究所提出要参评特等奖，听到这个消息后参与评审的评委们不约而同地笑了。尽管最终材料上填写的是参评一等奖，但和国家科学技术进步奖材料口其他单位参评的有几亿、几十亿产值的新钢种比起来，“低碳马氏体”的成果显然还不足以被评为一等奖。经过商议，评委们没有直接否定这项成果，决定先给它一个“缓议”的结果。

了解情况后，涂铭旌开始仔细琢磨“缓议”的含义是什么，问题到底出在哪里。思考过后，他认为，问题的根本在于“既不知彼，也没有冷静地知己”，由于历史原因，高校的不少科学研究还停留在封闭研究的阶段，对外界情况不了解，对评审技巧不熟悉，因而很容易坐在办公室里过高地看重自己。考虑之后，他认为关键是要合理地定位自己。结合实际情况，涂铭旌认为此次申报奖项失利的原因主要在于投档不对，国家科学技术进步奖分了很多不同的科技行业，其中材料口的竞争很重要的判决因素是经济效益的高低，竞争十分激烈，不适合“低碳马氏体”这项成果的申报。

总结失利原因后，涂铭旌认为要改变申报策略，经过与周惠久院士以及其他主研人员的商讨，最终决定放弃在材料口申报奖项，转向经济效益需求不是那么大的机械口，除了经济效益外，西安交通大学金属材料及强度学科在机械部以往留下的“好印象”也是他们考虑的因素之一。事实证明，改变策略的决定是有效的，很快的，“低碳马氏体”的成果送审成功，获得了国家科学技术进步奖一等奖。

后来，涂铭旌回顾这段经历时谈到，在竞争中，首先要了解的是对方的情况，之后才是回过头看自己的情况是怎样的，不能先了解自己做判断后再去看看别人的情况如何。他认为，如果是“知己知彼”，就容易产生主观随动性，这个道理在后期他参与国内科技奖项的评审和重点学科、博士点的评审中也不断得到验证。也正是这段经历成为涂铭旌后期科技竞争谋略思想萌芽的一个诱因。

1979 年 11 月，涂铭旌被提升为副教授，1982 年 12 月被提升为教授，在承担金属材料强度研究所行政管理工作的同时，为研究所师生培养也做了大量工作。在当年的“高等学校确定与提升教授、副教授职务名称呈报表”中提道：

> 近三年来，通过担任三个科研课题负责人，对课题组成员进行课题战略、战术、策略的分析；从课题选择、试验方案、实验结果分析和研究报告的修改，进行分析讨论，共同在学术上提高；通过参加会议、技术咨询和下厂，帮助提高分析问题综合介（解）决生产实际问题的能力；将自己多年收集整理的专题笔记资料借给教师，对教师提出的业务问题进行介（解）答；部分教师参加了我给研究生讲课的听讲①。

当时的西安交通大学负责教学和科研的教师分工明确，涂铭旌主抓科研。改革开放以后他开始带研究生，由于受到精力和经费的限制，当时每年具有招生资格的教师一般会招收两至三名硕士研究生，他在这一阶段主要带研究生做低温高强度结构钢方面的研究。

取经西德

1979 年 8 月，周惠久、涂铭旌等参加了在西德（德意志联邦共和国）阿亨召开的第五届国际金属及合金强度会议，以“多次冲击载荷下裂纹的萌生及扩展”为题在会议上做了交流发言获得好评。涂铭旌等人在参

① 1979 省高教局批准第一批副教授名单及呈报表。存于西安交通大学档案馆。

加学术会议之余，还参观访问了西德高校的材料学研究所，并发现一个现象——西德非常重视材料科学的发展和研究，他们的大学研究所更新实验设备非常及时，国家划拨给研究所的科研经费也很多，并且研究所有较大的自主权和较高的管理效率。在此基础上，西德研究所还十分重视国际学术交流及协作。在西德，涂铭旌与周惠久访问了四个有关材料科学的研究所，德方研究所的学术观点与两人不谋而合，提出愿意与西安交通大学金属材料及强度研究所进行学术交流并培养科技进修生。

20 世纪 80 年代初开始，当时的教育部开始逐步安排高校教师、研究员出国进行学习和交流，只要外语过关即可。1982 年 3—6 月，涂铭旌参加了西安外语学院留学预备生培训部举办的德语口语班，并顺利结业。次年 1 月前往西德的卡尔斯鲁厄大学工程材料研究所担任为期一年的访问学者。

在西德的访问学习不仅仅是去做一项研究或者一个项目，教育部师资司更要求涂铭旌通过这一年的时间对德国的高等教育和大学进行一个细致的考察，为日后国内高校的发展积累经验。

涂铭旌也深深明白这一年访学的重要性，做了好几个大学的考察。达姆斯达特、布拉姆舍维克、克劳斯塔、慕尼黑，这些地方都留下过涂铭旌的足迹。对比德国高校的考察，涂铭旌综合国内的某些现象或问题撰写了许多有价值的文章。他在西德访问学习期间，对西德一百余年来设立材料检验机构（简称 MPA）的发展过程及其在保证工业产品质量安全及可靠性方面的重要作用，特别是对西德在工科大学设置国立或州立材料检验所（中心）的优越性，进行了考察。涂铭旌认为西德的经验对于我国实现工业现代化是很有参考价值的，因此在文章中建议国家经委考虑在我国有条件的工科高等院校设立材料检验中心①。这为之后西安交通大学申请国家工程研究中心和重点实验室，打下了基础。

除了在高校考察外，涂铭旌还多次来到西德知名企业的研究中心参观，如西门子、安联保险（Allianz）等，受到了不少启发。

德国安联保险是全球最大的保险和资产管理集团之一，安联保险集团

---

① 涂铭旌：关于西德在工科大学设置材料检验中心（简称 MPA）的考察报告。《西安交通大学学报》，1983 年 6 月。

于1890年在德国柏林成立，至今已有120多年的悠久历史，总部设于德国巴伐利亚州首府慕尼黑市，是目前德国最大的金融集团，也是欧洲最大的金融集团之一。当时国内工业振兴的口号正喊得热火朝天，涂铭旌在考察德国安联保险公司时，尤其注意到公司在机器设备失效方面所进行的工作。

机器设备在使用过程中发生事故，即某些零部件由于发生变形、腐蚀、磨损、断裂等而失去效能，总称为失效。一个机器设备失效事故的发生，不但危及人身安全、污染环境，而且造成巨大的国民经济损失。因此，机器设备的可靠性成为市场竞争的决定性因素，它促使科技界对机器设备的失效原因进行认真的分析研究，并提出失效预防措施。德国开展这方面的研究已有一百多年的历史，已成为德国发展工业的重要技术基础之一，并形成"机器失效学"这一门新的学问。涂铭旌联系到当时我国正在制定十五年实现振兴机电工业的规划，机电工业的生产技术基础如何，直接关系到整个国民经济技术的进步和战略目标的实现。因此，他重点对失效研究以及失效预防的技术经济意义、西德近十年来加强机器设备失效研究及失效事故预防的做法等方面进行了考察，希望能供国内制定振兴工业规划时参考。

此外，他还发表了"智力开发在西德"①一文，文中颇有远见地提出智力开发是振兴经济的必要前提，对于我国实现四个现代化具有深远的意义。文章从联邦德国战后经济的复兴与智力开发、联邦德国既是教育中心又是科研中心、高级科研人员的智力开发、联邦德国智力开发存在的问题及潜在危机四个方面论述了联邦德国智力开发的创新以及教育的缺陷。

就这样在繁忙的研究、考察之余，涂铭旌还在德国卡尔斯鲁厄大学材料科学研究所指导了一位德国大学生（德国当时没有硕士生，大学毕业就是硕士，并做研究）进行论文研究，并对他做了"奥氏体、贝氏体、球墨铸铁组织的强度及断裂"的专题讲授，期间连研究所的博士研究生也前去听讲。另外，他也参加了不少学生活动，如在第三十九届德国热处理年会上做报告、到其他大学进行学术报告交流，相关新闻还登上过德国卡塞尔城市报。涂铭旌"贪婪地"吸收着德国先进的技术能量，"报国"这个词在

① 涂铭旌：智力开发在西德。《西安交通大学学报》，1983年12月。

这一年无比地明晰。

涂铭旌虽然身处德国，也没有忘记对战后的德国进行反思：战后德国70% 的城市都被炸毁了，但是为什么恢复这么快？关于这些问题的思考他都一一纳入了报告之中。他曾回忆这次访问：

> 我记得我 1984 年到德国的时候，我跟德国的房东聊天，男房东是一个曾在希特勒的军队里面操作潜水艇的潜水员，他是奥地利大学的大学生。他就对我说，“我断定中国是绝对要发展起来的，因为中国人很勤奋，现在中国人有一个政府，而这个政府不是一盘很散的沙。”的确，你看最近十年，每一个学校每一个地方的发展都特别快。[①]

访学之余，涂铭旌还经常跟西方专家进行学术交流、联络感情。虽然不是一个正式的学术团体，更像是一个学术圈，但涂铭旌抓住一切机会观察西方的情况，再联系中国的工科大学，制订方案和措施。

图 3-11　1983 年涂铭旌在德国卡尔斯鲁厄大学材料科学研究所做访问学者期间与德国同事参加德国热处理年会活动时留影

① 涂铭旌访谈，2014 年 3 月 25 日，成都。资料存于采集工程数据库。

重返巴蜀，为研究步履不停

1946—1988 年，涂铭旌在外工作生活了 42 年，在这期间，他收获了一份稳定的工作、一位贤惠的妻子以及三个可爱的孩子，但是作为四川巴县人，他的心一直牵挂着故乡，终于在 1988 年，60 岁的涂铭旌决定离开工作了 30 年的西安，回到生他、养他的故乡四川。

在当时，西安交通大学普遍的人潮流向是"一江春水向东流"，这是由于创立之初的西安交通大学是从上海的交通大学迁校而来的，很多教师都是南方人，亲戚朋友都还留在上海，于是不少人都希望有朝一日能调回到东部的家乡。与整体"向东流"的趋势不同，接近花甲的涂铭旌打算逆流西行，回到家乡四川。这不仅是为了实现 42 年前出夔门到上海读书时许下的回报家乡的誓愿，也是为了顺应老子"功遂身退天之道"的道理。涂铭旌认为，自己已经 60 岁了，不能继续做研究所的所长了，这个位置应该由更年轻的人来接替，要顺应"长江后浪推前浪"的规律，所以要求换一个地方工作。

回四川的另外一个动力来自涂铭旌的夫人唐昭莼。唐昭莼是重庆永川人，大学毕业后被分配到上海交通大学，后来又调到了西安交通大学，虽然一直漂泊在外，但在唐昭莼的心中故土才是最好的地方。况且西安的风沙黄尘很多，蔬菜的品种也不是很丰富，吃惯了大米的他们很难适应西安以面粉为主食的饮食习惯，环境和饮食的双重因素致使唐昭莼比涂铭旌更加渴望回到自己的家乡。

60 岁之前，涂铭旌没有考虑过提前回到家乡，他希望能够在西安交通大学尽力多做一些事情，直到一件事情的发生加速了涂铭旌"回家"的想法。当时四川农业机械学院（现西华大学）一位姓刘的书记夫人在西安交通大学的金属材料及强度研究所进修，期间她对涂铭旌有了较为深入的了解。刘书记的夫人回到四川后，刚好这时四川农业机械学院缺少一位能够引领学科、专业发展的院长，她向自己的丈夫介绍了涂铭旌后，刘书记认为刚好涂铭旌是四川人，涂铭旌的夫人也希望能回到四川，所以就赶紧去了西安交通大学进行商调。西安交通大学不愿意放人，也不好意思一口回绝，只好告诉刘书记涂铭旌正在西德访学，没办法征求本人意见，于是事情就这么不了了之了。

虽然调去四川农业机械学院的想法没有成功，但这件事情被当时的成都科技大学（四川大学前身之一）党委书记韩邦彦知道了。韩邦彦和涂铭旌在1952—1954年间都在哈工大读研究生，当时第一个学期需要学习俄语，两个人被分到了一个班，涂铭旌是班长。到了1954年涂铭旌入党，韩邦彦还是他的入党介绍人，二人可谓交情颇深。韩邦彦听说了四川农业机械学院企图从西安交通大学挖角涂铭旌的事情后，希望涂铭旌能来到成都科技大学。因为知道涂铭旌的夫人唐昭莼非常渴望回到四川，于是韩邦彦不断进行策划，从涂铭旌的家人入手引进涂铭旌。1985年，涂铭旌的女儿从西安交通大学计算机系毕业，韩邦彦设法让她分配到了成都科技大学计算机系，随后1986年、1987年左右又设法把涂铭旌的夫人调入成都科技大学，就这样，只剩下涂铭旌一个人留在西安。这种情况下，涂铭旌从1986年起开始不断向学校请求调回四川，但学校一直不同意，当时的代理校长庄礼庭教授甚至让他"死了这份心"，因为涂铭旌是"交大重点培养的教师"，"这么大一个研究所需要人接替"。

从向校领导提出回家乡的想法到最终来到成都科技大学，涂铭旌花了整整三年时间。1988年11月涂铭旌年满60岁，当时西安交通大学金属材料及热处理的重点学科和国家重点实验室都已经拿到，涂铭旌再次向学校表示希望能调入成都科技大学，在一份当时他亲自写的情况说明上有这么一段话：

史校长，我自79年担任研究所干部以来，为了不辜负国家、校领导关心，并使周惠久教授创造的事业能够得到继续发展，我尽心尽力履行职责。然而，今年我即将年满六十，身体健康日亦（益）不佳，精力、年龄等均不容我继续担任行政职务……史校长，我于87年7月和12月12日两次向校党委和校长呈送请调报告。我的困难是：

> 老年分居两地，在西安我独身一人，生活无依无靠，一年多来身体健康恶化，出现了未曾预计到（的）处境；我爱人已满55岁，马上退休，成都科大在超编的情况下保留一个教授席位，希望我能马上调来，保持在西安交通大学兼职。①

由此可见当时涂铭旌回乡之心的迫切，加之成都科技大学当时的副校长程尊宁到西安交通大学做工作后，四川省又直接和西安交通大学进行了协调，最终在1988年8月暑假期间，涂铭旌终于来到了四川，和家人团聚了。

① 1988关于涂铭旌调离我校工作的报告及批复。存于西安交通大学档案馆。

第四章
稀土研究新征程

花甲开新业

“二次创业”报桑梓

1988 年，经西安交通大学党委常委扩大会议研究同意，当年 8 月，60 岁的涂铭旌辞别已工作 30 年的西安交通大学，调至成都科技大学（四川大学前身之一），担任高新技术研究院院长。那个时候，成都科技大学的金属材料学科基础还比较薄弱，科研环境也不太好。不过，抱着落叶归根回报乡里之情来到成都的涂铭旌并没有怨天尤人，他在回首这一时期的生活时这样说：

> 1988 年 8 月，是我人生转折的年月，也是我步入花甲之年的美好时光。那是我在西安交通大学工作三十年，而又行将离别的一年，也是我调回四川，并将以赤子之心报效美丽富饶家乡的起始之年。我面

临着老来“二次创业”的挑战，并将面临新的“生存能力”的巨大考验。过去的研究专长，可能无用；曾拥有的研究所的管理经验，也将会为之失效。如今离去的是一个曾参与多年建设的国家重点实验室，那可是“一流的实验设备、优越的研究条件啊！”迎面而到的却是：“专业基础薄弱的设施，科研经费严重的枯竭，困难重重的险境”，从此，我将迈步从头越[①]。

涂铭旌刚到学校，就为成都科技大学金属材料学科做了清晰的定位。他认为，成都科技大学的金属材料学科发展在面向学科前沿的同时，还必须适应区域经济发展状况，才能凸显金属材料学科的区域特色和比较优势。通过大量的调研和深入的思考，涂铭旌敏锐地发现四川攀西地区具有突出的稀土钒钛资源优势和特色产业，力主推动成都科技大学的金属材料学科发展重点从传统的黑色金属（如钢、铸铁等材料）转向有色金属。

学科发展方向的调整和转变难，更难的是涂铭旌还要直面结构材料和功能材料两大发展方向的抉择。所谓结构材料是制造受力构件所用的材料，是重大工程、基础设施和各类装备的主体构架材料。结构材料与其他产业的关联度高，尤其与装备制造业关系密切，同时具有产业链长、涉及面宽、产业技术集中度高、投入大、研发周期长等特点，从研究到成熟生产往往要经历十几年甚至更长的时间，耗费的人力物力更是巨大。由于发展时间较长，结构材料的研究领域已逐渐呈现出“人满为患”的情况。而功能材料是以声、光、电、磁、热和化学效应为主要性能特征和应用要求的一类新型材料，它们既是信息时代的先导，又是各类重大工程、重大装备和设施、前沿尖端产品实现各种功能特性的基础，更是国家高新技术实力的主要体现。

涂铭旌一向认为材料学科发展必须要匹配国家科学研究发展与经济发展的现实需要。由于材料学科属于实践性很强的学科，如果不能学以致用，不能实现以学科养学科、产生经济效益，那么学科的建设就会成为无

① 《中国工程院院士涂铭旌·科研教学活动集锦 1988 年—》。资料存于采集工程数据库。

本之木，也就不可能实现做大做强的目标。而反观当时的成都科技大学，在金属材料学科方面起步较晚，如果此时再去专攻日臻成熟的结构材料的研究，无异于和千军万马“挤独木桥”、抢“多人区”，对于学科发展并无益处。涂铭旌综合多方因素，主张成都科技大学的金属材料学科必须实现从传统的结构材料向功能材料的转变，这样不仅容易出成果，也能为国家的科技发展做出更大贡献。

从结构材料转向功能材料，六十高龄的涂铭旌怀抱回报家乡的热情，在成都科技大学瞄准新的研究领域、另起炉灶，毅然开始了他人生中的“第二次创业”。

从“27 平方米”到“国家重点学科”

为了早日实现功能材料的学科定位，涂铭旌没有“等、靠、要”，凡事自己想办法，逐步创造和改善条件。刚来时，由于学科建设不完备，涂铭旌连合适的实验室也没有，于是他找到材料学院大楼里靠近厕所的杂物间，腾出一间 27 平方米的空房作为自己的实验室。就连实验室的桌椅板凳等基本设施，都是涂铭旌自行设法筹措了一万元钱购置的。

面对没有科研项目也没有科研经费的难题，一方面涂铭旌努力争取一些项目，如四川省的应用基础研究和科技攻关计划项目的支持，另一方面也积极联系地方企业，争取得到相关科研单位和企业的横向合作支持。为了解决实验设备缺乏和不足的难题，涂铭旌还想出了“借壳生蛋”的办法，例如，他通过与当时在成都的一流国家级科研结构——机械工业部成都工具研究所（现名为国家精密工具工程技术研究中心）等联合研究，比较好地解决了开展新型金属陶

图 4–1　2014 年涂铭旌在当年起步时的实验室介绍初创情况

瓷材料研究缺乏实验设备条件的问题。

为了保证实验室真正运作起来，涂铭旌又想方设法筹措资金，购入一批大型设备。例如，从自己的研究生运行经费中挤出8000元购买了磁性材料研究急需的脉冲充磁电源；为了学生能够顺利开展冷压热固和热压成型制备黏结磁体工艺试验研究，涂铭旌硬是从一些横向课题中抠出部分经费，并四处“化缘”争取资金支持，终于购买了三台单价近两万元的精密平板硫化成型压机。为了买到质优价廉的实验设备，涂铭旌经常通过各种渠道进行比较，努力把每一分钱都用在刀刃上。为了确保买回来的设备能够尽快发挥作用，他还亲自到现场去确认设备的实际状况。涂铭旌就这样白手起家，为成都科技大学磁性材料研究奠定了很好的基础。

随着研究工作的进展，涂铭旌还一手创建了稀土及纳米材料研究所。他和他的弟子们在学校的支持和帮助下，筹集了近千万元资金，购置和自主研制了先进新材料制备所需的新设备及专用检测仪器，使研究所从无到有并逐步发展壮大。如今的稀土及纳米材料研究所拥有近2000平方米的实验室，下设四川省稀土材料及应用工程研究中心、四川省纳米科技应用工程技术研究中心、四川省功能材料物理化学与工程重点实验室（金属功能材料）、后续能源材料与器件教育部工程研究中心和四川大学纳米材料交叉学科研究中心等研究机构。目前，稀土及纳米材料研究所成员有16人，其中教授8人（博士生导师6人）、副教授6人；以“特种功能材料”为主攻方向，先后承担了一大批国家“985”和“211”工程建设项目、国家“863”计划新材料项目和国家重大科技专项课题。与此同时，涂铭旌注重产学研结合，还先后与相关单位建立钢研究院成都分院四川大学材料学院联合实验室、四川大学五粮液集团磁性材料研究室、四川大学宝生实业公司氢能研究室、柳州市高新区四川大学材料学院材料工程研究中心等六大产学研合作平台。

1993年秋，在涂铭旌的努力下，成都科技大学获准了金属材料及热处理专业博士授权点；2004年四川大学金属材料系获准了自主设立纳米材料与纳米技术专业博士授权点。2001年四川大学材料学学科被评为国家重点学科，随后在新一轮学科评估中，四川大学材料科学与工程学科被评为一级国家重点学科。就这样，涂铭旌一步一个脚印，硬是将“一穷二白”的四川大学金属材料学科发展成为全国知名的功能材料学研究重镇之一。

1999 年，涂铭旌在一次给老友陈湛清先生的回信中，畅谈了自己率领四川大学材料学团队由弱变强、一路走来的所思所想：

湛清兄：

五十年来，国家给我的太多，而我却回报的太少。然而一个人的精力有限，只能在有限的岁月里，再为共和国、四川故乡，尽点余热，为故乡建设添砖加瓦，尽点赤子之心。这就是近来的工作动力。由于我开刀手术后，外出生活多有不便，而一个人的精力有限，我已无心“逐鹿中原”，乃至全国，而将余力投入到这里的学科建设和高层次人才培养[①]。

靠山吃山　选定稀土研究方向

在涂铭旌的科研理念里，只有符合国家重大需求的、适合学校自身的发展需要的科研，才能取得事半功倍的效果。来到成都后，涂铭旌可以利用在金属材料领域取得的不少科研成果，继续做在西安交通大学就已轻车熟路的材料强度研究。这是最简单、最便捷的科研方法，但并不见得是最适合成都科技大学金属材料学科研究发展的最佳途径。长期以来，涂铭旌都坚持做科研要顺应“天时、地利、人和”，要“知天知地，胜乃无穷”：国家的方针政策和需求就是“天”；四川的地理条件、资源环境及产业发展需求等就是“地”[②]。

① 《中国工程院院士涂铭旌·科研教学活动集锦 1988 年—》，第 59 页。资料存于采集工程数据库。

② 涂铭旌访谈，2014 年 3 月 21 日，成都。资料存于采集工程数据库。

据涂铭旌来到成都科技大学后指导的第一届硕士研究生刘颖[①]回忆，当时涂铭旌基于以上考虑，同时探索了三个研究方向，分别是二氧化锆金属陶瓷研究、稀土研究以及金属复合材料研究，随后又与时俱进，演化为稀土功能材料、钒钛材料和纳米复合材料三个研究重点。

经过对我国和四川的矿产资源情况的仔细研究和考察后，涂铭旌认为稀土研究大有可为。稀土不是土，而是元素周期表中原子序数为 57—71 的 15 种镧系元素，以及与镧系元素化学性质相似的钪（Sc）和钇（Y）共 17 种元素的统称。稀土元素在石油、化工、冶金、纺织、陶瓷、玻璃、永磁材料等领域有广泛的应用。随着科技的进步和应用技术的不断突破，稀土（rare earth）已成为极其重要的战略资源。

从外观上看，大多数的稀土都具有光泽的银灰色，而它们的晶体结构大多是密排六方结构或面心立方结构；质地较软，容易被稀酸溶解，裸露在湿润空中易被侵蚀，一般不能够保存在潮湿的环境中。稀土具有特殊的外层电子结构，与其他材料合成的新材料具有优良的光、电和磁等物理特性，不仅大幅度地提升了其他产品的质量与性能，而且还形成功能多样、品类繁多的新型材料，其在工业生产中的重要作用和地位可见一斑。因此，稀土通常又被称为“工业黄金”“工业维生素”。

中国蕴藏有大量的稀土资源。建设有中国特色社会主义的总设计师邓小平同志曾在 1992 年南巡视察中，针对我国稀土产业发展前景做出重要指示:“中东有石油，中国有稀土。中国的稀土资源占世界已知储量的 80%，其地位可与中东石油相比，具有极其重要的战略意义。一定要把稀土的事情办好，把我国稀土优势发挥出来。”随着国外不断发现新的稀土资源，再加上我国稀土资源被全世界大量消耗，我国稀土资源占世界总储量的比重不断下降，据国务院新闻办 2012 年 6 月 20 日发布的《中国稀土状况与政策》白皮书显示，我国稀土储藏量大约是全球总储量的 23%。放眼全球，除中国以外，其他稀土资源较为丰富的国家和地区还有独联体国家、美国、澳大利亚、印度等，这些国家的稀土蕴藏量分别占全球稀土矿藏总

① 刘颖（1965-），教授，博士生导师，四川省学术技术带头人。现任四川大学材料科学与工程学院副院长、川大天科纳米材料研究所副所长和四川省纳米科技应用工程技术中心副主任。

量的 19%、13%、5% 和 3.14%。此外，加拿大、南非、巴西、马来西亚和越南等国家也有少量的稀土资源，而欧盟和日本基本没有稀土资源。虽然我国稀土资源储量占世界总储量的份额大幅下降，但与其他国家和地区相较，中国依然是当之无愧的稀土资源大国。中国的稀土不但储量丰富，而且还具有矿种和稀土元素齐全、稀土品位及矿点分布合理等优势。

从中国的稀土资源分布来看，我国稀土资源总量中的 98% 左右都分布在内蒙古、江西、广东、四川和山东等地，总体上呈现出“北轻南重”的分布特点。其中四川省稀土远景储量超过 400 万吨，四川攀西的轻稀土矿储量更是居于全国储量排名第二位。四川稀土矿属氟碳铈矿，平均品位 3%—5%，放射性较小，其 La、Ce、Pr、Nd 等占稀土总量的 95% 以上，Sm、Eu、Ga 等仅占 1%—2%。此外，四川稀土资源还具有埋层浅、有害杂质少、便于机械化采选及冶炼加工等开发优势。

与丰富的储藏量形成鲜明对比的是，长期以来四川省稀土资源开发相对滞后的状况。当时四川省稀土资源开发与利用主要存在以下几个问题：一是开发利用规模小，矿产采集装备比较差；二是滥采乱挖的现象比较严重，不规范的开发行为大幅降低了稀土资源的经济效益，直接导致了严重的环境污染问题；三是市场开拓较为迟缓；四是系统性的开发和综合利用不足；五是资金投入不够；六是经营、管理方面还比较落后。这些因素很大程度上影响和制约着四川稀土产业由资源优势向产品优势、市场优势、经济优势的转化。

涂铭旌在多年的科研生涯中，早已充分意识到科学研究与区域经济的现实需要紧密结合。面对四川稀土资源的光明远景，年过六十的涂铭旌怀着“靠山吃山，靠水吃水，靠海吃海，一方水土，养育一方人”[①] 的信念，毅然抽身离开做了一辈子的结构材料和钢铁材料研究，转而尝试少有人问津的轻稀土研究这个“少人区”。

在涂铭旌的老家，有“老来不学艺”的习俗，意思是人上了年纪后就不要再去学习了。一方面，到了老年，人的精力和记忆力都大幅下降，已

① 涂铭旌访谈，2014 年 3 月 21 日，成都。资料存于采集工程数据库。

图 4-2　2014 年 10 月涂铭旌在四川大学稀土纳米科技楼前

经不再适合学习、探索新领域；另一方面，辛苦奋斗了一辈子，也该退居二线、颐养天年，不再把所剩无几的光阴用来学习新的知识和技术。但涂铭旌对此却不以为然，在他心里，荣归故里并不重要，重要的是能以自己的知识和能力回报家乡。

研究轻稀土风险大、难度高，涂铭旌总是用他在青城山老君洞看到的一句话“我命在我，不在天”安慰自己。面对种种困难，他也常常鼓励自己，“不靠神仙和皇帝，而靠自己，所有的困难都要靠自己。自己一个人不行，慢慢招研究生，跟学生一起，一个问题一个问题去克服。”①

初探稀土永磁材料

瞄准塑料黏结钕铁硼（NdFeB）永磁体

决定转战轻稀土研究“少人区”后，涂铭旌率领他在成都科技大学指导的研究生刘颖、戴炎一起，着手进行了大量的研究准备工作。在当时没有先进的网络信息共享技术的情况下，调研文献主要还是靠翻阅纸质资料来获取。首先遇到的挑战，就是成都科技大学严重缺乏稀土永磁材料相关资料。为了解决这一难题，涂铭旌走遍了成都的各大图书馆，翻看各种磁性材料相关书刊杂志。中科院文献检索中心、科技厅下属情报室……只要有相关资料，涂铭旌都不愿放过。涂铭旌的身影不仅活跃在成都市内的各大资料藏馆，甚至还延伸到周边地区。有一回，涂铭旌听说绵阳西南应用

① 涂铭旌访谈，2014 年 3 月 21 日，成都。资料存于采集工程数据库。

磁学研究所下属设有一个磁学情报室，其中收藏了大量的磁性材料相关文献，他就多次自费前往绵阳去阅读收集资料。

在收集资料时，涂铭旌还特别注意采用抽丝剥茧、举一反三的方式。当搜集到一篇有价值的文章时，他一定会仔细研究该文章的参考文献，再通过这些参考文献查到其他相关文章。之后顺藤摸瓜，他又从这些文章的参考文献查到更多的文章。如此一来，一篇文献往往牵出一系列相关研究，久而久之形成了一个小型的相关研究领域资料库。就这样日积月累、聚沙成塔，涂铭旌收集了大量极具参考价值的资料。面对这些得之不易的资料，涂铭旌也并未抱着“肥水不流外人田”的狭隘心理，相反，他每次都将搜集到的资料一篇一篇复印，带回学校后装订成册，最后交由图书馆统一管理、统一传阅。这些资料的积累，为白手起家的成都科技大学稀土永磁材料研究和材料学科建设起到了重要的推动作用。

经过对永磁材料相当一段时间的深入调研和认真思考，涂铭旌将研究的目光瞄准了稀土永磁材料钕铁硼（NdFeB）。

永磁材料和其他材料的发展历程一样，也先后经历了不同的研究阶段，如 AlNiCo 永磁体、铁氧体、Sm-Co 系列合金永磁、NdFeB 合金、$Sm_2Fe_{17}M_x$（M=C、N）等阶段。其中 NdFeB 永磁材料作为第三代稀土永磁材料不仅具有最高的磁性能，而且还具备了诸多优异而特殊的加工特性，如尺寸精度高、形态自由度大、机械强度好、易加工、磁性能一致性好等特点，可实现大规模自动化生产，投产后产品可广泛应用在对性能要求高的许多高新技术领域，如 PC、电子产品及汽车等微特电机制造领域，成为国民经济各产业特别是汽车工业和电子领域一种不可替代的基础材料，是国家鼓励发展的新材料。

从制备工艺来看，当时的稀土永磁材料 NdFeB 主要通过烧结工艺制作成烧结 NdFeB 磁体。这种工艺起步较早，在 20 世纪 80 年代末期已经形成了较为成熟的制备工艺，属于涂铭旌定义的“多人区”。虽然烧结工艺属于传统工艺，但无论是烧结稀土、烧结铁氧体还是烧结稀土永磁材料，都需要通过后续机械加工来完成最终产品成形。而一旦遇到一些特殊形状（如圆环形状）的工艺器件，那制作工艺就会变得格外困难。由于技术不到位，很多时候只能做成瓦形器件，再拼接成圆环形，这样的“替代品”必然无法百分之百地达到预期效果。

然而这仅仅是烧结工艺制作器件的开头。想要完成一个可投入使用的器件，比如制作完成一台电机，还需要把很多小器件拼接起来，涉及的工序更加繁琐。所以烧结工艺往往有耗材高、成本高、难度高的局限性。

通过大量的调研，涂铭旌了解到一种制备稀土永磁材料 NdFeB 的最新工艺——塑料黏结 NdFeB 磁体。这种制作工艺主要是通过对 NdFeB 稀土合金重熔并快速凝固（快淬技术），促使其迅速地向非晶体微晶转变，其后再经过特定的晶化处理，使得 NdFeB 稀土合金最终成为 NdFeB 纳米晶。与烧结 NdFeB 磁体相比，塑料黏结 NdFeB 磁体不仅制作工艺相对更简单，也更容易实现工业化生产，而且其内禀矫顽力和最大磁能积也相对较高，优越的性能和巨大的发展潜力使得塑料黏结 NdFeB 未来有望大量应用于稀土永磁材料制作。面对此种情况，涂铭旌不出意料地再次选择了“少人区”——塑料黏结 NdFeB 磁体的研究。他希望通过这一领域的研究能够使得许多传统工艺很难完成或机械加工量很大的器件，可以一体化成型，同时大幅降低生产成本，真正为成都科技大学稀土永磁材料闯出一条独具竞争力的道路。

突出重围研制“微特电机用复合塑料永磁体”

由于塑料黏结 NdFeB 永磁体所蕴含的极大经济效益潜能，引起了科学界广泛关注，各国的需求量猛增，科学界也开始加紧相应的研究进程，部分已经在这一领域先行的外国政府和各大公司都对自己研究开发的永磁材料实行严密的技术封锁。最为典型的是美国昆磁公司，它本是美国通用公司的子公司，这家公司在稀土永磁方面掌握了快淬纳米晶、热变形等一系列核心技术并保有专利。即便在专利过期后，该公司也不断通过申诉以维持其在专利技术方面的垄断地位，并继续对其他国家在永磁材料方面实行技术垄断直至市场垄断。

1989 年，面对国内外塑料黏结 NdFeB 永磁体的竞争，涂铭旌制定了“微特电机用塑料黏结 NdFeB 永磁粉及其永磁体”的研究课题计划。此项课题研究的基本原理是把塑料高分子和磁粉——无论是铁氧体的磁粉还是稀土永磁粉——混合到一起，通过塑料加工的手段使塑料高分子和磁粉组成器件。为了克服研究材料只能依靠进口的困难，涂铭旌带领刘颖、戴炎与成都科技大学的高分子学科联手，采用跨学科合作的方式，进行了一系列铁氧体和尼龙、尼龙和稀土永磁粉、稀土永磁粉和铁氧体等的复合研究。

在涂铭旌的努力争取和积极宣传下，符合四川省资源开发和经济发展需求的“微特电机用塑料黏结 NdFeB 永磁粉及其永磁体”课题获准成为四川省重点科技项目，并得到四川省科委连续三次立项资助。获得了五万元的项目经费，这笔科研经费在当时可以说是相当重要。尽管有了科研经费，有了四川省科委和四川大学的大力支持，但课题的研究条件还是十分有限，硬件和软件方面都还比较欠缺。但涂铭旌总是说，什么都是苦出来的，读书是苦出来的，工作也是苦出来的。他亲自组织科研团队，热火朝天地干了起来。

涂铭旌首先带领团队开展了塑料黏结 NdFeB 永磁体关键技术攻关，并在课题研究期间，还带领团队利用研究成果帮助重庆 906 厂攻克了技术难关。

重庆 906 厂是一家军工企业。这家企业在生产制造电机时遇到了难题，听说成都科技大学新引进的涂铭旌正在做这方面的科研，于是主动找上门来，希望能够得到技术支持。

原来，重庆 906 厂正在生产一种速度可控的卷轴电机。这种电机上分布有 24 个磁极和 24 个磁条，在制造过程中，这些磁极和磁条需要按照顺序镶嵌在一个钢制的圆环上，因而难度很高，制作耗时很长。同时，每个磁条成本是一元钱，此外还需要加工装配的费用，因此生产价格成本也很高。这两个问题困扰 906 厂多年，是技术的大难关，始终无法突破。

涂铭旌将这一“老大难”的问题当作课题研究难得的实践机会。他率领团队在实验室开展了深入研究，经过不断思考、摸索和大量的实验，终于通过模具直接压制完整的电机卷轴这一方法实现了技术攻关。在涂铭旌团队的帮助下，重庆 906 厂生产的这种速度可控的卷轴电机在如下五个方面实现了关键性技术的突破。

首先是有效解决了塑料高分子和金属磁粉不能混合均匀的问题。

其次是解决了磁粉混合成型的问题。由于这种卷轴电机使用的复合材料中，塑料含量比较低，金属含量比较高，从重量比来看，95% 都是金属磁粉，这一点与传统高分子做成的复合材料截然不同。因此，必须解决磁粉混合成型的问题，才能有效保证电机的强度。

由于新研制的器件的体积很小，用传统的磁化技术很难实现充磁，涂铭旌团队突破的第三个技术难关就是解决了器件成型后有效充磁的问题。

接下来的难题就是解决材料量产及工程化的问题。虽然涂铭旌率领的团队都是在实验室进行研究，但如果器件的生产只能在实验室实现，那就无法体现出稀土资源的工业和经济价值，因而最终的研究目的就是要对器件生产实现量产。

最后则是解决了材料的成分控制问题。具体来说，就是材料的微观结构的控制技术，包括热处理、大片连续化生产的关键技术等。

实现以上五大关键技术突破后，重庆 906 厂采用涂铭旌团队研发的工艺生产的电机卷轴不仅机械强度高、安全性好，还确保能够投入量产。

经过四年夜以继日的努力，艰辛的努力没有白费。1993 年，涂铭旌带领团队做出的科研成果已经通过了小试、中试成果的专家鉴定，涂铭旌团队在国内率先利用冷压热固和热压工艺制成了黏结 NdFeB- 铁氧体系复合永磁和 AlNiCo-NdFeB 系复合永磁，其最大磁能积（BHmax）可在 8~80kJ/m^3 任意调节，塑料黏结 NdFeB 永磁的磁性能可达 80—96kJ/m^3。从各项试验数据看来，涂铭旌团队虽然起步晚，但项目进展迅速，实验产品已经与国外同类产品相当。

这一成果主要具有以下五大特点：第一，具有较高的磁性能，磁性能介于烧结钕铁硼磁体与铁氧体磁体之间，但产品的一致性、稳定性更好。第二，尺寸精度高，形状自由度大，可做成环状、瓦形、块形等自由形状，不需要烧结和后机械加工。第三，耐蚀性好，经电泳涂层或一些特殊处理后，可在日常或恶劣环境中长期使用，极大地增强了产品的寿命、扩展了使用极限。第四，充磁方式多样化，磁极可充成多极、斜极，波形可以方波、正弦波。第五，适合大批量，生产效率高。

随后，该成果在银河复合材料厂（现改制为银河磁体公司）进行了产业化，产品被广泛应用于各种微小型马达上，如主轴电机、步进电机、同步电机、直流电机、无刷直流电机等器件。同时还可部分替代烧结钕铁硼磁体和铁氧体磁体，使电机的装配工艺更简便、可靠，成本更低、效率更高。

由于性能好、工艺简单、成本低、效率高等诸多优点，银河磁体公司生产的黏结钕铁硼磁体产品中有90%销往日本、韩国、欧洲、美国和中国台湾等发达国家和地区，主要客户有Nidec、Samsung、Minebea、Sony、Mitsumi、LG、Bosch、JE等国际知名品牌公司及雷利、鸣志、大洋、万至达、唯真等国内知名企业，多次被Nidec、Samsung、LG、雷利等客户评为优秀供应商。2003年该厂出口黏结NdFeB磁体创汇约4000万美元，成为四川省电子信息材料产业的支柱企业。2010年10月银河磁体公司在深交所成功地在股票市场上市，由于国内许多大企业对该产品的旺盛需求，该公司的市值达到了40亿元人民币。

除此之外，涂铭旌还于1989—1993年间率领团队承担并完成了四川省科技厅应用基础研究项目“塑料复合效应及其优化研究”。这一课题和“微特电机用复合塑料永磁体的研究与应用”共获得两项发明专利。

深研纳米复合永磁材料

跨时代的重要稀土永磁材料

涂铭旌在塑料黏结钕铁硼（NdFeB）永磁体研究中取得的重大进展，

更加激励了他在相关领域内大展拳脚。没想到，他却得知自己身患直肠癌的噩耗。照理说，此时的涂铭旌已经初步实现了自己回报乡里、推动成都科技大学材料学科发展的宏愿，完全可以退居二线，躺在功劳簿上颐养天年。但涂铭旌并未就此止步，相反，不知疲倦的他不顾自己身体抱恙，与病魔展开斗争的同时，争分夺秒地继续深入开展自己在永磁材料领域的研究。

为了进一步提高研发的稀土永磁材料的各项性能，涂铭旌在前期已经取得的稀土永磁体研究成果的基础上，将目光投向了更新的“少人区”——纳米晶复合 NdFeB 永磁材料研究。

涂铭旌之所以选择这一方向的研究，自然是因为纳米双相复合永磁体所具有的独特优势和巨大的发展前景。判断永磁材料的优劣，研究界提供了一系列重要的衡量指标，如温度系数、最大磁能积、耐蚀性、矫顽力、高剩磁、居里温度等。而涂铭旌了解到，永磁材料中的纳米复相永磁合金在这一系列指标方面均有很好的表现，这种磁体需要使用的稀土量低，耐腐蚀性又特别好，价格也在可接受的范围内。根据微磁学原理的实验结果显示，纳米双相复合永磁体的理论磁能积能够达到 $10^6 J/m^3$，科学界甚至专门用一个词汇来形容这种复合磁体：兆焦耳永磁体，并将其看作是跨时代的重要稀土永磁材料。

面对这一潜力巨大的重要新型稀土永磁材料，研究界纷纷从不同角度开展关于纳米晶复合 NdFeB 永磁体的相关研究，其中最为集中的领域是在纳米晶复合 NdFeB 永磁体反磁化过程和矫顽力机制的研究上。

图 4-3　1997 年涂铭旌在扫描电子显微镜分析室与学生交流

研究发现，纳米晶复合 NdFeB 永磁材料矫顽力较低是制约其磁性能的关键影响因素。具体来说，晶粒与晶粒之间，只要相互接触，由于方向上的差异，其接触面上就会产生交换耦合相互作用。这种作用会对晶粒的磁化产生阻力，使得晶粒在某个方向上的磁化行为变弱，进而削弱晶粒的各向异性。晶粒交换耦合作用范围比较小，主要为纳米尺度内。一般来说，晶粒体积越小，表面积就会越大，因而受影响的程度就会越大。

针对这一情况，研究界纷纷提出了各自不同的观点，但一直不能达成共识。年近七旬高龄、身患癌症的涂铭旌也带领他的研究团队，闯进了纳米晶复合 NdFeB 永磁材料的科研战场。

诞生在西南腹地的高性能快淬 NdFeB 永磁粉

面对研究界的种种争论，涂铭旌苦心钻研后，独辟蹊径地大胆采用成分优化和制备工艺优化双管齐下的方法提升 NdFeB 永磁材料磁性。

由于纳米复合永磁材料的显微结构和磁性能与合金成分密切相关，所以涂铭旌通过调节合金成分的方法对材料进行成分优化，从而改变相组成并改善磁性能。对于这一处理方式，研究界公认的最有效的办法之一是向合金中添加微量元素。由于调节合金成分是一件“牵一发而动全身”的实验难点，单纯调节某一种元素的成分比，会相应地引起磁体的某一磁性能的改善，但同时也可能使磁体的其他磁性能降低，这种变化往往是微妙而难以精确计算的。在当时，研究界根据添加元素原子在合金晶粒结构中的位置及所起作用，主要把添加元素分为替代型和掺杂型两类。

涂铭旌经过多方考虑之后，并未桎梏于现有方法，而是采用了复合添加元素的方法进行成分优化，主要是“通过联合添加少量 Dy 和 Nb，制备（Nd，Dy）11.5Fe81.4Nb1B6.1 纳米晶 NdFeB 合金，经热处理后的微结构为（Nd，Dy）2（Fe，Nb）14B/ α -Fe，平均晶粒尺寸为 30nm，其黏结磁体的磁性能达到：Br=0.677T，Hci=942kA/m，(BH) max=74.3kJ/m^3。其矫顽力在同类纳米晶复合磁体中出于较高水平。”①

在制备工艺方面，涂铭旌团队主要控制熔炼、快淬和晶化三个关键过

① 张然，刘颖，马毅龙，徐建川，高升吉，涂铭旌：纳米晶复合 NdFeB 永磁材料研究进展。《电子元件与材料》，2007，26（6）：8-12。

程，通过对传统技术的改进和工艺优化，优化纳米晶复合永磁材料的微观结构，达到最终提升磁性能的目标。在熔炼工艺方面，采用高纯薄板铸锭技术，进一步完善和提升了高纯净 NdFeB 永磁材料和低成本含镨（Pr）稀土永磁合金的熔炼铸锭技术。快淬工艺方面，采用部分过快淬（部分非晶态）合金带晶化退火的方法进行制备。采用这种方法制备出的材料，其磁性能仅次于通过最佳快淬速度 Vc 制造得到的纳米复合永磁材料的磁性能，而高于完全快淬（非晶态）。晶化工艺方面，采取快速退火的方法，磁场热处理及动态晶化等先进的非传统热处理工艺，有效地抑制了晶粒的严重长大，实现了产品磁性能的大幅提升。。

经过成分优化和制备工艺优化后，不仅有效降低了磁粉制备中晶化温度，缩短了晶化时间，从而降低了能耗，减少了制备成本，同时生产出的磁粉晶粒尺寸均匀细小，达到了纳米尺度，有利于磁性交换作用，因而磁性能也得到了大幅度提升。不仅如此，其制成的 NdFeB 磁体的防腐性也得到了有效加强，经过化学气象沉积聚对二甲苯高分子薄膜涂层处理后，暴露在盐雾腐蚀中长达 200 小时而未出现锈蚀现象。

在科研向来不算发达的西南腹地，涂铭旌团队成功制备出高性能快淬钕铁硼磁粉得到了周边大型企业的关注。五粮液集团、攀钢集团等大型国有企业纷纷主动上门，与涂铭旌团队建立了快淬 NdFeB 稀土永磁粉及其黏结稀土永磁体研究进展的合作交流关系，其中五粮液集团鹏程电子公司还与四川大学联合建立了黏结 NdFeB 磁体生产线。

物以稀为贵，由于钕元素在稀土矿中含量低，钕元素的价格始终居高不下，如果能降低 NdFeB 永磁材料中的钕的含量，产品的成本将会有效降低，产品也将更具有竞争力。因此，绵阳西磁公司也慕名前来，双方率先利用国产的快淬炉设备，采用快淬工艺技术成功研制了低含钕量的纳米晶 NdFeB 双相耦合磁粉，由于其成本大幅下降，在投产中形成了强有力的竞争力。在批量投入生产后，历年累计创产值 2000 余万元。

涂铭旌团队在纳米稀土永磁粉的一系列研究最终获得了国家和四川省的肯定，其所承担的国家“863”重大项目“微特电机用纳米晶复合永磁体材料及其元器件研究与开发”获得了 2006 年度的国家科学技术进步奖二等奖，该奖项是涂铭旌从西安交通大学转到四川大学后得到的最高奖项，对后来四川大学材料学科的发展和学科评估也起到了重要作用。此外，“纳米晶稀土钕铁硼磁粉及黏结磁铁研究”研究成果于2004年获得了四川省科技进步奖一等奖；“低钕纳米晶钕铁硼（NdFeB）永磁合金粉末”研究成果于2000年获得了四川省科技进步奖二等奖。

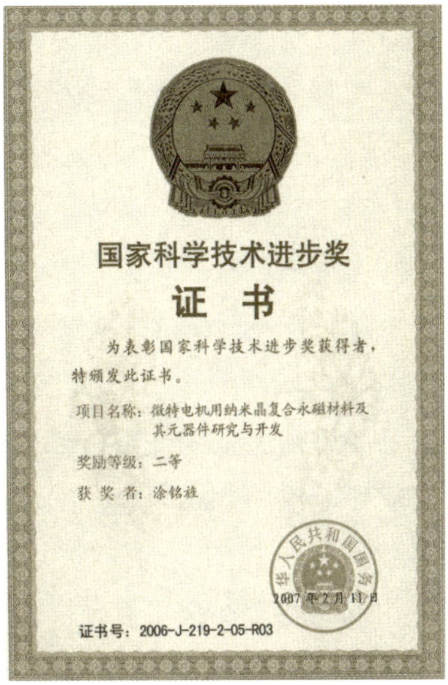
国家科学技术进步奖

证 书

为表彰国家科学技术进步奖获得者，特颁发此证书。

项目名称：微特电机用纳米晶复合永磁材料及其元器件研究与开发

奖励等级：二等

获 奖 者：涂铭旌

2007年2月11日

证书号：2006-J-219-2-05-R03

图 4–4 国家科学技术进步奖二等奖证书

而涂铭旌团队中的科研人员也在他的指导下走上自己独立的科研道路，并成长为四川大学乃至四川省学术和技术带头人。如和涂铭旌共同承担国家“863”重大项目“微特电机用纳米晶复合永磁体材料及机器元器件研究与开发”的刘颖，作为涂铭旌来到成都科技大学后指导的第一位研究生，如今已是四川大学材料科学与工程学院副院长，先后获国务院政府特殊津贴和宝钢教育基金会优秀教师奖。

如今，刘颖继续走稀土永磁材料的研究道路上，并突破性地形成了新的加工技术方法，有望发展成为一套崭新的工业化技术，将为我国稀土资源特别是稀土永磁材料的发展提供巨大动力。

研制无钕贮氢合金镍氢电池

转战无钕贮氢合金

从1989年研究“微特电机用塑料黏结NdFeB永磁粉及其永磁体”的课题算起，年逾六旬的涂铭旌已在稀土研究领域内鏖战了8个年头。1996

年，涂铭旌又将他敏锐的科研目光投向了研究开发无钕贮氢合金上。

中国作为 NdFeB 永磁材料的生产大国，NdFeB 永磁材料年产量约占世界年产量的 70% 以上。随着生产规模的不断扩大，研究界开始担心未来将会产生资源不平衡现象。原来，生产 NdFeB 永磁材料需要耗费大量的稀土金属钕，而自然界分布的稀土中混合了镧镨铈钕多种元素，其中钕元素的含量本身就不高，因此金属钕成为较重要的轻稀土元素之一。作为 NdFeB 永磁材料生产大国，中国的稀土资源里的钕金属被大量提取，而富铈混合稀土金属或富铈混合稀土合金也可用于铸造业，对铝硅合金进行变质处理使用，因而也被大量提取。唯独原本含量就较高的镧、镨金属得不到很好地利用，因而提取钕、铈后的混合稀土有了一个新的名字：富镧的镧镨铈混合稀土。这种稀土中镧的含量高达 78%—90%，镨含量达到 10%—15%，而铈含量则降低到 5%—10%，钕含量不大于 1%。镧和铈的大量积压，渐渐引发了研究界的关注和担忧。

始终关注学界研究前沿的涂铭旌也注意到了这一点，刚刚在纳米稀土永磁粉取得突破的他开始思考如何解决稀土资源利用不平衡的严峻问题。

于是，涂铭旌开始思考，能否通过研究开发无钕的贮氢合金，缓解我国稀土资源利用不平衡的矛盾？

一向以行动力著称的涂铭旌没有犹豫，以极快的速度带领陈云贵、吴朝博士等科研人员投入了无钕贮氢合金的研究中，并率先利用成分及工艺优化，制备出了性能优良的无钕贮氢合金。这种合金和传统富铈稀土中间合金相比，不仅价格更加低廉，更在除氢和细化组织以及还原能力方面有着卓越的性能。

成果被研究出来了，但如何使之产业化、真正造福社会、产生经济效益从而服务国家经济建设，又成了摆在涂铭旌面前的一道难题。

此时，随着工业的不断进步发展，保护环境、节约能源成为人们日益关心的主题。1997 年日本京都全球变暖会议提出，要在 2008—2012 年之间使全球废气排放量减少 5.2%。而据有关资料显示，废气发生源中，汽车排放的一氧化碳占总排量的 66%，氮氧化物排放量占总量的 43%，铅污染物排放量高达总量的 37%，挥发性有机物占了 31%，二氧化碳排放量达到

33%，而固态尘埃排放量也占了总量的 20%，可以说汽车排放污染情况严峻、急需解决。

据统计，全世界投入使用的小汽车约有 6 亿辆，每年消耗 7 亿吨汽油。为了解决这一重大污染源，各国纷纷开始研发电动汽车，从而解决环境与能源问题。据世界电源研究所（EPRI）计算，平均每 200 万辆电动汽车每年可减少市区废气排放量 16 万吨，每天节约 6 万桶汽油。因此，包括美国、英国、法国、德国、日本许多发达国家都不惜投入巨资支持开发电动汽车。但由于电池性能不佳，现有的电动汽车普遍存在加速性能不良、一次性充电后行驶距离过短等问题，大大限制了电动汽车的发展。可以说，电动汽车的发展和大规模推广，关键就在解决其动力源的问题，也就是研究开发出比能量高、比功率大、寿命长、成本低的蓄电池。

镍氢电池是解决这一难题的最佳选择。相较于过去的铅酸、镍镉、MH–Ni、Li 离子、锌 – 空气、Na–S、Na–NiCl2(ZEBRA)、燃料蓄电池、飞轮蓄电等多种类型的电池而言，镍氢动力电池隶属于绿色蓄电池，无污染、免维护、使用安全、比能量大、比功率高、高倍率充放电性能好、循环寿命长，这一系列突出的优点完全满足了电动汽车对动力蓄电池的性能要求。

涂铭旌团队以研制出的无钕贮氢合金为基础，经过夜以继日的刻苦攻关，终于成功开发出了性能优越的镍氢动力电池—— D 型镍氢电池，并于 2000 年通过了省级鉴定。

这种基于无钕贮氢合金制作出的 D 型镍氢电池处在 1C 大电流充放电循环下时，最大的放电容量可高达 8340mAh，在放电容量大幅提升的同时，D 型镍氢电池充放电的循环寿命也超过了 600 次，有了相当幅度的提高。也就是说，采用无钕贮氢合金制作出的 D 型镍氢电池在放电容量上优于日本电池，循环稳定性较国产的两种参照比较电池而言也更加优越。

不仅如此，采用无钕贮氢合金制作出的 D 型镍氢电池还具备了独特的“金钟罩”——良好的低温放电性能。

这一性能使得 D 型镍氢电池可以广泛运用于军事作业中。对于野外军用电台、飞机和坦克等军事装备而言，能够在极端严酷的自然环境下保

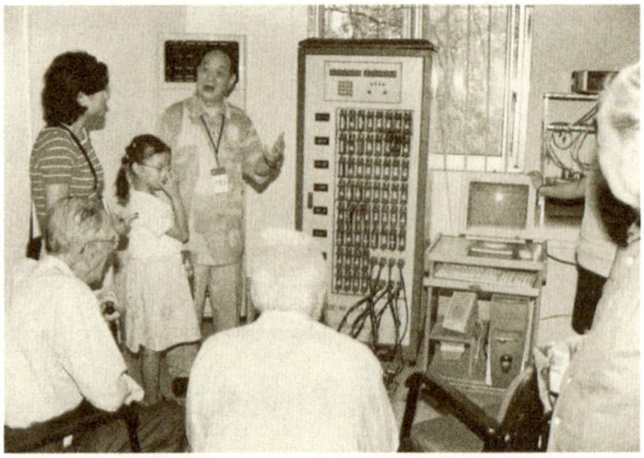
图 4-5 1999 年涂铭旌在无钕低温贮氢合金电池实验室为前来参观的社会公众进行讲解

证能源供给，无疑是决定成败的关键因素。但在极端寒冷的野外环境中，普通电池最多能够放出最大电容量的 66%，甚至有部分电池已经“冻僵”，基本上无法放电。

一直以来，改善贮氢合金及镍氢电池在极端寒冷情况下放电性能的研究工作，始终都是学术界力争突破但未能战胜的难题。

而涂铭旌团队采用无钕贮氢合金制作出的 D 型镍氢电池则终于实现了这一难题的突破。经试验测试，在 0℃的环境下，一般电池最大放电量可以达到总量的 90% 左右，而这种 D 型镍氢电池的放电量达到最大放电量的 96% 左右；当温度下降到 −18℃时，普通电池放电量降低到不超过 78%，而 D 型镍氢电池则能保持 92% 左右的放电量；当温度达到 −30℃时，D 型镍氢电池则还能够释放 72% 的容量。

就这样，年逾七旬的涂铭旌不仅“学新业”“转新行”，还成功地再次实现了重大技术难题攻关。

“老好人”也有大脾气

2002 年，涂铭旌团队研发出的 D 型镍氢电池顺利通过省上鉴定。此时，一直埋头科研、始终绷紧了弦的研究团队终于放松下来，很多研究人员觉得大功告成，认为研发的电池已经能够在 −30℃放出那么多电了，这一项目就可以“圆满”结束，无须再费精力往下研究了。

但涂铭旌可不同意这种想法。他认为这项研究对我国的电池未来发展具有重要意义，必须进一步深入研究低温下能良好运作的贮氢合金及镍氢电池。刚刚放松下来的团队成员很快就有了畏难情绪，一些同志甚至在私底下议论说，材料学院实验室的实验条件有限，低温下的电池实验既难以做成也没必要做。

没想到，一向好脾气的涂铭旌在听到这种说法后，罕见地发了一通脾气。此时的涂铭旌刚刚因为身体原因再次住院，躺在病榻上的他对着前来探病的学生生气地说道："你们怎么能反应那么慢，我都告诉你们要干什么了！你们还没有做！"极少看到老师生气的学生们都被吓住了，一时都不知道应该如何反应。

涂铭旌可不是病中气话，刚一出院，涂铭旌顾不上回家休息，而是马上前往实验室，"蹲守"监督镍氢电池的研究进展。接下来的一个星期里，这位年过七十的老人家和大家一起，从材料制备、拉基片做起，全力推动实验深入开展。不仅如此，他还在各个关键节点进行认真考核，每当有所突破，就立即督促学生送检。

事实证明，涂铭旌的看法和做法是正确的。研究团队通过夜以继日的艰苦科研，终于在前期研制的无钕贮氢合金的基础上，再次成功开发了无钕低温贮氢合金及宽温区镍氢电池。该种电池不仅在常温下具有优良的综合性能，并且大幅拓宽放电温区，能够在 −40℃—+55℃实现放电，不仅比起普通电动车用镍氢电池更具优势，也可以广泛运用于我国国防、寒冷及特殊行业的应用，具有重大意义。在关于该电池的科研论文中可以看到：

> 这种无钕低温贮氢合金常温 0.2C 放电容量超过 300mAh/g；−40℃、0.2C 放电容量为 194mAh/g，达到常温容量的 64%。常温 1C 充放电循环 165 次充放电循环后，容量衰减很小，仅有 8.6%①。

由于涂铭旌团队的在贮氢合金及镍氢动力电池方面取得的突出成绩，该项科研成果获得了 2001 年度总装备部科技进步奖二等奖，还被选入了 2004 年中国稀土行业十大科技新闻之一。

---

① 涂铭旌，陈云贵：稀土、钒钛贮氢合金及镍氢电池研究进展。《四川大学学报（工程科学版）》，2006 年第 5 期，第 1−6 页。

打破“日本制造”的神话

在无钕低温贮氢合金及宽温区镍氢电池取得重大突破的涂铭旌并不满足于实验室成果。怀着科技报国之心的他立即又热火朝天地投入到了贮氢合金及镍氢动力电池的产业化事业当中。

为了解决产业化渠道和资金问题，涂铭旌自 2004 年起，多次主动寻求合作机会，不断向外宣传推广四川大学（原成都科技大学经合并后已改名为四川大学）这一科研成果。无钕低温贮氢合金及宽温区镍氢电池也以其各项优越性能引起了诸多企业的兴趣，不少企业表示愿意开展合作。

就在事情一切顺利的时候，突然发生了合作方毁约撤资的事件。原来，纵然钕低温贮氢合金及宽温区镍氢电池各项性能均领先国内同等电池的水平，但此时的镍氢电池还并未成为电池市场的主流产品，许多合作企业对此跃跃欲试但又缺乏信心，最终，盈利目的战胜了科研数据，合作方在首笔研发资金打给川大的情况下还是提出了撤资。

对于这一突发事件，涂铭旌没有放弃，他清晰地看到无钕低温贮氢合金及宽温区镍氢电池的光明远景，坚持继续为成果产业化寻求机会。

皇天不负有心人，2009 年，在涂铭旌的不断努力下，低温镍氢动力电池成果终于由成都宝生新能源电池公司出资建厂投产，实现了产业化。该公司于世界范围内首创生产了“宝生 AB5 型无钕稀土宽温动力电池”，该产品于 2010 年 5 月荣获国家科技部等四部委联合颁发的“国家重点新产品证书”，并于 2011 年 4 月被列入四川省政府“四川省战略性新兴产品‘十二五’培育发展规划”中二十个需要做强做大的重大关键产品。

虽然在涂铭旌团队的努力下，宝生公司率先成为国内唯一一家拥有全部独立知识产权的电池企业，实现了国内电池产权不自主的“零”的突破，但涂铭旌并不满足于现有的成果。他清醒地认识到，当时世界上最高级的镍氢电池技术依然紧握在日本企业手中。日本镍氢电池的稳定性和一致性非常好，因此可以广泛应用于汽车上，协助生产出混合动力车等产品，如丰田公司旗下的普锐斯就是其中的代表之一。

对于这种情况，涂铭旌采取“师夷长技以制夷”的策略，认为应该汲取日本镍氢电池的优良特性，不断延长国产电池的稳定性和使用寿命，最终实现从产品上打败日本电池的夙愿。

在涂铭旌的指导下，宝生公司一开始就以当时镍氢电池制造领域中的翘楚——日本三洋公司为目标。通过大量的调研和实验，涂铭旌发现三洋公司生产的合金产品虽然具有优异的性能，但依然存在缺陷。

当处在低温环境下，尤其是在 −30℃、−40℃试验的时候，日本三洋公司生产的一号电池完全无法放电。这意味着，如果用三洋公司生产的这一类合金电池作为启动电池，代替传统电动车、摩托车或者坦克车里的铅酸电池时，一旦机器处在寒冷地区，便会因为失去动力源变为一堆“废铁”，毫无运转的可能。

针对三洋公司的产品缺陷，2007—2009 年间，涂铭旌带领科研团队为宝生公司成功开发出了宽温区（WT）功率型和能量型镍氢动力电池及电池系列。这一系列镍氢电池的工作温度区域再一次得到扩展，最高工作温度由原先的 55℃提升到 60℃，而最低温度也由 −18℃拓展到 −50℃。温区大幅扩宽的同时，该系列电池中能量型电池的比功率可达 65—85Wh/kg，功率型电池的比功率则大于 1000W/kg，远远超出国内其他镍氢电池的比功率。

基于以上各项特性，WT 型镍氢动力电池系列产品不仅可以广泛运用于通讯领域、车用动力、极地科考、军事装备等领域，还可以广泛运用于光能、风能、潮汐能等电力储存装置。仅凭这一点，成都宝生新能源电池公司生产的电池就建立了超越竞争对手日本三洋公司的独特优势。

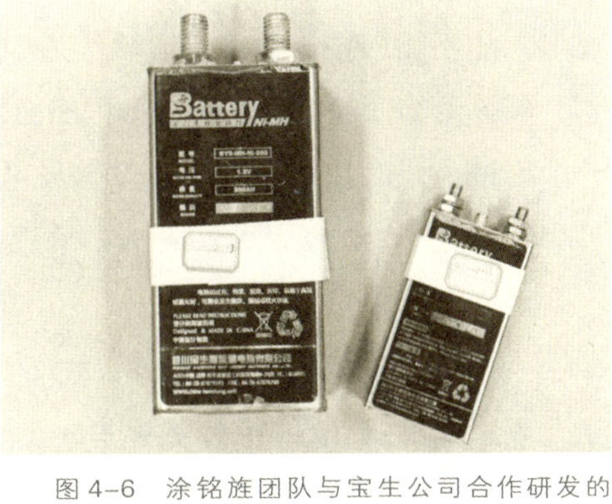

图 4-6 涂铭旌团队与宝生公司合作研发的 BYS-MH-Ni-200 型电池和 BYS-MH-Ni-30 型电池

2010 年 10 月 23 日，在第十一届中国西部国际博览会上，涂铭旌团队和成都宝生公司联合研制的镍氢动力电池亮相世纪城会展中心展场。从圆柱电池系列的七号电池、五号电池、一号电池到F型电池，由单个电池到电池组及组合电池，容量从10安到30安、50安、80安直至100安……丰富的系列电池产品不仅可以应用在小型轿车和公交车上，也可以运用在各种工业仪表、机车、通讯基站、飞机、轮船以及科考等项目上。这些性能优异的电池，吸引了大批企业和专家的目光，其未来发展前景广阔。

2012年，成都宝生新能源电池公司承担了成都市电动公交车项目。如今成都市的16路公交车用的就是该公司生产的纯电动车，运行两年多来，该路公交车从未因电池问题出过故障。

在贮氢合金及镍氢动力电池研制过程中，随着技术研究特别是应用技术研究的不断深入，涂铭旌团队还取得了一些附带的研究成果。如在研究电池在电池汽车上的应用时，涂铭旌针对电池汽车对高容量贮氢合金的迫切需求，提出了钒基固溶体型贮氢合金用于镍氢电池负极，以其具有的理论吸氢量高、动力学性能好等特点提高镍氢电池容量。

涂铭旌的团队研究表明，传统的贮氢合金中，贮氢量不超过2wt%，而钒基固溶体型贮氢合金的理论贮氢量达到3.8wt%，贮氢量提升幅度接近一倍。但伴随高效能的是高成本。通常钒基固溶体型贮氢合金都是采用纯钒制备而成，由于纯金属钒的价格十分昂贵，导致合金的制备成本偏高。

高成本无疑会成为阻碍产品产业化的关键因素。涂铭旌、陈云贵开始思考，能不能用较为廉价的钒铁作为中间合金取代纯钒，从而开发出低成本、高容量的含铁的钒基固溶体贮氢合金。

经过一段时期的研究，涂铭旌团队又在这一项目上取得了新的突破，他率领团队开发出了从V20到V55的系列V−T−Cr−Fe合金：

这类合金通过调整不同的Ti/Cr比，可以调整合金的放氢平台压力。在普通真空感应电炉中，采用80VFe为原料制备V30−Ti−Cr−Fe合金在25℃室温下处理后即能快速吸氢，吸氢量达到3.45wt%，达到饱和吸氢里量的时间不超过5min……25℃下的放氢量达到1.9wt%，

80℃下放氢量超过 2.0wt%。另外，通过多元合金化及热处理稳定化工艺，所开发的合金还具有良好的循环稳定性，500 次充放氢循环衰减小于 30%[①]。

这些研究成果不仅有力推动了四川大学材料学科的发展、转化为区域发展的经济效益，更为我国未来高容量贮氢合金的应用开辟了新的方向。

研制不逊于立邦漆的纳米复合建筑涂料

从“跟跑者”变成“领跑人”

自 1989 年转向稀土研究方向后，涂铭旌先后在稀土永磁材料、纳米复合永磁材料以及无钕贮氢合金镍氢电池等领域取得了令人瞩目的成绩。但他心里始终清楚地知道，中国始终处于“跟跑者”的身份，快马加鞭紧抓科研也只能缓慢减少和发达国家之间的技术差距，终究不能做到“人无我有”。

在研究纳米复合永磁材料的过程中，涂铭旌愈发注意到了纳米技术潜藏的巨大发展潜力。纳米材料的粒度只有 1—100nm，大约相当于 10—100 个原子紧密排列在一起。由于纳米材料在尺寸上接近电子的相干长度，强相干所带来的自组织使得纳米材料的性质发生了很大变化。同时纳米材料的尺度又接近光的波长，加上其具有大表面的特殊效应，因此纳米材料在熔点、磁性、光学、导热、导电特性等诸多方面既不同于微观原子、分子的特性，又有别于物质整体状态时表现的特性。

此时的纳米技术应用在世界范围内都属于刚起步，涂铭旌敏锐地意识到，这为中国科技研究提供了一个宝贵的“领跑”机会。1999 年起，涂铭

① 涂铭旌，陈云贵：稀土、钒钛贮氢合金及镍氢电池研究进展。《四川大学学报（工程科学版）》，2006 年第 5 期，第 1-6 页。

旌与刚毕业留校的博士研究生黄婉霞一起，带领学生汪斌华、李彦峰、郑洪平组成科研团队，致力于纳米复合建筑涂料的科研探索，他们将纳米材料作为一种颜填料加入到传统建筑涂料组分之中，利用纳米材料特殊的物理化学性能，研发出具有优良功能的纳米复合建筑涂料。

之所以选择纳米复合建筑涂料为研究切入点，和当时欧美、日本等发达国家及地区的产品特征和我国涂料市场的现状密不可分。

从欧美、日本等发达国家及地区来看，这些科技强国在纳米材料及其技术的基础研究领域起步较早，处于世界领先水平。而在纳米复合涂料方面，欧美、日本等国较为重视研发环保型纳米复合涂料，且多用于汽车漆、船舶涂料、高耐磨涂料等一些技术要求比较高的领域。同时，在这些国家及地区的涂料工业中，已经有 80% 采用高档涂料装饰建筑外墙，建筑涂料占涂料消耗总量的 30%—50%。

而反观当时我国的涂料市场，由于起步晚而仍然处于市场规范的初期。特别是建筑涂料市场起始于 20 世纪 60 年代初，仅仅发展了三十多年，所以各生产企业普遍存在规模小、技术力量薄弱、研发水平不高等问题，直接造成了我国建筑涂料产品的档次、质量都较低的尴尬局面。

涂铭旌在研究中找到了一种非常适合用于研制纳米复合建筑涂料的纳米材料——纳米二氧化钛。由于纳米二氧化钛可透过可见光和散射波长更短的紫外光，将其充分分散到建筑涂料中后，可以大幅度提升涂料的抗老化性能和力学性能。而在纳米二氧化钛所具有的三种晶型结构——板钛矿型、锐钛矿型和金红石型中，涂铭旌发现，板钛矿型的晶型结构不够稳定，而锐钛矿型纳米二氧化钛的紫外屏蔽效应又比不上金红石型纳米二氧化钛，因而涂铭旌最终确定以金红石型纳米二氧化钛作为颜填料加入到传统建筑涂料组分之中，在充分利用纳米二氧化钛以及其他纳米级材料特性的基础上，涂铭旌团队突破性地研制出一种新型的纳米复合建筑外墙涂料。这一成果主要具有以下五大特点：

一是超耐候性，就是指涂膜的抗老化性。由于暴露在自然环境中的涂膜会受到阳光照射、温度变化、风吹雨淋的侵蚀，以及大气中各种污染物尤其是酸性污染物的影响，在这些影响下，涂膜会出现褪色、变色、龟裂、粉化、剥落、附着力下降等一系列的老化现象，其中紫外线照射对多数涂膜来说是最为“致命”的因素。而涂铭旌团队研制的纳米复合建筑涂料，由于具有特殊的光学性能，能够大量屏蔽紫外线，因而在耐候性，特别是抗紫外线破坏方面，达到了很好的效果。

二是耐擦洗性。所谓涂料的耐擦洗性，是指用特定的仪器在一定标准的要求下往返湿擦涂膜时，涂膜所能承受的湿擦次数。这一指标可测试涂膜表面的致密程度和抗粉化性。由于纳米粉体的粒度小，比表面非常大，表面自由能很高，将其加入乳胶漆充分分散后，纳米粉体能够均匀地分布在颜填料颗粒和乳胶颗粒之间。因而在涂料成膜时，能有效地改善乳胶颗粒之间、乳胶颗粒与颜填料颗粒之间的界面结合力，增加成膜后涂料的致密程度，从而提高涂膜的耐擦洗性。

三是耐沾污性和自清洁性。建筑涂料除了有保护墙体的作用外，还要起装饰的作用，因而对建筑涂料耐沾污性的要求很高。由于国内环境破坏严重，空气质量较差，因此大部分外墙涂料往往不到一年就面目全非。保持较好的耐沾污性和自清洁性，曾是制约我国建筑涂料应用推广的一大难题。而涂铭旌团队研制出的纳米复合建筑涂料在成膜后，其表面具有特殊的双疏性能，意即污染物不能与涂膜形成牢固的结合。这是一项“双赢”的技术突破。一方面污染物不易在涂料表面聚积，提高了涂料的耐沾污性，另一方面不宜黏着意味着涂料表面极易清洗，污染物甚至可被自然界的雨水冲刷干净，就提高了涂料的自清洁性。

四是抗菌杀菌性。由于建筑涂料常年暴露在空气中，如果没有很好的抗菌杀菌性就很容易被微生物侵蚀，生成霉斑等。而使用金红石型纳米二氧化钛研制的纳米复合建筑外墙涂料可以通过自身纳米粒子的光催化作用获得抗菌杀菌性。在紫外光的照射下，二氧化钛纳米粒子能够产生自由移动的带负电的电子（e−）和带正电的空穴（h+），形成电子 - 空穴对。这种电子 - 空穴对能与空气中的氧和水发生作用，通过一系列的化学反应，形成负氧离子和氢氧自由基。这些产物具有很高的化学活性，能与细菌中的有机物发生反应，生成二氧化碳和水自然挥发，从而达到杀灭细菌的目的。同时，纳米二氧化钛的光催化反应属于可逆的过程，在日光灯或阳光的照射下就能取得良好的杀菌效果，而且能够“重复利用”，因而具有比较持久的抗菌效果。这种无需单独添加抗菌剂的纳米复合建筑涂料不仅减少了添加成本，还能够避免抗菌剂对人体和环境产生的潜在危害。

五是净化大气功能。这一功能也是通过纳米材料特殊的催化特性获得的。总的来说，室内的污染气体可分为四大类：一是甲醛，主要来源于人造木板中的胶黏剂；二是苯系物如苯、甲苯和二甲苯，主要存在于油漆、胶以及各种内墙涂料中；三是氨气，主要来源于混凝土防冻剂；四是氡，主要存在于建筑水泥、矿渣砖和装饰石材以及土壤中。此外还包括因吸烟等人类活动产生的有害气体。而室外的有害气体则主要有二氧化硫、氮氧化物（二氧化氮、一氧化氮等）、臭氧等，有时还有一氧化碳、硫化氢、氨气等，特定地区例如化工工业园区还有盐酸、各种有机物等。也就是说，无论在室内还是室外，人总是暴露在各种有害气体中，因而良好的净化大气功能对于建筑涂料而言，是非常重要的一项指标。涂铭旌等研制的纳米复合建筑涂料，因为有特殊的光催化作用，能够将氮氧化物、二氧化硫等气体氧化成固态颗粒，并能够降解甲醛等有害的气体，发挥净化大气的作用。

由于以上五大特色，涂铭旌团队研发的纳米复合建筑涂料快速获得了研究界和企业的认可，并于 2006 年获得国家发明专利成果。

“纳赛立”的美好期望

如今，当人们来到位于四川大学望江校区的稀土及纳米材料研究所时，总能看见那堵色泽鲜艳、外表平滑的粉红色外墙。这面墙，就是当年涂铭旌用自己研制的红色纳米复合建筑涂料上色的，虽然已经涂了多年，但至今光洁如新。

当涂铭旌亲自为这份饱含心血的产品命名时，他选用了意味深长的“纳赛立”——“纳”是“纳米”的“纳”，“赛”是“比赛”的“赛”，“立”是日本立邦漆的“立”。三个字组合在一起，就寓意着“纳米材料赛过当时代表纳米涂料技术领先水平的日本立邦漆”。涂铭旌很喜欢这个名字，一向怀有崇高民族气节的他认为，纳米材料改性的外墙涂料要么不做，要做就一定要赛过日本的立邦漆。

为了证明“纳赛立”涂料质量优异，涂铭旌特意做了双盲实验。他请人同时带了纳赛立、日本立邦漆两种涂料到省质检局检测。两种涂料分别随机编号，按国家标准进行检测，而据检测结果显示，两种外墙涂料在耐酸碱耐冲刷方面差不多，但是在抗污性和抗紫外线方面，“纳赛立”明显更胜一筹。

“纳赛立”涂料研究出来了，涂铭旌又考虑起研究成果推广的问题。他始终坚信，一项研究的“最终实验室”是产品和市场。如果不投入产业、不投向市场，那科研人员就无法判断研究成果的效果，也无法对研究成果进行改善，科技就永远无法快速进步和发展。同时，就涂料研究来看，由于涂料的配方成千上万，档次也各有不同，如果找不到合作厂商，光靠科研团队的力量是无法深入研制涂料配方的。

很快，涂铭旌利用自己与四川企业的良好关系，找到了几家涂料厂，建立起合作关系。这些涂料厂将自己生产的涂料样品送到实验室来检验，涂铭旌也将自己研究的涂料样品拿给厂家做成产品，并直接针对用户的使用反馈做完善，取得了很好的效果。

在与企业沟通过程中，涂铭旌总是叮嘱随行的科研团队人员，要放下身段，要不怕吃苦不怕吃亏。涂铭旌经常到涂料厂调研和测试产品，现场了解企业的需求和困难。他还常对身边的工作人员说，“你们应该学会在一个厂里走多少步，就知道这个厂房大概是多大的面积，这个装置大概是怎样运行情况的程度。”①

不久，涂铭旌将这项技术转让给了成都纳赛立涂料有限公司，成就了一个名为纳赛立涂料的品牌。如今，成都纳赛立涂料有限公司的纳赛立产品线涵括纳米改性水性内墙漆系列、纳米改性水性外墙漆系列、纳米改性水性防水涂料系列、纳米改性水性仿金属漆系列、纳米改性水性彩瓦漆系列、纳米改性水性防锈漆系列及配套产品。成都纳赛立涂料有限公

---

① 黄婉霞访谈，2014 年 10 月 16 日，成都。资料存于采集工程数据库。

司也被国家权威机构评价为中国创新型绿色建筑材料品牌企业，并已通过ISO9001质量管理体系、ISO14001环境管理体系和中国十环标志的认证。纳赛立品牌被国家建材局建材科技委评为十大环境、绿色环保涂料，并获得十佳新产品、十佳品牌等奖项。2010年，涂铭旌主持开展的“高耐候性与抗菌型纳米改性粉末涂料技术研究”项目荣获四川省政府颁发的四川省科技进步奖三等奖。

积极组织室温磁致冷材料相关研究

1998年，涂铭旌、唐定骧、陈云贵带领学生唐永柏、陈远富、肖淑芬、付浩组成的室温磁制冷材料课题研究小组，联合美国新奥尔良大学及国内有关合作单位，开始了对室温磁致冷材料及磁制冷样机研究。

涂铭旌之所以将大量精力投入到室温磁致冷材料及样机研究上，是因为他在研究中发现，虽然传统气体的压缩制冷技术已经被普遍地应用于很多民用领域、航空航天以及国防军事等领域，但传统的气体压缩制冷的技术却有明显的两大缺陷：一是传统气体制冷技术离不开压缩机的使用，这就导致了制冷过程中出现效率低、能耗大的问题；二是传统气体压缩制冷技术大多是采用氟利昂及氨等气体工质，这会对环境造成污染或破坏，特别是会更加严重破坏大气臭氧层的氟利昂工质，甚至会威胁到人类的安全和生存。

此时，涂铭旌关注到了磁制冷技术，这一技术能够有效改善传统压缩制冷技术的致命缺陷，并引起了世界各国和研究界的广泛关注。

所谓磁制冷技术，是指借助磁致冷材料（磁工质）的磁热效应（Magneto Caloric Effect，MCE），即在磁化时向外界排放热量、退磁时从外界吸取热量，从而达到制冷目的。与传统压缩制冷相比，磁制冷具有如下竞争优势：

第一，对环境没有污染和破坏。由于GdSiGe系合金本身为固体材料，并且在循环回路中可以使用添加了防冻剂的水作为传热介质，直接避免了氟利昂、氨及碳氢化合物等制冷剂的使用，从源头上杜绝了破坏臭氧层的危害。同时 GdSiGe 系合金不像传统制冷剂那样具有有毒、易泄漏、易燃、易爆等特点，因而就不会对环境产生任何危害，磁制冷技术也被研究界公认为高科技绿色制冷技术。

第二，高效节能。传统气体压缩制冷效率一般仅为 5%—10%，而同等条件下磁制冷的效率可达到 30%—60%，是传统制冷工艺效率的 3—6 倍。另外，磁制冷技术还具有尺寸小、重量轻、运行稳定可靠、寿命长等优势。

但磁制冷技术也存在着技术缺陷。由于制冷装备往往处在室温下，在近室温区间，想要磁致冷材料实现磁自旋的热激发能量（KBT）较大，需要从外界获得能量实现高效制冷。

通常研究界采用的方式是从磁制冷材料外部入手，增加强力磁场，依靠磁场的强大能量使得磁制冷材料实现磁自旋，从而达到快速制冷的目的。但这种方式的缺点非常明显，就是需要耗费惊人的能量。虽然科学家已经发现可以采用超导磁体的方式来解决这一问题，但超导磁体的技术至今尚不完善，其系统结构不仅异常的繁杂，而且生产的成本也是居高不下，因而迟迟不能实现从理论到实践的落地。近年来，由超导磁体技术的瓶颈问题而制约室温磁制冷技术发展的问题已经越来越明显。

于是，各国学者纷纷转换思路，不再从磁制冷材料外部想办法，而是着眼于改善磁制冷材料自身的特性，寻找本身就具有较强磁热效应的磁致冷材料。这种材料本身就能够在外部条件不变的情况下，获得较高的磁熵变，这样一来，就可以绕过超导磁体技术的瓶颈问题，实现室温磁制冷的突破。后来，美国能源部 Ames 实验室的 Gschneidner 和 Pecharsky 两位教授率先取得了突破性进展，他们研究发现了具有巨磁热效应的 GdSiGe 系合金。“该系合金居里点在 30—290K 之间可调；在近室温区间：$Gd_5Si_2Ge_2$（居里点约为 276K）的磁熵变约为 Gd 的两倍，通过添加微量合金化元素 Ga 后（化学式 $Gd_5Si_{1.985}Ge_{1.985}Ga_{0.03}$），在基本上保持磁热效应的同时将居里点提高到约 286K。”[①]

具有巨磁热效应的 GdSiGe 合金的发现在全球引起了巨大的反响，对室温制冷行业的影响深远。由于工质具有巨磁热效应，使采用 NdFeB 永磁体替代结构复杂、成本昂贵的超导磁体成为可能，这可大大降低磁制冷机的成本，加速室温磁制冷机的商业化进程。由于这一突破性的发现，Gschneidner 及其合作者 Pecharksy 获得了由美国能源部颁发的美国能源相关技术－材料科学重大发现国家奖。美国著名刊物《科学美国人》《科学新闻》《美国材料协会新闻》、美国低温工程协会刊物《Cold Facts》等相继采访和报道了这一重大的科技事件。

理论计算表明，GdSiGe 系合金经纳米化后，其磁热效应在一定条件下将获取最大值：即分别存在最佳耦合、最佳微晶磁矩、最佳磁熵变－磁场比及最佳微晶尺度，并且能够拓宽磁致冷工质本身的工作温度跨度。

基于此，涂铭旌率领的科研团队紧紧追随科研前沿的发展，针对 GdSiGe 系室温磁致冷材料和实用化的磁制冷样机的关键技术进行攻关研究。

在四川省计委、四川省科委室温磁制冷样机和磁致冷材料重点科技攻关项目的资助下，经过近两年的研究，涂铭旌团队在磁致冷工质方面，用国产的纯金属 Gd 为原料，已基本上在晶体结构、磁－晶体结构相变、磁热性能等方面重现了美国能源部 Ames 实验室的 Gschneidner 和 Pecharsky 两位教授研究发现的巨磁热效应的 GdSiGe 系合金的实验结果，另外在元素替代、居里点的调整以及采用商品级 Gd 原料大幅降低成本等创新性方面也取得了较大进展。这些研究，使得企业能够采用 NdFeB 永磁体替代结构复杂、成本昂贵的超导磁体，大大降低了磁制冷机的成本，也使得磁制冷技术真正由实验室进入企业、最终进入千万百姓家成为一种可能。

由于涂铭旌及其科研团队在室温磁致冷材料研究方面取得的突出成绩，该研究成果被评为 2002 年中国稀土十大科技新闻之一。其自主开发的 Gd 系四元室温磁致冷材料也通过省级鉴定，并申报了发明专利，从而取得了从跟踪到跨越性的研究进展。

---

① 涂铭旌，陈远富：室温磁致冷材料的研究进展。《机械工程材料》，2001，25（4）：1-3。

第五章
服务地方与办学模式新探索

心中两夙愿

涂铭旌有两个心愿一直萦绕在心头。第一个是知识回报家乡之愿。这是他从当初离家奔赴沪上就已萌生的信念，可以说，穷毕生所学回报家乡，是涂铭旌六十多年来的一个夙愿。而到了晚年，发挥余热，回报家乡的愿望愈发强烈，特别是罹患癌症后，愈是感到分秒必争，只争朝夕。他在访谈中谈道：

> 我也没有逐鹿中原、称霸一方之志。现在不是报纸上批评嘛，我们有的院士是学霸、学阀，是吧？我没有这种。我只有精忠科教报国之心，岳飞（是）精忠报国，我现在是只有精忠科教报国之心，只有回故乡报恩之愿。回四川，是回到故乡。别人是做大事，我呢，想做点小事，做一点实事。就是说，根据我的情况，我在四川，围绕着四川或者是重庆，做区域经济发展当中的一些具体问题。所以，从我来

讲，应该说，虽然老了，但是我的确是希望分秒必争，因为人的这个生命是有限的，怎么把有限的余生做有限的目标，尽量作为。所以，从我来讲是分秒必争，只争朝夕。怎么去分秒必争，怎么去发挥我的余热？我曾经记得这个屈原《离骚》有那么一句话说“路漫漫其修远兮，吾将上下而求索”。这句话对我来讲，有很大的指教[①]。

第二个心愿是探索新办学模式之愿。涂铭旌谈到，他晚年时刻在问天、问地，问中国何时何法才能从制造大国变为制造强国？也时常思索钱学森之问：“为什么我们的学校总是培养不出杰出人才？”所以他一直想推动两个办学模式的探索：特色鲜明的材料应用研究所模式；优秀材料工程师培养模式。

材料应用研究所模式的探索，主要是针对当前高校研究所的通病，即“四重四轻”：重理论轻实践；重科学轻工程；重论文（研究）轻应用；重专利轻转化。涂铭旌和很多科学家都认为当前我们国家科技成果的转化和运用方面做得非常差，科技成果的浪费非常大，很多高校、科研机构的科研人员，工作重心都是发表论文、申请专利，却甚少有人真正在意和重视科研成果的转化。即便是涂铭旌自己，搞了一辈子研究，成果很丰富，但也有很多没有能够应用于产业，发挥科研的实际价值，所以他就想到在有生之年，能不能在科技成果转化这个方面再做一些推动，再尽一点奉献。而他想探索的材料应用研究所的办学模式，是要以“扎根地方，服务地方，面向全国”为理念，大力开展应用研究，实行成果四化（产品化、商品化、示范产业化、规模化），推动“政、产、学、研、资”五方结合、协同创新；全心全意服务区域经济发展，努力成为地方技术库和智慧库；建设交叉学科协同创新中心，构建大科学、大工程、大联合、大竞争的格局。

探索并实践优秀材料工程师的培养模式，也主要是针对现在研究生培养模式存在的弊端，即工学博士不“工”；材料专业学生愿意当白领、不

① 涂铭旌访谈，2014 年 3 月 24 日，成都。资料存于采集工程数据库。

愿下厂当蓝领；工程实践边缘化，形同虚设。他认为“马栏难驯千里马，温室难栽万年松”，学生不扎根企业，缺乏工程锻炼是无法成为优秀工程师的。他觉得应该根据“制造强国”的人才素质需要，根据从中国制造向中国智造转变的人才需要，培养具有四个工程能力——工程实践能力（特别是工程应变能力）、工程设计及实验的能力、工程创造能力、管理及竞争能力——的优秀人才。

在这两个心愿的驱使下，涂铭旌不遗余力地为四川、重庆地方产业发展献计献策，也更加致力于推动材料学科领域交流与合作，在耄耋之年还决定支援重庆文理学院发展材料学科，并开展办学模式的新探索。

服务地方产业发展

对于四川地方经济社会发展和地方材料工业建设，涂铭旌始终抱着回报社会、回报乡里的真挚感情。调至成都科技大学（四川大学前身之一）后，已是六十岁高龄的涂铭旌终于有机会能更好地关注家乡的产业发展，他先后提出了三十余项关于四川科技发展的对策建议，连续担任了几届四川省科技顾问团顾问。

1992 年，刚回四川没几年的涂铭旌就向四川省政府提出了科技兴川的建议，指出科技兴省必须立法；并就推动和发展四川高新技术产业提出了一些具体建议[①]。

考虑到四川的资源优势是攀西地区储藏有丰富的钒钛资源和凉山地区蕴含大量稀土资源，涂铭旌经过深思熟虑，向四川省有关部门提出了关于“依托优势资源，发展四川稀土产业”的建议十余项。如 2000 年，涂铭旌向四川省相关部门提出了“关于大力发展四川稀土产业的建议”[②]，重点阐明了四川发展稀土产业的必要性、基本思路以及路径选择问题。呼吁四川

① 涂铭旌：对四川科技兴川的建议，1992 年。资料存于采集工程数据库。

② 涂铭旌：关于大力发展四川稀土产业的建议，2000 年。存地同上。

省通过深入利用攀西地区稀土资源，加大科研力度，使资源优势转化为经济优势。此后几年，他又多次提出关于四川发展稀土产业的建议。四川省发改委、科技厅等部门采纳了这些建议，随后设立了稀土材料重大专项资金，同意四川大学设立四川省稀土材料及应用工程研究中心，大力支持在四川省内建立形成稀土永磁材料及器件的产业链。

涂铭旌还提出了关于发展纳米技术及纳米材料研究的建议多项，如2000年7月涂铭旌针对当时四川省纳米材料应用及产业化中存在的开发应用和工程化不足、资金短缺、创新不够等问题，写就“二十一世纪的新材料：纳米材料的研究、开发与应用的设想”一文，提出了实施四川纳米材料应用及产业化的建议[①]。同年12月，涂铭旌向四川省有关领导递交了“关于四川制定纳米稀土发展规划的建议”[②]，得到了省委省政府的高度重视，时任四川省省长的张中伟、四川省委副书记的席义方等领导均做了重要批示。

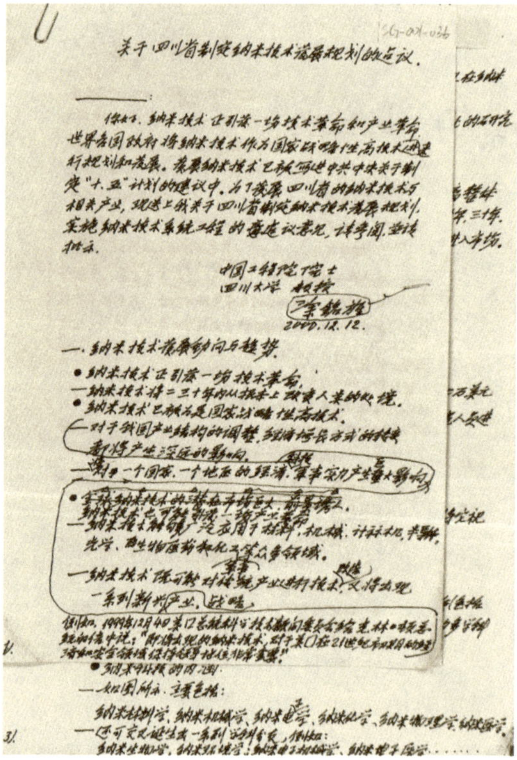
关于四川省制定纳米技术发展规划的建议。

______：

你好。纳米技术正引发一场技术革命和产业革命，世界各国政府将纳米技术作为国家战略性高技术进行规划和发展。发展纳米技术已被写进中共中央关于制定“十五”计划的建议中。为了发展四川省的纳米技术与相关产业，现送上我关于四川省制定纳米技术发展规划，实施纳米技术系统工程的建议意见，请参阅，并请批示。

中国工程院院士
四川大学　教授
涂铭旌
2000.12.12.

一、纳米技术发展动向与趋势。
• 纳米技术正引发一场技术革命。
—纳米技术将二三十年内从根本上改变人类的生活。
• 纳米技术已被列为是国家战略性高技术。

图5-1　涂铭旌“关于四川省制定纳米稀土发展规划的建议”手稿

这些良策，推动了四川省纳米技术协会在国内的率先成立，涂铭旌也被推选为首任名誉理事长；四川省政府拨出专款用作纳米材料重大专项基金，同意并支持四川大学设立四川省纳米科技应用工程技术研究中心。

① 涂铭旌：二十一世纪的新材料：纳米材料的研究、开发与应用的设想，2000年。资料存于采集工程数据库。

② 涂铭旌：关于四川制定纳米稀土发展规划的建议，2000年。存地同上。

在发展四川新材料产业方面，涂铭旌也提出了不少“好点子”。如：2003 年 2 月，他的“依托资源优势发展新材料产业打造四川新经济”一文被时任四川省副省长的柯尊平主持的“发展四川新材料产业”规划所采纳。

涂铭旌为四川省材料产业尽心尽力、献计献策的事例不胜枚举。在他的记忆中印象深刻且较有成效的一件案例，是他为钒钛产业最终发展成为四川省重点建设科技项目所做的努力。

四川攀枝花市被誉为“富甲天下的聚宝盆”，那里有着丰富的钒钛磁铁矿，其储量排名世界第一，但由于缺乏来自政府的有力支持，开发利用度始终较低。涂铭旌看在眼里，急在心里。他很早就提出，要因地制宜地发展四川，依托地区资源优势，实施“反梯度”推进战略，把西部的优势产品推广到中东部地区，促进攀西钒钛资源深度开发。但怎样让四川省各级领导知晓钒钛资源开发的重要性和必要性呢？涂铭旌动了一番脑筋。

2005 年春节前夕，涂铭旌得知四川省主要领导可能会参加在金牛宾馆举行的院士团拜会。于是，他早早将名为“深度开发攀西钒钛资源，打造钢铁、钒钛产业“航母”的思考和建议”的建议书放在了大衣口袋里。团拜会上，时任四川省省长的张中伟到涂铭旌就坐的桌子敬酒，涂铭旌在回敬的过程中，乘机向省长提了开发攀西钒钛资源的建议，并顺利将口袋里的建议书递交给了省长。没过几天，建议书便得到了张中伟省长的批示。得到省政府领导支持的涂铭旌再接再厉，立即找来四川省有色金属协会会长等领导和专家一起召开讨论会，并最终使发展钒钛产业的建议获得了四川省技改委、发改委、科技委和科技厅的一致同意。

涂铭旌深知，仅是四川省重视钒钛产业还不够，将钒钛产业规划列入国家“十一五”规划，才能进一步推动四川稀土产业的发展。为此，他起草了一封建议书，并联系中国工程院的 12 名院士联合署名，请求国家支持西部大开发。怎样将这封建议书交给国家科技部又成为摆在涂铭旌面前的一道难题。当时在北京，金属材料学术界的泰斗要属师昌绪老先生了，师昌绪老先生是涂铭旌的前辈，涂铭旌对他一直很尊敬。为了推动四川钒钛产业的发展，涂铭旌冒昧前往师昌绪老先生的办公室，讲明了原委。师老先生听后，毫不犹豫地答应了，并立即写了一封对此项目十分重要的推选函。拿到推选函后，涂铭旌和攀枝花市的时任市委书记赵爱民一起前往国家科技部。由赵爱民做陈述、涂铭旌补充，最终使该建议成为国家西部大开发战略里一个支撑计划，并获得了四川省的“十一五”立项经费支持。接着，涂铭旌将重庆大学、东北大学、东北工学院等高校的专家教授组织起来，共同研究讨论四川钒钛产业的未来发展，逐步形成了全国上下联合支持四川钒钛产业发展的良好态势。

付出艰辛努力后，四川钒钛产业发展的事情终于走上了正轨。然而，就在这个时候，涂铭旌却退出了相关研究项目。他没有以发起人或者主研人员的身份继续参加相关研究，钒钛开发项目组没有写他的名字。在涂铭旌看来，长江后浪推前浪，自己已经做了应该做的事情，起到了应该起的作用，这就够了；以自己的年龄和身体状况，可以放心地将相关项目研究交给年轻人来做，往自己的院士荣誉上锦上添花的事情，就大可不必再做了。

在故乡热土上，涂铭旌为四川稀土产业发展、纳米技术和纳米材料研究、攀西钒钛资源深度开发等领域做出了有目共睹的贡献，同时，涂铭旌对重庆地方材料产业发展也非常关注。

2008 年，在受聘为重庆文理学院特聘教授后，为明确学科建设的方向，探索学科建设、科研项目与重庆地方经济发展相结合模式，涂铭旌率领团队跋山涉水，多次深入永川、大足、垫江、城口、巫溪等地调研并指导产业升级发展。他想弄清楚企业需要什么技术、出现了什么短板，所以他跑遍了很多企业，以至于当时的永川区长对区发改委等部门的负责人说道，你们管工业的，对永川的企业情况，谁也没有涂铭旌清楚。

2009 年，涂铭旌整整花了大半年的时间，调研分析了重庆的汽摩、信息 IT 等支柱产业。他总结出，重庆的 GDP 这几年是上去了，但很多产品的科技含量不是很高，对支柱产业的核心板块及前沿技术的发展重视不够。考察后，涂铭旌决定把“政、产、学、研、资”的办学思路和光电产业结合，进一步整合高校、科研机构和光电企业的优势资源，深度开展协同创新。

2011 年，光电产业被重庆市“十二五”规划确定为重点产业。2012 年 9 月，涂铭旌和重庆文理学院向重庆市委、市政府提出了“应重视光电前沿技术和光电产业的发展，尽快组建微纳米光电材料及器件协同创新战略总部，推动电子信息产业转型升级”的决策建议，得到了重庆市主要领导的批示。其后，市发改委、市科委、市教委等职能部门和多家企事业单位联合召开了会议，对此建议进行了专题研究。2013 年 5 月 22 日，由重庆文理学院、重庆科技学院、重庆圆一照明科技有限公司、重庆三弓科技发展有限公司以及重庆市民营企业家联合会等 11 家单位共同发起的重庆光电产业技术协同创新战略联盟成立，联盟旨在整合各方面的优势资源，提升多方协同创新能力，开展光电产业技术协同创新研究，降低 LED 灯生产成本，打造重庆光电产业链。涂铭旌作为该联盟的发起人之一，认为“联盟”的性质是技术性“联盟”而非产业性“联盟”，它具有促进成员单位资源互补、共同研讨科技竞争谋略、联合开展 LED 产业科技攻关、培养优秀光电产业工程师等基本功能。这种由学校牵头，企业与科研院所参与的非盈利组织，是一种机制上的创新，也是“政、产、学、研、资”合作的一种有益尝试。

推动材料学科领域交流与合作

科学研究需要合作与交流，一味闭门造车、埋头赶路只会大大拖延科研进程。涂铭旌利用自己多年积累的经验和在学界的威望，不仅帮助学生后辈搭建合作平台，也积极为他们创造“走出去”的机会，极力推动学术合作与交流。只要是年轻人有需要，涂铭旌都会克服身体上的不适，去帮他们“吆喝”“争取”[①]。在他看来，学科未来的建设与发展都属于年轻人，自己能够做的，就是尽力地将他们扶上马、送一程。

① 涂铭旌访谈，2014 年 4 月 24 日，永川。资料存于采集工程数据库。

除此之外，作为材料学的知名专家，涂铭旌经常会收到一些材料学领域相关单位和机构的邀请或聘请，希望他担任一些相关的职务。虽然受到健康状况的限制，但涂铭旌还是有侧重地承担了一定的社会兼职，并在这些工作中，继续发光发热，为推动科研合作与交流尽一份力量。

涂铭旌曾担任过的社会职务包括：第一届全国金属材料及热处理专业教学指导委员会委员，中国机械工程学会第五届常务理事，国家自然科学基金会第一、三、四届材料科学评审组成员，国务院学位委员会第二、三、四届“冶金与材料”“材料科学与工程”学科评议组成员，西安交通大学金属材料及强度国家重点实验室及上海交通大学金属基复合材料重点实验室学术委员会副主任委员等。

回到四川后，涂铭旌又担任了四川省机械工程协会名誉理事长，四川省纳米技术协会名誉理事长，成都市机械工程学会理事长，《材料热处理学报》《中国有色金属学报》《建筑材料学报》《金属热处理》《功能材料》《中国表面工程》《机械工程材料》等杂志编委或顾问，兼任山东工业大学、太原理工大学、西南交通大学、华侨大学等校名誉教授以及西安交通大学、同济大学、吉林大学、西南科技大学、河南科技大学等校兼职教授。

对于众多社会兼职，涂铭旌有着自己独到的看法。他把众多兼职分为三类。

第一类是硬指标的兼职，这类兼职要靠诚心、小心努力，认认真真地完成。比如，涂铭旌做过几届国家自然科学基金的评审。作为评审，不仅每年要评基金申请，更重要的是要参加国家三大奖（国家自然科学奖、国家技术发明奖和国家科技进步奖）的评审工作。在 20 世纪 80 年代，国家三大奖的评审任务非常繁重。涂铭旌每次都要审阅几大摞评审材料，五天的时间看完并甄别这些材料并不是一件容易的事，涂铭旌总是加班加点、夜以继日地工作。而他最怕的不是繁重的工作量，怕的是误评误判，因为他深知，误判之后的科技申报项目要想再找回来犹如大海捞针，如果由于自己的一点疏忽或者草率，很可能埋没了一项极为重要的科研成果，这将会带来不可估量的损失。面对每一次评审任务，涂铭旌总是倍加谨慎。

在硬指标类职务中，涂铭旌觉得最需要耗费时间和精力的社会职务是国务院学务委员会学科评议组的工作。这个兼职工作量大，责任也大。在20世纪80年代，全国所有的硕士点博士点评审以及所有的博士生导师和硕士生导师评审都要拿到评议组评议。当时刚刚恢复学位制，经验缺乏，集中评审可以有效防止关系链现象。但这也带来一个问题，那就是国务院学务委员会学科评议组专家们的工作量十分庞大。

图5-2　20世纪90年代国务院学位委员会材料科学与工程评议组华中工学院评审会留影（左涂铭旌，中王启东）

除此之外，涂铭旌还要面对“面子”的问题。因为涂铭旌几乎认识全国材料领域的所有同行专家，所以在项目评审时总也绕不过“熟人”。但评议工作事项重大，涉及机密，涂铭旌必须妥善处理，对于同行的询问，不能随意表态，不能告知哪里好哪里不好，更不能有所偏倚。在评审中，涂铭旌总是坚持一视同仁地考虑评审对象，兼顾各个学校的学科发展、地方院校的发展、硕士点的建设等方面的情况。因为博导、硕导、博士点、硕士点都有严格的名额限制，所以涂铭旌与其他评审专家有时还必须从国家整体利益的角度出发完成评审工作。涂铭旌至今还清晰记得，从20世纪80年代初期到90年代中期，评审小组对评审工作的极端严肃态度。大家为了一个博士或是一个博导名额的选择，总是争得面红耳赤。遇到材料不清晰的情况，涂铭旌以及评审组的专家们甚至会在凌晨两三点钟给教育部打电话，要求教育部向相关学校核实有关情况。虽然这份兼职工作十分辛苦，但涂铭旌仍然非常认真负责并且乐在其中，他认为通过这项工作，自己能够较为全面地了解全国材料领域的发展状况，尤其是对参评的学校，有什么优秀的成果、优秀的人才，有什么好的办学办法，自己都能够了然在胸。这样全面地收集不仅对于自己在无形中起到了学习借鉴的效果，也让他在指导学生开展科研工作时，能够更好地帮助学生与各个单位有的放矢地开展项目合作。

第二类社会兼职是学会负责人，或者国家重点实验室学术委员会的附属委员。对于这一类社会兼职，涂铭旌一直认为自己应该起到承前启后，敲边鼓、推新人的作用。涂铭旌虽然在四川担任了好几个学术团体的名誉理事长，但平时他都很少干涉学会委员会的发展和决策，而是放手让这些组织去干去闯。只有遇到重大事情需要开会研究议定时，涂铭旌才会亲自参与，并在开会前与秘书长充分沟通。

涂铭旌曾在成都机械工程学会担任了十年的理事长。他认为帮助学会年轻人成长成才，为学会年轻人的发展创造条件是自己义不容辞的责任。因此，涂铭旌总是鼓励年轻人多参加学会工作，同时自己主动腾出位置，让年轻人从一般的学部委员一步步升上去，从事关键组织工作。他总是强调，未来属于年轻人，自己这样的“老人”帮助好学科发展就好，没有必要再去争那些虚名。

涂铭旌界定的第三类社会兼职，是期刊杂志的编辑及顾问工作。涂铭旌谦虚地认为，他的主要作用是通过自己在材料领域的一点点小小的“知名度”帮助杂志扩大影响，壮大发展。因此，他也很少直接参与期刊杂志的日常编辑工作，而是在协调合作、互通有无的方面尽力。有些杂志在周年庆时，会希望涂铭旌为杂志写点东西或者题下词，为人低调的涂铭旌其实很不愿意做这种应景的文章，但是为了不让别人觉得自己摆架子，又不得不勉强为之。

图 5-3　2010 年 1 月涂铭旌在成都市机械工程学会理事扩大会暨新春联谊会上致辞

有一次，《金属热处理杂志》希望涂铭旌为其杂志五十周年庆题词。涂铭旌认为自己在全国高热处理领域只能算是一个普通老同志，因此便谦虚地写上两行内容：“学会五十载，同堂几代人。”谁知主编拿到后马上给涂铭旌打电话，说其他的专家都写的很正式，比如再创辉煌等，希望涂铭旌能够以“名家”的口吻对杂志寄语。但涂铭旌自认为写得很中肯，因为自己作为材料领域的一个过来人，有老师、同事，还有学生，算下来都是好几代人，而一个学科的发展是需要几代人共同传承的。涂铭旌真心认为，杂志办得好不好，传承很重要。

还有一次，全国材料领域一个热喷涂杂志的秘书长亲自登门拜访涂铭旌，希望涂铭旌做一个会议主题发言。涂铭旌认为自己没有做过热喷涂的研究，不应该做发言，但是会议是由西安交通大学承办，负责人又是他的博士生，他感觉不太好推辞，考虑到盛情难却，再加上可以借此了解一些情况，涂铭旌最终还是答应了。最后，涂铭旌写了一个“热喷涂材料发展的辩证思维”的主题发言稿，借用《周易》“知柔知刚，知微知彰”这八个字，论述了技术为何会发展到现在这个程度，为什么还有待进一步发展，研究者们要怎样去预测和研究技术。整场演讲进行了大约半小时，引起了与会者的热烈反响。

在涂铭旌看来，社会兼职的多少，是一种责任担当。主编就是主编，顾问就是顾问，做好自己该做的事。由于时间和精力的限制，涂铭旌不可能对每一本杂志都认真做出分析和解说，但他对每一本寄给自己的杂志，都会认真浏览一遍。涂铭旌认为，这既是对自己从事的兼职社会工作的担当，也是自己跟上时代步伐、了解当代材料科技发展现状、研究趋向的方式，同时更是收集信息、帮助推动科研合作与交流的一个途径。

支援重庆文理学院

2008 年 11 月，已是八十高龄的涂铭旌又一次做出了一个令外人看来十分惊讶和不解的选择——受聘为重庆文理学院特聘教授、学校发展战略顾问，在继续四川大学相关工作的同时，开始实质性地在重庆文理学院兼职工作。

重庆文理学院是一所年轻的本科院校，坐落在重庆市永川区，其前身为重庆师范高等专科学校和渝州教育学院，分别创办于 1976 年和 1972 年；2001 年 5 月两校合并组建为渝西学院；2005 年 4 月，学校更名为重庆文理学院。

让人困惑的决定

作为一位在西安交通大学和四川大学等一流重点大学工作多年，成绩斐然的院士，已到耄耋之年，本该在家颐养天年，为什么选择到永川这样一个西部的小城市，到一所“升本”不到十年、名不见经传的学院工作？很多关心涂铭旌的人都感到难以理解。其实这是他基于自己的两个未了心愿做出的重要决定。

涂铭旌是四川巴县人（今重庆市九龙坡区），1988 年，正是基于回报故乡的心愿，他选择从西安交通大学回到成都科技大学（四川大学前身之一）工作。经过 20 年的努力，他推动四川大学材料学科取得了巨大的发展，为地方产业发展做出了卓越贡献。然而，1997 年重庆市从四川省分出去成为直辖市，他觉得自己身在成都，对重庆这个家乡所做的事情还不够多，回报家乡的心愿未完全了结。

巧的是涂铭旌的夫人唐昭莼女士是重庆永川人，他们夫妻俩都想为重庆多做些事情。一个十分偶然的机会翩然而至。2008 年他和夫人到永川去探亲，而当地重庆文理学院一位退休校领导的弟弟正好与涂铭旌在四川大学同一个实验室工作，通过这么一个渠道，重庆文理学院听说涂铭旌回到永川，就借机邀请他到学院考察并做学术报告。这次，涂铭旌在永川逗留了两个星期，先是给学生、老师做报告，之后又走访了一些二级学院、部门，了解学校的情况。考察结束后，负责接待工作的重庆文理学院科研处处长张进代表学院提出想聘请涂铭旌担任兼职教授。

其实，涂铭旌在考察文理学院后，对学院印象不错，而学院提出聘任他为兼职教授也许正是一个回报重庆的契机，于是爽快地接受了聘请。

离开生活条件优裕的成都和学术科研环境成熟的四川大学到小城市永

川，一切又是从零开始，要摸着石头过河。此时的重庆文理学院连材料学科都没有，更别说材料专业和相关研究所了，对此涂铭旌也做好了心理准备，他觉得苦也好、累也罢，人生一辈子都是苦出来的。所以苦点没关系，只要能利用余生为家乡再做点有益的贡献就值了。

事实上，涂铭旌也希望有一个地方探索新的办学模式。他设想的新办学模式需要大学在办学理念、办学模式等方面进行大的改革，但在一些历史悠久的老院校里，专业和学科已经根深蒂固、盘根错节、各自为政，办学转型较为困难，所以他一直希望有一个地方能自由地按他的办学设想进行一些探索。他觉得在重庆文理学院这个缺乏基础的小学校，也许可以提供一个开展探索的试验田。

涂铭旌的这两个心愿与当时正谋求发展转型的重庆文理学院达到了高度的契合。重庆文理学院的前身重庆师范高等专科学校和渝州教育学院，本来是以师范教育为主的专科院校。2001 年两校合并组建了渝西学院，从专科升成了本科，之后一直就在思考如何办好本科教育。在 2007 年左右，学院经历本科教学评估，领导层更加感觉到如果再走师范教育这条老路，行不通了。在当时的重庆师范类高校中，已有西南师范大学、重庆师范大学、长江师范学院、重庆教育学院等老牌院校，还有三峡学院也在招收师范专业，已经相当饱和了。如果简单“克隆”老牌本科院校的发展路子，重庆文理学院并无竞争优势，难以有大的飞跃。学院就考虑从学科建设、专业规划、人才培养等方面着手思考办学定位的全面转型问题。怎么转？作为年轻的本科院校，学院不可能像一流大学那样定位为研究型大学，培养研究型人才，可行的方向是培养应用型人才；学科方面也要从单一的师范专业向文科、理科发展，并探索发展工科专业。为此，学院在 2008 年聘请了二十多位各个领域的著名专家、学者、企业家等担任学校发展战略顾问，例如时任北京师范大学校长钟秉林、中国著名民俗学家乌丙安、世界著名矿物学和地质学家何知礼等。也是在这样的背景下，重庆文理学院聘请涂铭旌担任兼职教授、学校发展战略顾问。学院最初的设想，只是希望涂铭旌作为顾问，每年来学校几次，做一些宏观的指导，压根就没有奢望其实质性地到校工作，毕竟院士到这样的小学校工作在国内是极为罕见的。在涂铭旌提出要实实在在地做些工作之后，学院喜出望外，意识到这是一个难得的良机，毕竟引进一位院士来工作，对学院的声誉和影响力的提升都是难以估量的。从宏观上来说，对学校转型发展必然能提供极具价值的指引；从微观来说，涂铭旌是材料专家，文理学院当时本身有化学、物理等基础学科，如果在这个基础上借助其指导建立和发展材料学科是完全可行的。加之此前，时任文理学院教学副校长的兰刚去攀枝花学院调研时，看到攀枝花学院的材料学院发展良好，已经有朦胧的想法，也想发展材料学科。但囿于人才等原因，困难不小，这一构想一直没能启动，现在有搞材料的大专家愿意来工作，可以说是恰逢其时，这样双方就找到了更具体的契合点。

对涂铭旌来说，他报效家乡的心愿不能停留在口头上，必须找一个平台和支撑点来实现。虽然文理学院转型发展的需要与他的家乡情结和发挥余热的愿望比较契合，但重庆有很多比重庆文理学院更知名、条件更好的大学，为什么他没有去呢？实际上得知他有回重庆的想法的时候，重庆大学领导班子也曾邀请过他，但是当时他考虑重庆大学这样的重点大学并不特别缺乏人才，到重庆文理学院这样力量薄弱的学校给予支持更有意义。特别是通过一段时间的了解，他觉得重庆文理学院这个学校虽然小、基础差、底子薄，但是作为一所年轻的本科学校，在固有观念、模式方面掣肘也比较少，在办学理念、办学精神、办学模式、办学效率等方面都相对容易创新，学校领导班子又确实很期盼推动学校转型发展，也全心全意欢迎、支持他来校工作，能给予充分的自由，让他可以遵循自己的思维去创办一个材料研究所，按照自己的理念去培养优秀的材料科学人才。于是在考察一段时间后，他决定就选在这儿。

做实事的顾问

涂铭旌一生有三次创业，第一次创业是在西安交通大学，花了三十年时间，参与了第一批国家重点实验室的筹备和建立；第二次创业时他刚好60岁，从西安交通大学调到四川大学，与同事、学生们自力更生创建了

“四川大学稀土及纳米材料研究所”；而在 2008 年，他刚好 80 岁，在接受重庆文理学院聘任他做兼职教授、发展战略顾问的那一刻起，就开始了人生第三次创业。

重庆文理学院考虑到涂铭旌年龄较大，给他配备了秘书、助手，没有具体规定他的工作时间，也没有想过让他承担具体科研和教学等工作，明确只希望他作为“总策划师”指导工作就可以了，但涂铭旌心中并不这么想，他从接受重庆文理学院聘请的那一刻起，就下定决心要实实在在做一些工作，探索一些设想。到文理学院后，他敬业的精神、负责的态度很快就感染了学院的领导和老师。

据时任重庆文理学院科研处处长的张进回忆，2008 年学校提出要加强学科建设，他找了九个二级学院，叫他们申请校级重点学科建设项目，之后就跟刚受聘为发展战略顾问的涂铭旌报告了这个事情，希望请他看一看，提些意见。张进在 2009 年春节前把各个项目的资料一起发给了涂铭旌，到了四月份的时候，他就带着九个二级学院的负责人一起到涂铭旌的家里听取意见。本来以为涂铭旌只会谈一些宏观的指导意见，没想到他是一个项目接一个项目地谈起，每个项目一谈就是半个小时，而且在跟这些学科负责人的对话中，他对每个学院、每个学科哪些老师在做什么，优势差距在哪儿，今后的努力方向，二级学院怎么做才有发展前途都谈得非常细致深入。这让张进感到非常意外和感动，回去之后他颇有感触地对这些二级学院的负责人说道，你们在这里工作这么多年了，很多情况都还没有涂铭旌摸得清楚。涂铭旌要看九个学院的材料，每份材料都有上百页，他要跟九个学院的院长讨论学科建设现状，对每个学科都做出了中肯点评，81 岁高龄且工作又异常繁忙的院士面对如此巨大的工作量，辛劳可想而知。后来张进才了解到，涂铭旌连续两个月天天都在看材料，而且都是亲笔写建议。通过类似这样的一系列事情，涂铭旌严谨的治学精神和敬业的工作态度给文理学院领导和老师们留下了深刻的印象。

从刚受聘开始，重庆文理学院的师生们眼里的涂铭旌就是一位辛勤工作、默默奉献的老科学家，不仅放弃了所有的节假日，还要同时兼顾四川大学的工作。即使人在重庆，心里却惦挂着四川，他一直强调，自己从身份上始终是四川大学的教授，在重庆文理学院只是兼职。虽然现在四川大学的材料学科发展越来越好，已经处于国内前列，主要的工作都放心交给年轻同志去做，自己的主要的精力可以放在重庆文理学院，但是只要四川大学有任何需要，他都会义不容辞地赶回学校，学校的重要活动像开学典礼、毕业典礼、重要会议、材料学院的一些重大工作他从未缺席。八十多岁的老人经常拖着疲惫的身躯坐动车奔波于成渝两地，其不畏艰苦、不辞辛劳的奉献之心令人动容。

涂铭旌的精神深深感动了重庆文理学院全体院领导，学校提出了“举全校之力，支持涂铭旌和他的团队”的口号，从经费、人员、政策等各方面给予了他最大的支持。2011 年 11 月 5 日，在四川大学为涂铭旌举办执教六十周年庆典之后，重庆文理学院也举办了涂铭旌院士从教六十周年暨学术研讨会，时任重庆副市长吴刚、市政府副秘书长涂经平、市教委主任周旭和中国工程院院士李鹤林等出席，与会者共同祝贺涂铭旌在科学研究、人才培养等方面取得的累累硕果，感谢其执教六十载，为国家科学研究、教育事业以及重庆文理学院和家乡建设发展所做出的重要贡献，祝愿他学术之树常青、生命之树常青。这次会上，重庆文理学院聘请涂铭旌担任名誉校长。

“举全校之力，支持涂铭旌和他的团队”绝非一句空话。重庆文理学院规划了专门的场地供涂铭旌使用，从一层发展到三层楼，还在不断扩大面积，学校还每年从有限的科研经费中拨付 500 万元专项经费，特事特办支持他从各一流高校引进优秀人才。为了减少掣肘，学院还特别决定涂铭旌团队的经费预算相对独立、管理制度相对独立、人事考核和配备相对独立、运行管理评价相对独立。通过这样几个“相对独立”尽最大努力给他松绑，让他可以放心大胆地放手去干。学院每个学期的院长办公会都定在涂铭旌的办公室召开，全部九个校领导以及相关部门如校办、财务处、基建处、教务处、科研处、总务处负责人都要参加，过去看看老先生的团队，有什么需要，学校立即现场解决。此外，书记、院长和领导班子成员都会定期或不定期地听取涂铭旌的意见，听完以后必定迅速处理，对他提的问题的决策不会超出一周，决策后立刻落实，不会超出一个月。

2012年，为了更好地支持涂铭旌工作，学院班子经过慎重讨论，做出了一个异乎寻常的决定：安排院党委副书记刘灿国放下原本分管的学生工作、招生就业等一切工作，全权代表学校党委行政，竭力做好涂铭旌及其团队的保障服务。一个副书记做“大内总管”，总理涂铭旌团队的一切行政事务和内外联系，放在其他学校确实不可想象。此外，学院还安排分管财务的副院长张进担任涂铭旌的副手，张进是搞材料化学出身，在他的帮助下，涂铭旌在工作中实施战略决策就很顺当。

重庆文理学院领导共全校之识、集全校之智、举全校之力支持其办学设想，涂铭旌对此也非常感动，他也是把大部分的精力都投入学院作为回馈。学院虽然提出尽全校之力来支持涂铭旌的团队，但是学校毕竟较小，基础条件差，在经费、高层次人才、外部发展环境等方面都有所制约，因此尽管涂铭旌团队得到了最大的支持，实际上很多工作的推动还是很困难，于是涂铭旌就充分利用个人资源，发掘他的学生、朋友以及他以前合作过的单位等有效资源和优势。刘灿国对此深有感触，他看到涂铭旌为了推动学院发展，为了课题、为了项目，甚至有时候为了几万元钱的经费支持，亲自出面，完全放下了院士的身段，放下了他已经八十几岁高龄老人的尊严。重庆的有些会议，他本来可以不用参加，但是只要时间允许，他都到场，为什么呢？就是想抓好参会遇到一些领导、碰到一些部门的负责同志的机会，借机跟他们沟通交流，尽可能争取他们的理解和支持。

涂铭旌甚至举全家之力来支持学院发展。在他的带动下，他的家人几乎都参与了重庆文理学院的发展工作。夫人唐昭莼女士全力支持，儿子涂波担任了学院的发展战略顾问。涂波是招商局科技集团有限公司总经理，他利用自己的资源经常为学院的科技孵化等工作牵线搭桥，涂铭旌的儿媳、涂波的夫人高慧俐，是四川大学金属材料专业研究生毕业，现担任专业从事新材料及其相关应用产品的研发与生产的高科技企业——深圳市铭晶科技有限公司的总经理，作为材料领域的专家和企业家，也经常抽空到文理学院帮助父亲，对新材料交叉学科研究中心的统筹策划做了很多工作。他在浙江大学工作的大女儿涂红和女婿，在美国休斯敦工作的小女儿涂强和王鲁也都以不同形式参与了其在重庆文理学院的工作。

涂铭旌在重庆文理学院做了大量卓有成效的工作，作为学校发展战略顾问，在充分调研的基础上，向学校提出了一系列发展建议，已被学校采纳并实施的主要有：成立重庆文理学院材料交叉学科研究中心；根据重庆市社会经济发展需求，申报并获批高分子材料与工程、金属材料与工程两个本科专业，并组建了材料学院。更重要的是，他帮助学院确定了更加准确的办学定位。学院最早提的办学定位是地方性综合性多科性大学，在制定“十二五”发展道路的时候，涂铭旌就提出新建地方本科院校，目标和发展定位一旦不准，便会走很多弯路，不能跟成熟本科院校一样，去搞精英教育、培养研究型人才，要走特色发展道路，建设应用型学科，搞应用型研究，培养应用型人才。他提出要建特色应用型大学，扎根永川、面向重庆，服务全国，不但要在这里生根，还要开花、结果。这个定位，比文理学院原来的定位看得要更高远，从长远发展来看，是对文理学院的一个重要贡献。自从定位清晰之后，近几年学院发展势头良好、社会声誉不断提高、社会影响力日益增强。

耄耋之年的新创业

涂铭旌初到重庆文理学院的时候，他的第一个想法就是建立一个新材料中心应用研究实验室。2009 年 9 月，涂铭旌向学院提出了建设新材料交叉学科集群，并建立新材料中心应用研究实验室的构想。学院在材料学科方面完全是空白，从场所到人员一无所有，完全是从头开始。涂铭旌坚定信念跟学院领导提议：“你给我 400 平方米，给我点钱买设备，再给几个人，我试试看，能不能行。”于是重庆文理学院就在当时的实训楼腾出了几间屋，人员就是时任科研处长张进、涂铭旌的秘书雷宇、教师韩涛，加涂铭旌本人共四人，开始白手起家。

涂铭旌面临的首个难题，就是没有人，没有科研队伍。以当时重庆文理学院的情况，想要招揽国内“985”高校的博士、海归等优秀人才来工作几乎不可想象，没人愿意来，甚至告诉别人涂铭旌在这里全职工作，也没人相信。于是，涂铭旌亲自出面去吸引人才，但首批也只招收到了 6 名硕士生。就这样初步建立了队伍，随后慢慢地，一些博士、海归怀着将信将疑的心态到这里来看一看，发现涂铭旌确实在这里做事，不是挂名的，被他奋斗不息的精神所感染，自愿加入他的团队，队伍才逐步壮大。为了带好这支团队，涂铭旌并不仅仅是对科研工作和学科发展进行宏观指导，而是仍然亲自奋斗在科研第一线，每年都直接带领团队承担各类科研项目。如 2009 年承担了“化学共沉淀法一次煅烧工艺制备 LED 专用荧光粉的关键技术及应用研究”项目；2010 年承担了“陶瓷与非金属陶瓷表面超硬涂层关键技术研究”“新材料应用基础研究与开发”“高效 YG 类稀土硬质合金的制备关键技术及应用研究”“龙水五金传统锻打工艺的科学依据研究与传承发展”等项目；2011 年承担了“微纳米粉体工程”项目；2012 年承担了“高可见光活性氮掺杂纳米 TiO_2 粉体的规模化制备技术及应用”“金属陶瓷刀具材料及表面纳米结构化涂层技术研究”等项目，由于他总是亲自工作在第一线，团队年轻人得到很多直接的指导，受益匪浅，进步很大。到 2014 年，涂铭旌的团队已发展到了四十多人，其中大部分是博士，并且很多是来自清华大学、浙江大学、同济大学、四川大学等国内一流高校的博士，甚至引进了牛津大学毕业的博士张洪涛，首批引进的六名硕士也全部被送出去攻读博士学位。随后一些专家学者也纷纷被吸引而来，包括重庆市科学技术研究院的美籍材料专家杨柳教授、美国加州大学的李璐博士后等。可以说在涂铭旌的影响下，形成了一种效应，为重庆文理学院吸引、聚集了大批高层次人才，而且这些人来了之后，深深被涂铭旌的人格魅力吸引，迄今没有一个离开的。

“人”的问题解决后，接下来考虑的就是如何发展。涂铭旌对此一直没停止过思考和探索。虽然他非常明确从思想、理念等宏观层面怎样建实验室，但是一些具体问题的探索比如研究的定位、努力的目标等还是经历了一个艰难过程。刚开始研究的定位是做材料交叉学科，偏向于传统的金属材料；再后来，他发现要植根地方，必须要考虑的是永川以及重庆的支柱产业的具体需求。众多中小企业要进行产业升级转型，能够为他们提供什么样的服务，继而研究的定位就开始改变。通过充分调研重庆产业的发展情况，涂铭旌决定紧密把握重庆发展电子信息产业的背景，在电子信息产业里面最核心的光电技术上有所突破，因此就把微纳米光电材料及器件作为研究的第一大目标。同时，通过调研中小企业的发展需求，发现很多材料领域的中小型企业的换挡、升级、技术改造最需要的是先进材料制造技术。所以研究主要围绕的是两个方面，第一个就是微纳米材料光电及器件，第二个是先进材料及成型技术。这个方向确立以后，全部研究力量，无论从规划设计、队伍建设、还是平台建设，都开始围绕这两个方向来展开。

解决了队伍和发展方向这两个重要难题，发展就比较顺利了。经过一年多的筹备，2010 年 11 月 6 日，在涂铭旌的主持下，由重庆市科学技术研究院与重庆文理学院共同组建的“重庆市新材料中心应用研究实验室”在重庆文理学院正式挂牌成立。在这个实验室的基础上，逐步发展成立了“重庆文理学院材料学交叉学科研究中心”，整合了重庆文理学院化学与环境工程学院、电子电气工程学院及材料科学与工程学院的资源，进而在材料领域内进行跨学院多学科交叉研究。主要研究领域涵盖粉末冶金与先进合金的研究与应用、特种无机功能材料的研究与应用、微纳米材料的基础研究与应用、特种高分子材料的研究与应用等。2013 年 12 月，在“重庆文理学院材料学交叉学科研究中心”的基础上，学院又进一步成立了“新材料技术研究院”，对于升级为“研究院”，涂铭旌内心并不特别赞成，他认为没有必要去好虚名，叫实验室或者研究中心就可以了，“牌子”并不重要，关键是要做实事，是看你做出多少成果而不是“牌子”听起来有多气派。针对研究院的发展，涂铭旌和团队成员一起提出了特色鲜明的办院理念：①植根永川，服务重庆，面向全国。②材料“应用研究一体化、孵化产品化、示范产业化”模式。③“政、产、学、研”联合办学。④跨学科交叉研究、协同创新。⑤培养优秀材料工程师。⑥“大爱无疆，科教报国”的团队精神。

经过短短几年的建设，目前，研究院拥有 45 人组成的科研团队，其中院士 1 人，高级职称 19 人，博士 33 人；形成了多渠道经费筹集机制，累计获得各类资金达 4850 余万元，正在建设中的光电科技大楼总面积达到 20000 平方米；2012 年以来，承担重庆市和国家重点重大项目 40 余项，

图 5-4　2010 年 10 月涂铭旌亲自去重庆科学技术研究院商谈合作（左起第一为重庆文理学院副院长张进，左二为重庆市科学技术研究院院长潘复生）

图5-5　重庆文理学院材料科技楼（摄于2014年4月）

其中国家自然科学基金 8 项，国家国际合作专项 1 项，科研经费总计 3300 余万元；发表学术论文 145 篇，其中 SCI 一区、二区 30 余篇，获得授权专利 66 项。这样的发展速度和成果即便是一些重点大学的研究所也难以比拟。

从实验室到交叉学科研究中心，再到今天的新材料技术研究院，从一个实验室到一个研究院的发展历程，这样一步一步走过，见证了涂铭旌不断探索和取得的成就。

办学模式新探索

涂铭旌在发展壮大了重庆文理学院的材料学科之后，开始把更多精力投入到“材料应用研究所”和“优秀材料工程师人才培养”新办学模式的实践和探索上。

“政产学研资”合作机制

在传统的“产学研”结合思想的基础上，涂铭旌创新性地提出了“政、产、学、研、资”联合办学机制。“政”就是政府主导，“资”就是资金方，包括风投、第三方资金。后来为了强调科技转化和成果应用，涂铭旌有时也讲“政、产、学、研、资、用”，“用”就是应用于产业和社会，应用为本，如果不能用于社会就没有社会价值。

对“政、产、学、研、资”机制，已有学者进行了深入研究，并对其进行了准确的阐释：

> 政是政府宏观调控、政策引导，对提倡、推动、组织、协调、激励和保护产学研资合作教育正常、深入、有效地开展，具有重要的职能和不可替代的作用；产是建立在科学技术基础上的生产，需要研的

支撑，还需要有从事知识技术应用、转化和研发的人才，这需要教育来培养；研不仅仅是为了知识生产，还为了促进产与学，促进产的研往往是来源于生产实践并能转化为现实生产力的应用技术成果，以知识生产为目标的研和以技术应用为目标的研对学的促进作用有差别的，前者保证了学的内容的前沿性、新颖性，后者则保证学不脱离实际；学所培养的人才，一部分输送到研，一部分输送到产，前者是少量的从事学术研究的人才，后者是大量的从事专门职业的人才，也就是应用型人才，这种应用型人才培养离不开熟悉企业生产的教师及相应的应用技术研究成果，更需要企业所提供的实践条件；资是资产、资本的引进与转化，离不开政策环境的营造、产业界和各种社会资本的投入以及研究开发的回馈互补、相互支持。其中，政府是核心和主导，高校和企业是产学研技术联盟的主体，产学研联合的基石是“互信 + 共赢”，通过科技合作，结成战略合作伙伴，形成战略联盟，最后形成技术联盟实体，充分发挥政、产、学、研、资的联合、互动作用，实现优势互补[①]。

涂铭旌在重庆文理学院工作以来，成功建立起了校企合作为重点，形成了以政府引导、企业参与、学科和科研院所支撑、资金支持的“政、产、学、研、资”联合机制的范例。

从“政”的方面来说，涂铭旌到重庆文理学院伊始，就非常重视争取重庆市、永川区政府各部门的重视和支持。比如及时把自己对重庆产业调研后形成的一些意见和建议呈送重庆市领导，尽可能地多参加重庆的各种会议，亲自向各级政府部门负责同志介绍发展情况等。重庆市、永川区政府也非常关心涂铭旌，市教委、市科委、市科协领导多次到校慰问涂铭旌，关心学校的发展；科委处长以上领导平均一个月要来一次，副主任以上的至少两个月或三个月要来一次，这在重庆高校非常少见。重庆文理学院是市属高校，与所在的永川区本来没有隶属关系，但是永川区委、区政

① 蔡宗模，石东平：服务区域产业升级的“超常”发展模式：重庆文理学院的案例。《重庆高教研究》，2013 年 3 月，第 21-22 页。

府每年拿出 100 万元帮助涂铭旌团队添置设备。可以说，涂铭旌最大限度地争取到了重庆政府各部门的大力支持，而政府的支持也确实起到了显著的作用，包括把很多的市级科研平台放到文理学院、提供各种资金支持、政策支持等。

在“产、学、研、资”结合方面成绩也很突出。涂铭旌团队与招商局铝业（重庆）有限公司、重庆泰蒙科技有限公司等几十家企事业单位进行共建实践教学基地、联合实验室、科技项目合作、技术服务、生产合作和联合人才培养等方面的合作。例如，根据市场需要与招商局铝业（重庆）有限公司合作共同研发稀土铝合金；针对大足石刻风化严重的世界难题，与大足石刻博物馆研究院合作开展了高分子保护膜的风化过程及机理研究、纳米复合改性高分子保护膜研究；与重庆大足龙水五金刀具（集团）有限公司合作开展了“千年大足龙水刀手工锻打工艺的科学依据与传承”研究，指出了千年龙水刀具的振兴思路；针对重庆优势资源，与川渝矿业公司等合作开展了“巫溪钒矿深度开发及综合利用”“城口钡矿高效清洁生产关键技术”研究；与西南交通大学合作研发铁路捣镐用硬质合金。与四川北研实业有限公司签订了院士工作站协议，就“新型交流 led 照明用荧光粉的研制”进行合作；与贵州华科铝材料工程技术研究有限公司合作开发研究“211”高强韧铝合金材料等。可以说，团队的每一项研究项目基本都是与企业的通力合作，根据企业需求来展开，同时企业也为科学研究的顺利开展提供了资金保障。

对涂铭旌团队来说，“用”是研究最根本的目的，研究不是纯理论研究，不是仅仅为了发论文、报专利，是要努力将研究成果转化，实现产品化、商品化、示范产业化。

涂铭旌一直强调自己是以应用研究为主，应用研究最终的判决，是要成果转化为产品；光产品还不行，要转化成商品；商品还不行，要转化成示范产业。他清楚企业家都非常精明，每一笔投入都十分谨慎，“不见鬼子不拉栓的，不见兔子不撒鹰”，不搞示范生产，是不会轻易相信，实验室里面的研究成果就很难转让出去。因此，涂铭旌在重庆文理学院就非常重视建立示范生产线，他在学院领导的支持下，在一片荒地上建起了厂房，到现在已经建成 2000 平方米的产品孵化平台，建成了 LED 荧光粉生产线、PVD 纳米超硬涂层材料生产线、硬质合金刀具材料生产线、纳米改性涂料生产线、粉末冶金生产线等五条中试示范生产线。示范生产线的建立意味着实验室里研究的成果在周围几十米远的厂房就能实现生产，这种研究与应用的紧密纽带起到了非常好的示范作用。

建立了示范生产线，还尽力把生产出来的产品在一定的范围内进行展示性使用，比如重庆文理学院新校区所有建筑的外墙涂料全部使用纳米改性涂料生产线生产的涂料，这种涂料非常新颖，使用后墙面像是贴了大理石一样；所有的照明灯具都使用 LED 生产线生产的节能灯，这样企业家来了以后，可以实地看到产品使用效果，感受就很直观，更愿意投资实现成果转化。

在成果转化方面，除了与社会企业广泛合作，涂铭旌还积极适应市场化的社会经济环境，通过校办企业的公司运作，主动出击，直接进行科技孵化。重庆文理学院之前有一家校办企业叫重庆地恩科技开发有限责任公司，是搞农业科技的，但是效益一直不好，涂铭旌来了之后，经过讨论，

图 5-6　涂铭旌在重庆文理学院建立的 LED 荧光粉生产线

图 5-7　重庆文理学院新材料技术研究院纳米改性涂料展示墙

学院在 2010 年就决定让这个公司清空以前的业务，专门负责涂铭旌团队的应用转化。上述的示范生产线中，纳米改性涂料生产线就是由地恩科技涂料生产部负责，PVD 纳米超硬涂层材料生产线也是由地恩科技 PVD 纳米结构超硬涂层工程中心负责。

在对重庆地方产业调研的基础上，涂铭旌和团队极为注重加强与地方全方位合作。首先是重视与重庆文理学院所在地的永川区合作，建设“永川区大学科技园”“永川区材料测试分析中心”，还与五间镇、黄瓜山等镇街开展各项合作，促进了永川当地的社会经济发展。2012 年 7 月，涂铭旌为永川区政协、区委研究室、区人大教科文卫委、区发改委、区经信委、区科委、在永企业、在永科研院所及大专院校主要领导和专业技术负责人做了题为永川科技专题报告会，深入分析了永川及周边区县材料和制造业现状，详细介绍了材料和制造业需求及对策，实证分析了重庆文理学院新材料应用技术研究院服务永川制造业的初步实践，为材料科学在永川及渝西的发展指明了方向。

此外，还与大足、璧山等周边区县开展合作。2010 年 1 月 6 日涂铭旌前往大足县，就五金产业发展、五金材料和五金锻打工艺申报全国非物质文化遗产等课题进行调研。随后的一年，他又先后七次前往大足或与大足领导、企业进行交流，参加大足县科技成果展，协商成立“五金材料与工程技术中心”，担任“第五届中国大足国际五金博览会”“谁与争锋——中国名刀PK赛”评委，并做了题为“浅谈大足五金产业振兴之路”的五金学术报告，与有关企业就如何提升千年大足龙水刀的质量做了深入的探讨。

2012年以来，涂铭旌团队将重点放在政、产、学、研、资协同创新的合作模式的探索，联合打造重庆市微纳米光电材料与器件协同创新中心。他于2012年9月写信给时任国务院副总理、重庆市委书记张德江同志，谈了他对组建重庆市微纳米光电材料及器件协同创新中心的建议，并得到了张德江以及重庆市市长黄奇帆等重要领导的批示和高度重视。涂铭旌认为“组建该协同创新中心可以汇聚多方资源，提升人才、学科、科研三位一体的创新能力，推进触摸显示器、LED和聚合物薄膜电池产业提供升级，为重庆市电子信息产业持续发展提供关键技术支撑”。

涂铭旌团队联合俄罗斯托木斯克理工大学、莱宝科技、重庆科学技术研究院，申请了国家国际合作专项“新一代透明导电材料技术及应用的联合研发”项目，2014年获得国家科委的批准，资助经费33万元。该触摸屏用透明导电薄膜技术取得了阶段突破性进展，为重庆市光电产业带来的直接经济效益可达280亿元。此外，涂铭旌团队还协同四联光电集团、四川大学、成都电子科技大学、四川瑞安特、平伟光电集团等单位，取得了LED照明技术突破并实现了产业化，为重庆市LED产业规模达到300亿元提供技术支持。

2014年12月，重庆市教委、市财政局联合下文通知，由重庆文理学院牵头申报的“重庆市微纳米光电材料与器件系统创新中心”已从20多个候选计划中脱颖而出，被选定为重庆市2011协同创新中心择优支持项目，获得1300万元的经费支持。在体制上，该协同创新中心还与重庆市永川区政府签订协议，地校联合共建，创造另一种新的办学模式。

可以预见，这一政、产、学、研、资结合，协同创新的办学模式，将为高校立足于区域经济的建设、支持重庆支柱产业的发展，做出应有的担当和奉献。

“优秀材料工程师”人才培养体系

作为一名老教师，涂铭旌总是不忘教书育人的根本。在重庆文理学院，八十多岁的他还一直面向本科生开设《材料创造发明学》公选课，讲授得非常精彩，以至于选课人数由开始的几十个人发展到现在的几百人，并且成为重庆市市级精品课。平时，涂铭旌也很注重对身边年轻教师和学生的言传身教。他每天上午都会到实验室，去找些人交流，在交流的过程中让他们感受他的思想，久而久之，这些人在他的潜移默化的影响下，方向性更强，出成果更快。他谈话也不局限于实验室，还经常请同事到家里去交流。

在一辈子以培养人才为己任的涂铭旌心中，有一个很强烈的理想就是探索“优秀材料工程师”人才培养体系。在新材料技术研究院的整整三层楼里面只悬挂了两位科学家的画像，一位是爱因斯坦，一位是钱学森。钱学森画像，一方面体现了涂铭旌对钱学森的敬佩之情，另一方面时常提醒自己勿忘“钱学森之问”——为什么我们培养不出优秀人才？他对此进行了很多思考，认为还是重理论轻实践、重研究轻应用的结果。原来我们经院式的概念到概念、理论到理论式的演绎很多，像袁隆平等能够到田间地头上去的科学家很少，但是正是投身实践的人解决了中国的粮食问题，很多搞理论研究的人就没有搞出什么成果。袁隆平评教授的时候差点儿没评上，就是因为他的论文少，但是中国有好多论文都是泡沫，只是放在柜子上或者拿来评职称用的。所以涂铭旌提出来要培养“优秀材料工程师”，这个“优秀材料工程师”跟国家提出“卓越工程师教育培养计划”乍听很相似，但其实是不一样的。他谦虚地表示“卓越工程师教育培养计划”提出要培养造就一大批创新能力强、适应经济社会发展需要的高质量各类型工程技术人才，这个要求非常高，很不容易实现，自己能力有限，只想探索怎么培养适应企业实际需要，具有工程实践能力的应用型人才。

按照设想，涂铭旌在重庆文理学院结合自身60年材料科学研究及材料工程人才培养的丰富经验，领衔教学团队对“优秀材料工程师”人才培养体系进行了积极的探索与实践，取得了丰硕成效。

“优秀材料工程师”人才培养体系核心是以人才需求为导向确定培养目标。在我国加快从材料大国向材料强国转型发展的过程中，迫切需要培养一大批能够适应和支撑材料产业发展、具有国际竞争力的优秀材料工程师。然而，目前我国传统的材料学专业乃至整个工科专业的人才培养模式往往过于强调培养研究型或者是素质型的人才，而忽视了工程师的培养。涂铭旌对这样的培养模式甚为担忧。他曾多次提及自己虽然是工程院院士，在很多人眼里是杰出的科学家，但是他觉得自己更多的是一个工程师，而不是科学家，因为工程科学的基础是工程实践，工程师经常也要做研究，但科学和工程完成的是两种不同的任务，一个是理论层面，一个是实践层面。在他看来，当前工程人才的培养存在着一些问题，比如，重专业轻人文、重科学轻工程、重理论轻实践、实践教学体系单一、工程实践能力和工程创新能力的培养被忽视、产学研合作被虚化等，其后果是在人才培养中造成工程性缺失和创新性不足，在很大程度上影响了材料产业的发展。涂铭旌提出的人才培养方法是倒着做，是朝着“出口”往“入口”找，先考察社会岗位需要哪些基本的理论和能力，再返回来从材料工程这块，提出“优秀材料工程师”的人才培养目标，致力于培养拥有扎实的自然科学、人文社会科学和材料学专业基础知识，具有较强的四大工程能力（工程实践能力、工程设计与研发能力、工程创新能力、工程管理及竞争能力）的优秀材料工程师。

这样的应用型人才培养理念也与重庆文理学院“特色应用型大学”的定位高度契合，因为他强调的“优秀材料工程师”偏向应用，是走“无人区”和“少人区”，走特色发展、错位发展的道路，正如他所说的“你打你的上三路，有些人打中三路，我打下三路”，这样培养出来的人才和重庆大学、西南大学培养出来的不一样，你培养研究型人才，我培养应用型人才，如果是同职竞争可能竞争不赢，但是质量有多层次的质量，按这个思路培养的人才有自己的市场需求，不会出现求职时高不成低不就的情况。

新材料技术研究院下设立了一个人才培训中心，成为涂铭旌将培养“优秀材料工程师”设想付诸实践的重要平台。这个中心的人才培养分为两个层面。一个是研究生培养，重庆文理学院没有研究生培养权，但是因为涂铭旌的原因，重庆市教委从2012年起特别批准由重庆理工大学与重庆文理学院联合培养研究生，每年给20个指标。涂铭旌对研究生的培养高度重视，所有的教学计划，都亲力亲为，与其他老师反复商量而定。在对学生的指导上，实行“双导师制”，每个学生都至少有两个导师，一个是学校的，一个是企业的，聘请有丰富实践经验的企业专家担任兼职导师，与校内导师一起进行指导，促进学生将理论知识与生产实践实际相结合，从实际反映来看效果是比较好的。为了鼓励学生努力学习，积极进行科研，新材料研究院还成立了“优秀材料人才培养与创新奖励基金理事会”，通过多种渠道筹集了50多万元资金，这对于优秀材料人才的积极支持与鼓励具有重要的意义，并进而吸纳和培养更多优秀人才投身于材料产业的发展。另一个层面就是对在职工程师的培训。重庆市授牌新材料研究院人才培训中心为重庆市材料工程人才培训基地，全市材料工程类的培训都在这里进行。2013年人才培训中心举办了第一届重庆市高级研修班，当时来了几十家企业，有些是企业老总亲自来参加，多数是企业的高工、主要的技术人员，学员培训后普遍反映收获很大。在这个基础上，2014年中心又拿到了国家人力资源和社会保障部的材料工程高级研修班项目。对人才培训中心来说，使命不仅仅在于具体的专业培养，关键的是要把涂铭旌从教几十年的对材料工程师培养的思想和理念传输给更多的人、到更多的地方。

在涂铭旌的倡导下，“优秀材料工程师”培养理念，已经从新材料技术研究院的研究生和在职工程师培养，扩展影响到重庆文理学院的本科生培养，并取得了显著成效。

有效提高了学生的工程实践和创新能力。培养的学生掌握了材料、化学、机械工程等交叉学科的宽广知识，具备很强的工程实践和创新能力。近三年来，学生科研立项项目 43 项，发表科研论文 13 篇，获奖项目 4 项……促进了学生的就业能力和就业率。学生的综合素质和实践创新能力得到提高，再深造能力和就业竞争力增强，学生考取研究生的比率达到15%以上，各专业学生一次性就业率均在80%以上，总就业率在 90% 以上。企业对就业学生的工程实践和创新能力给予了充分的肯定①。

我们时常说“老有所学，老有所乐，老有所养，老有所为”，但其实很多老年人在这四个方面当中还是偏向“乐”和“养”，涂铭旌却还有“老有所学，老有所为”，人们舍之，他偏取之，正因取之，所以伟大。“老有所学”，比如说在光电材料智慧薄膜这块，他原来没有研究过，晚年就不断学习；“老有所为”这一块，老伴儿都说年纪大了，颐养天年算了，但是他还在奋斗。他不是四川人打麻将，一张报纸一根烟，一杯茶喝半天的乐。他的“乐”不在麻将桌上，而是在事业中。在“学”与“为”上，他精神焕发，实现了不同于他人的“养”和“乐”。正如他自己所说，他是一个闲不住的人，如果不是这样的“学”和“为”，他可能没有这么抖擞的精神状态，这就是一个老科学家永无止境的执着。

---

① 刘玉荣，涂铭旌，张进，石东平，唐英：优秀材料工程师人才培养体系的探索与实践，《价值工程》，2013 年 2 月，203 页。

第六章
半生钻研科技谋略

科学的春天　弯路萌新思

1966—1976年，我国经历了长达十年的“文化大革命”，科学事业发展遭遇了一场巨大的灾难。一大批科学家受到迫害，很多科技工作者被迫停止科研工作，下放到农村或厂矿劳动，科技管理陷入瘫痪，科研机构被肢解，绝大多数科研工作陷于停顿。新中国的科技发展几乎停滞不前。

“文化大革命”期间，科学技术领域是重灾区。“文化大革命”浩劫结束后，1978年3月，万物复苏时节，有一个振奋人心且让知识分子难以忘怀的日子。3月18日，全国科学大会在北京隆重召开，复出不久的邓小平发表重要讲话，揭露了“四人帮”迫害知识分子、阻碍我国科技事业的事实，提出了“科学技术是生产力”的著名论断，小平同志的讲话鼓舞了无数中国知识分子。3月21日，在大会闭幕式上，宣读了时任中国科学院院长的郭沫若用诗人的语言写下的：“我们民族历史上最灿烂的科学的春天到来了。”[①]——这

---

① 《人民日报》，1978年4月1日。

就是著名的“科学的春天”。这是中国经历十年“文化大革命”后的第一次科学大会，这一年，坚冰击碎，枷锁冲破。由此，科技界涌动起无穷的创造活力，科技事业迎来了快速发展的新时期[①]，我国进入改革开放的新时代，真正迎来了科学的春天。

伴随改革开放，国家科技工作迈入了新阶段，走上了更宽阔、更丰富的舞台，涂铭旌虽已到了五十而知天命的年纪，却正是他在科研道路上大展宏愿之际。1979 年，作为西安交通大学金属材料及强度研究所的副所长，他心系整个研究所的发展大计，时常思考如何把交大的金属材料做大、做强。涂铭旌认为，改革开放既是机遇，又是挑战，搞科研应该随着改革开放的大潮前进，只有不断适应国际国内竞争新形势，才能在浪潮中立于不败之地。

科技谋略初见

1979 年，西安交通大学金属材料及强度研究所成立后，周惠久教授任所长，涂铭旌为副所长，作为“副手”协助周教授处理研究所日常工作事务，科技竞争谋略思想亦是从此际的工作实践中滋生萌发。

> 到了开放以后，慢慢地由西安交通大学的金属材料强度研究室逐渐形成研究所，周惠久教授呢，担任所长，我呢，担任副所长。我作为助手来讲，负责来讲，是始终定位于怎样贯彻执行周惠久院士的学术思想，只是做一些组织工作。但是组织（工作），就是过去一句老话，没有当家不知柴米油盐贵。一当家以后，在“文化大革命”以前，没有这种（科研）竞争，“文化大革命”以后，改革开放以后，开始有这些竞争。所以，我一接手做主要的助手工作以后，在组织整个强度研究所怎么去参与竞争，我就感觉到力不从心、势单力薄。我不断地思索，不断地提问，归纳出来这么一个（经验）:（如果只有）十分技术，你没有艺术，零分艺术，搞不好要变成零收获[②]。

① 重温“科学的春天”。《光明日报》，2008 年 1 月 23 日，第 005 版。

② 涂铭旌访谈，2014 年 3 月 25 日，成都。资料存于采集工程数据库。

当时全国多所高校做技术材料，有些大学研究形变与断裂，有些研究材料强度，有些研究结构强度，各自发挥优势，大展身手。此时，北方的一些高校捷足先登，率先向国家科委申报力学和材料强度应用课题，引起了科技界的高度重视。这一举动抢占了西安交通大学这所金属材料强度研究先行者的机遇，因为早在1963年的中国热处理年会上，西安交通大学金属材料及强度研究室主任周惠久先生就发表了“发挥金属材料强度潜力”等论文，引起了学术界和工程界的重视。

此际，北京钢铁学院①从微观上研究材料强度，西安交通大学则是从形变与断裂的宏观层面入手，一直研究发挥材料强度潜力。可是没料到的是，北方高校如清华大学、北京钢铁学院的一些老专家们各自展开在金属材料领域的既有优势开展国家自然基金科研项目，将西安交通大学的生产效益融入他们自身的优势中，成功立项。原本提出问题的西安交通大学却被北方高校抢占先机。最终的结果就是，提出问题的西安交通大学仅是作为一个子项目的参与单位。这一事件对涂铭旌的触动很大，焦虑感和危机感油然而生。

作为西安交通大学金属材料强度研究所的重要一员，经过此事，涂铭旌吸取了经验教训，他分析得出：不能埋头死做科研，必须将艺术策略与科研相结合，搞科研才有出路。于是，他运用自己长期的人文知识积淀与智慧，巧妙地将中国传统文化与科学研究相统一，走一条别人未走过的“科技与人文结合之路”。“不当家不知柴米贵，不养儿不知父母恩”，担任研究所副所长以后，涂铭旌强烈意识到，研究所要强大起来，必须要参与到激烈的科技竞争中去。时隔多年后涂铭旌在回忆中依然强调参与竞争的重要性：

我们应该如何与时俱进、去迎接新时代的挑战……我的回答是：“科研单位、高等学府”只有在科技前沿中不断地“创新”，才能生存；“科研单位、高等学府”也只有不断地“求实”，科技事业才能在激烈

---

① 1960年2月4日，北京钢铁工业学院经冶金部和教育部批准，更名为北京钢铁学院。

竞争中“获得生存、求得发展”。这些是我在近“五十年科技岁月”中日积月累所得到的点滴体会①。

但是从研究所当时的发展来看，已失先机，处于不利的地位，激烈的现实竞争促使涂铭旌不断去思考，他另辟蹊径，开创性地提出了科技谋略思想：要推动科技发展，必须参与到科研竞争中。在科技运用中仅有“10分技术”“0分艺术”，结果可能是“0分收获”。因为在科技竞争中仅靠技术取胜是不可取的，还必须要加强竞争艺术策略。如能做到“7分技术，3分艺术”最佳。如何提高科技竞争力？这是材料研究所在改革开放新的时代背景下亟待解决的难题。过去研究所的工作思路是先研究再结合实现成果转化生产的老路子，经常在与其他高校的科研成果评比中失利，毫无竞争谋略可言。如今蕴含着机遇与挑战并存的科技发展新环境使得这批知识分子面对着一个新的画板，如何巧妙使用画笔画出最好的风景则是他们要不断学习的技艺。“科学的春天”迫使涂铭旌为开展科学研究出谋划策，掌握能力和技巧去应对国际国内科技领域激烈竞争，改变研究所在科技竞争中处于下风的劣势，避免被边缘化的危机。

研习《孙子兵法》数十年

正当涂铭旌苦于思索如何提高科技竞争实力时，一次偶然的机会，他在西安交通大学校园里看到介绍一位美籍华人经济学家来校做演讲的海报，这位经济学家提到了怎么运用《孙子兵法》进行科技谋略的提升。《孙子兵法》被奉为古代兵家经典之作，亦是博弈策略的重要著作，其卓越的军事思想对后世的军事发展和兵法理论产生了非常深远的影响。受华人经济学家的启发，涂铭旌豁然开朗，立刻到学校图书馆借阅了一些研究竞争策略的书籍，一位日本学者写作的关于《孙子兵法》应用于商业竞争中的书引起了涂铭旌的兴趣，他一口气读完后，又翻阅了一些国内的经济

---

①《中国工程院院士涂铭旌·科研教学活动集锦 1988 年 –》。资料存于采集工程数据库。

学研究。从广泛的阅读中涂铭旌似乎找到了一些如何研习竞争技术的门路。为了更好地理解、消化这些人文读物，涂铭旌从一个没有系统学习过竞争谋略、不谙兵法战略的材料工程师开始向人文科学家转变。他从基础学起，一字一句消化《孙子兵法》，看不懂文言文就先研读翻译，一步一步领略商业领域的竞争技巧，特别是高端产品与高端技术上竞争的内在脉络，开始找到了一座通向战略艺术的桥。

20 世纪 80 年代初期，涂铭旌对科技谋略思想产生了浓厚的探索兴趣。幼年时从听评书《三国演义》《水浒传》《封神榜》等历史故事中奠定的文学根基在此时派上了用场。他从学习《孙子兵法》的一些名言警句开始，如《孙子·谋攻篇》，“知己知彼，百战不殆；不知彼而知己，一胜一负；不知彼，不知己，每战必殆”；《孙子·虚实篇》，“夫兵形象水，水之行，避高而趋下，兵之形，避实而击虚”。在充分理解和吃透这些名言警句之后，涂铭旌开始将学到的兵法思想结合到现实，研究时下科技界形势：北京科技界的竞争优势和实力是什么？他深入分析了清华大学、北京钢铁学院等高校的科研优势。面对这些强校的竞争优势，如何避实击虚，发挥自身的长处，将他们的“实”变成“虚”、“强”变成“弱”？涂铭旌一边分析一边揣摩，答案就是：认同竞争对手的优势，虚心向其学习，从而使自己不断变得强大。研究所要发挥材料强度潜力，实现材料强度和结构强度的有效结合。

“兵之形，避实而击虚。”将研究运用于生产实际是西安交通大学的优势和长处，要巩固机械部门（当时为第一机械工业部）和石油部门这块阵地，必须将自身之“虚”化为“实”，再发挥我方的“实”打击对手的“虚”。经过分析发现，涂铭旌找到了解决问题的关键：要客观分析双方形势，制定与众不同的战略。

毛泽东对中国传统文化有很深的造诣和研究，善于从古代兵法著作中获取智慧，他时常谈论“知己知彼”之道，认为这一谋略至今仍是科学真理，曾对《孙子兵法》给予很高的赞誉。涂铭旌多次从毛泽东著作中阅读到“知己知彼”战略，善于从他人的观点中启迪自己的思维。他富有建设性地将“知己知彼，百战不殆”转化为“知彼知己，百战不殆”，举一反三，将学到的谋略思想创造性地运用到科研实践中。

1986 年，材料研究所在申报一项国家科技奖项时，刚开始由于方法不当申报失败，从德国交流访问归国的涂铭旌利用《孙子兵法》战略思维反复琢磨、客观分析并找准问题的关键，按照“知己知彼百战不殆”的战略重新调整申报方案后，使奖项申报难题转危为安。经过此事，涂铭旌悟出一个道理：“知彼知己”极为重要，参与客观规律的竞争，在竞争中正确分析竞争对手的情况，了解对手的实力，再对照分析自身状况，参照发掘存在的问题，不能仅限于“知己知彼”。这一重要谋略思想贯穿于涂铭旌 20 世纪 80 年代参与国内科技奖评审、重点学科评审、博士点博士生导师评审等各类评审活动中，并不断从实践中验证这一思想的指导价值。涂铭旌从未停止对科技谋略思想的探索。他读《孙子兵法》，近三十年孜孜不倦的学习让他领悟了其中蕴含的谋略艺术[①]。

谋略论著与科技竞争

深深桑梓情，丹心系故里。1988 年，60 岁的涂铭旌心系家乡科教事业发展，放弃了已在西安交通大学建立的业绩，回归故土四川，来到成都科技大学这片金属材料领域几近空白的地方从零开始。

这一年，我国先后批准建立了 53 个国家高新技术产业开发区。此后，又先后制定了“星火计划”“863”计划、“火炬计划”“攀登计划”、重大项目公关计划、重点成果推广计划等一系列重要计划，逐渐形成了新时期中国科技工作的大格局。该年，邓小平在视察北京正负电子对撞机工程时指出：“现在世界的发展，特别是高科技领域的发展一日千里，中国不能安于落后，必须一开始就参与这个领域的发展。搞这个工程就是这个意思。还

① 铭佩不忘 旌麾耀世——记金属材料与热处理专家中国工程院院士涂铭旌。见：《师韵：北科大走出的院士》编委会编著，《师韵：北师大走出的院士》。北京：冶金工业出版社，2012 年，第 254 页。

有其他一些重大项目，中国也不能不参与，尽管穷。因为你不参与，不加入发展的行列，差距越来越大。总之，不仅这个工程，还有其他高科技领域，都不要失掉时机，都要开始接触，这个线不能断了，要不然我们就很难赶上世界的发展。”①

初到成都科技大学的涂铭旌便被委以重任，担任高新技术研究院院长。在研究院刚刚起步、艰难发展的年头，涂铭旌一边进行科研，一边思考如何将刚建立起来的研究院做大做强。《孙子兵法》再次发挥了重要战略价值，诸如在成都科技大学选择研究方向上，为什么放弃在西安交通大学发展起来的优势领域材料强度，而选择稀土，另起炉灶从头开始？都是经过深思熟虑，在《孙子兵法》思想的启发下做出的决定。涂铭旌结合四川的天时、地利与人和的具体优势，以及四川矿产资源的特点，从结构材料的研究重点，向功能材料转移；从钢铁材料的研究重点，向稀土和钒、钛合金转移；从单一金属材料领域研究，向金属、非金属及高分子复合型材料研究方向转移；从多晶材料，向非晶、纳米晶材料研究方向做重点转移；在研究方法上，从材料的相关性研究重点，转向过程性（机理）的研究。这些转移都是采取“以计取胜，以智取胜”的课题发展战略指导思维。

老科学家开讲科技谋略

高校学者要做好科研，须熟谙兵法懂谋略。自20世纪90年代回川至今，已逾花甲之年的涂铭旌在多所大学宣讲孙子兵法与科技谋略，演讲的对象大部分是高校教师、研究生和本科生。1996年，他担任第一届“材料科学与工程方法论”高级研讨班主讲，来自四川大学、西南交通大学、成都理工大学等高校青年教师聆听了涂铭旌精彩的讲座，启发颇深。2010年1月10日，为了给四川大学EMBA论坛做一堂讲座，涂铭旌课前做足功夫，广泛阅览了有关经济学、经济管理等论著，另辟蹊径从战略管理角度出发：什么叫战略？何为战略思想？战略最根本就是要制订与众不同的发展战略，任何领域

① 《邓小平文选（第三卷）》，北京：人民出版社，1993年，第279页。

都需要战略，科研人员如果不懂战略，不具备一定战略思想，科研是很难做出成就的。在论坛上，他以自己的人生经验和知识积淀，对孙子兵法进行了深入阐述：谋略是一种艺术，搞科研不能“工而不博”。他将孙子兵法与当前科技发展相结合，联系四川大学金属材料专业的发展现状及其相关实例，旁征博引讲述他的科技谋略思想。听众都是来自各个企业的商界翘楚，听完课后一致给予很高的赞誉。很多企业人士纷纷表示，没料到一个搞工程研究的专家竟能将经济管理理论讲得如此深入浅出。

涂铭旌关于科技竞争谋略的学术讲座遍及省内外，足迹遍布同济大学、重庆大学、贵州大学等多所高校以及东方汽轮机厂、成都工程机械厂等多所企业，从大学到企业，科技工作者们无不服膺于他将兵法思想运用于现代科技竞争的创举。涂铭旌殷切希望青年们可以培养创造发明思维、科技辩证思维和科技竞争谋略。在《中国工程院院士涂铭旌科研教学活动集锦（1988 年— ）》画册中，罗列了一部分涂铭旌关于科技谋略的学术报告题目和省内外大型学术报告，例如：“材料创造发明方法论”“孙子兵法与科技竞争谋略”“三十六计与科技竞争谋略”“科技辩证思维与智慧、谋略”“‘效应’与智慧、谋略”等。

在堪称知识爆炸的当代，只有少数科学著作能久经时间的考验，在数年后还能够被读者奉为经典，大部分著作随着科技的飞速发展而被淹没在时间之流里。涂铭旌关于科技竞争谋略的著述却随着时光流逝而愈加闪烁着智慧之光，要领悟科技竞争的真谛，钻研并著述具有方法论意义的作品是必由之路。

对孙子兵法等竞争谋略有了较为全面、较成体系的认知以后，涂铭旌更加熟练地将其与实际应用结合起来，在更微观的领域发挥其思想的指导作用。20 世纪八九十年代，我国对外开放程度不断扩大，开启了广泛

图 6-1　2014 年 4 月涂铭旌在重庆文理学院做“高素质创新性人才的软实力与巧实力”讲座

深入地参与国际竞争的新时代。为了积极应对国际国内形势的深刻变化，党中央提出了科教兴国和人才强国战略。涂铭旌从国家的科教战略出发，时常思考如何培养人才、如何才能成为科技强国、进一步提高国家的科技核心竞争力等问题。他不断归纳、总结和深化既有的战略思想，理论联系实际，从当前国内国外的一些科技竞争案例中积累经验，再结合科技谋略进行思索，将其学术思想进行梳理，其著书立说的初衷可见一斑：

科学——永无止境的前沿，

科技——日益激烈的竞争。

在单一金属材料学科研究基础上，组织跨学院、多学科重大科学技术联合攻关。

由此可见，永无止境的前沿、永无止境的创新，是人类为之推动科学技术不断更新和发展的真正动力。学海无涯，人们将必须岁岁月月、学无止境，才能紧跟时代新的步伐，否则，必将会被前进的历史毫不留情地淘汰出局。

……

作为一名教师，应该教给学生些什么东西呢？一方面，是言传身教做人的准则；另一方面，则是传授知识和工作的技能。除了专业知识和工作技能以外，我特别强调要向学生传授“创新发明思维、科技辩证思想”和“科技竞争谋略”。

为此，我亲自动手，编著、出版了《材料创造发明学》，正编写《科技竞争谋略 36 法》和《科技辩证思维与智慧、谋略》两本研究生用书；为培养高素质创新型人才提出一些新思考；为科技兴蜀的人才培养尽心尽力①。

奠基：《材料创造发明学》

材料一般可分为金属材料、无机非金属材料及有机材料。以往这三类

① 《中国工程院院士涂铭旌·科研教学活动集锦 1988 年—》。资料存于采集工程数据库。

材料在大学里属于不同专业，可是它们之间实际上有许多内在关联，而且越来越相互交叉、渗透和移植，汇合形成一门多学科交叉的新科学——材料科学。

20 世纪 70 年代在西安交通大学金属材料研究所工作期间，涂铭旌带领团队参与国际国内科研竞争角逐，在挫败中不断反思："为什么有的单位只用了三分成果，就取得七分收获，而我们却要用七分的成果，最多却只能获得三分的收益？"这使他百思不得其解，只有上下求索，收获经验。慢慢得出一个概念："有七分的技术，必须加上三分的竞争艺术，才能获得满意的结果。因此，三分的竞争艺术才是获取最后绝对胜利的根本保证！"① 如果是"有十分的技术，只有零分的艺术"，必然会导致科技竞争败北。然而，这里所意识到的竞争艺术，究竟包含哪些内涵？又如何去学习与驾驭它呢？于是，涂铭旌再次去探索。

为了求解，他开始自学科学学、科学方法论、科技哲学、自然辩证法和诸如突变论、耗散结构论等一类的横断科学，以及《孙子兵法》和《三十六计》这两本古代"兵法双绝"。慢慢领悟出"竞争艺术来自智慧、来自科学的计谋"，将其归纳为思维、思想与谋略，即"创造发明思维、科技辩证思想"和"科技竞争谋略"。运用这些科技思维的新构想，根据当代科技发展的特点，再结合四川的具体情况，采取"以计取胜，以智取胜"的课题发展战略指导思维，实施了多个方面的"研究战略转移和转变"。

20 世纪 80 年代中后期，涂铭旌已在探索如何将竞争技艺运用于科研上，注重从我国古代哲学思想和马克思主义哲学中汲取智慧，将自己关于竞争艺术的思考融入教学中，编写了最初的《材料创造发明学讲义》。调至成都科技大学后，涂铭旌开始给学生讲授《材料创造发明学》课程，将自己多年对科技与人文思想的探索应用到课堂教学上，提出了科学技术创新的五种方法，不断充实《材料创造发明学讲义》，材料专业的学生深受这门课的启发。涂铭旌在教学与理论研究过程中逐步完善讲义内容，该讲义被作为原成都科技大学和四川大学的研究生教材。

① 《中国工程院院士涂铭旌·科研教学活动集锦 1988 年—》。资料存于采集工程数据库。

1995年的全国科学技术大会上，江泽民提出了“科教兴国”战略，这是继1956年号召“向科学进军”、1978年全国科学大会之后，中国科技事业发展进程中第三个重要里程碑。涂铭旌一直将践行“科教报国”理想作为一个老工程师回报祖国之恩的最好方式，他紧握手中笔，用文字书写着自己的科教人生。

2000年，涂铭旌不畏笔耕之苦，根据数年领悟和积累的一些材料创造发明原理、方法及应用实例，将讲义集结成《材料创造发明学》专著，一经出版，便引起高校和科技界的广泛关注。涂铭旌被邀请至西南科技大学等全国多所高校做“材料创造发明学”学术讲座，他关于科技创新方法的思考给予广大师生和科研工作者以重要方法论启迪。由于该著述的重要指导价值，广大科研工作者恳请涂铭旌对该书进行补充、修改，再版印刷，以便将来作为全国性的研究生教材出版，让更多人受益。涂铭旌不辞艰辛，于2007年1月重新补充校订《材料创造发明学》。再版后的《材料创造发明学》对原版进行大量补充和细化，进一步启发读者的创造发明思维、开拓材料科学发展的视野。

涂铭旌注重从儒家经典《周易》中吸收智慧。《周易》涵盖卜筮、哲学、历史等内容，包含着朴素的辩证法，广大精微，包罗万象，是我国传统思想文化中自然哲学与伦理实践的根源，被誉为“群经之首，大道之源”，是古代帝王之学，是政治家、军事家、商家的必修之术。“厚德载物，自强不息”“穷则变，变则通，通则久”，这些思想都是源自《周易》。涂铭旌认为，身为一个中国人，既要开眼看世界，学习西方哲学、经济文化，不断创新，又不可数典忘祖，最好能在中西合璧中推陈出新。

当代的学者，特别是专攻理工的青年学者，以及一些年轻教授，较缺乏传统文化的熏陶与感染。大部分人急于出科研成果，忽略了对人文素质的提升。部分人错误地认为，在竞争激烈的21世纪，传统文化已经过时了。但是涂铭旌却极不认同这种观点，他倡导研究者应该了解国学，批判地学习运用国粹，用传统文化谋略引导现代科技竞争。同时，应该将西方的经典纳入自身的文化体系中，西为中用，为我所用。

在涂铭旌看来，创新是开展课题研究的灵魂和核心，科研必须从泛泛研究，转向突出“创新的研究”①。在《材料创造发明学》一书中，涂铭旌结合数十年来的教学和科研体悟，总结古今中外材料领域创新历史及经验，运用矛盾分析法，从一般—特殊、个性—共性、对立—统一、主次矛盾等角度，对三大材料在内在逻辑、科学领域的创新方法、工程技术的创造发明方法等方面进行深入剖析，综合论证，探索出科技、材料、工程领域的发展道路。

受全球畅销书《蓝海战略》一书的启发，并基于N·维纳“无人区”原理：“在科学发展上可以得到最大收获的领域是各种已经建立起来的、部门之间的、被忽视的无人区”。涂铭旌独具慧眼地发现了科研领域的“少人区”与“无人区”，从无数实际案例中探索出了一个新的科技谋略——“无人区”与“少人区”战略：

科技领域中的“少人区”与“无人区”创新方法

科学技术供人们研究、应用的领域很多……

从研究地域上来看，科技“少人区”和“无人区”可分为国际“少人区”和“无人区”、国内“少人区”和“无人区”、省内（或地区）“少人区”和“无人区”，或系统内、行业内、不同系统以及行业内的……在不同地域范围内的效应是不同的。

从研究领域来看，科技“少人区”和“无人区”又分一级、二级学科及学科分支中的“少人区”和“无人区”，一级或二级学科间和学科分支间的“少人区”和“无人区”……在不同领域范围内的效应也是不同的。

无疑，所选择的范围和层次愈高，所取得的效应也就愈大，如：在国内的“少人区”“无人区”的研究只能实现国内领先或创新的效应，而当处于国际上“无人区”或“少人区”的研究时就可能实现国际领先水平了。

当然，要取得好的效应，就必须具备前面所述条件。

……

① 《中国工程院院士涂铭旌·科研教学活动集锦（1988—年）》。资料存于采集工程数据库。

科技领域无人区的新发现

（例 38）塑料低温超导体的新发现。

人们已发现金属合金化合物和无机氧化物的超导材料，而某些塑料在特定低温状态下也能具有超导特性。美国贝尔实验室的科学家报告了这一项最新发现。2001 年 3 月 8 日出版的权威科学周刊《自然》上贝尔实验室的三人研究组（其中有一名华裔科学家）报道说，聚 3- 己基噻吩（P_3HT）塑料在大约 1.2708℃表现出超导特性，堪称迄今为止第一种超导塑料。这是一项喜人的成果，为今后进一步展开研究开创了广阔前景。

……

科技领域少人区的创新

（例 40）耐候型无机纳米复合粉末涂料的发明。

工程塑料在太阳光紫外线的辐射下经过一段时间会产生老化现象，即表面粉化，变色，分子量减少，力学性能下降。为了解决塑料老化问题，四川大学材料科学与工程学院在攀枝花钢铁公司的资助下，开发了纳米 TiO_2 复合紫外线屏蔽材料，加入少量工程塑料后，可以有效地减少紫外线辐射所造成的老化损伤。目前，这种纳米材料改性技术属国内研究的少人区。通过市场分析发现，有许多户外安装的电器表面涂层也正需要抗紫外线老化功能，这就要求开发耐候粉末涂料。针对这个无人问津的领域，四川大学材料科学与工程学院开发了无机纳米复合改性的耐候型粉末涂料及其制备方法，分别对丙烯酸聚酯、聚酯和聚氨酯三种粉末涂料申请了三项发明专利，并已获专利授权[①]。

图 6-2 《材料发明学》封面

① 涂铭旌:《材料创造发明学》。成都：四川大学出版社，2007 年，第 100-102 页。

活用计法:《科技竞争谋略 36 法》

进入 21 世纪后，国际国内教育界、科技界的竞争激烈而残酷，无数科技竞争案例都表明：科技谋略得当与否，将影响科技单位与企业的兴旺衰亡。然而，至今很多科研工作者和企业家都不善于从《孙子兵法》和《三十六计》等名著中汲取博大精深的战略计谋，科技界和学术界也尚未有将“兵法双绝”智慧用于现代科技竞争谋略的论著问世，善于发现和思考的涂铭旌意识到这一缺口之后，笔耕不辍，将《孙子兵法》与《三十六计》两部兵法名著之智慧与现代科技竞争完美结合，古为今用，从 2007—2009 年，历时三年多著述而成《科技竞争谋略 36 法》一书。全书上下两篇共 36 法，从上篇《孙子兵法》与科技谋略的 20 法，下篇《三十六计》与科技谋略的 16 法两个主题展开阐述，该书一出版便引起了读者的强烈兴趣和喜爱，惊叹于作者将古代军事策略应用于当今科技竞争生动案例“举一反三”的高超技艺。

涂铭旌认为，讲科技竞争谋略，除了从《孙子兵法》中汲取军事思想，还应该从《三十六计》中了解古代更多的兵法策略，合《孙子兵法》之正统及《三十六计》之道术精华。《三十六计》作为我国古代兵家计谋的总结和军事谋略思想的宝贵遗产，至今在全世界都有深远的影响和指导价值，从第一计“瞒天过海”开始，围魏救赵、借刀杀人、以逸待劳、趁火打劫、声东击西、无中生有……连环计、走为上计，共三十六计，从不同角度提出应对之策，结合《易经》中的阴阳变化之理及古代传统兵家刚柔、奇正、攻防、彼己、虚实、主客等对立关系相互转化的辩证思维推演而成。涂铭旌将对兵书谋略思想的原文

图 6-3 《科技竞争谋略 36 法》封面

解读与当代谋略应用以及具体鲜活的案例有机结合，极具借鉴价值：

第 3 法　因地制宜的谋略

1.“因地制宜”谋略

1）原文

夫地形者，兵之助也。料敌制胜，计险厄远近，上将之道也。知此而用战者，必胜，不知此而用战者，必败。

故曰：知己知彼，胜乃不殆；知天知地，胜乃保全。

——《孙子兵法·地形篇》

……

2. 谋略应用

“因地”这里是指地理上的优势，如区位优势、气候条件优势、自然资源优势（旅游资源优势）、人文社会资源优势等。沿着“因地制宜”的谋略，充分发挥地理和资源优势，引领区域经济和科技的发展。

地理条件包括沿海、山川、湖泊和交通等条件，所谓“靠山吃山，靠水吃水，靠海吃海”“一方水土，养一方人”，就是指的“因地”。

区位优势，主要指矿产资源、水力资源、动物资源、植物资源、原生态农产品资源、历史文化、名胜古迹资源、旅游资源和人力资源等。

1）一个国家、一个地区，只有因地制宜才能发展

每个国家或地区的地理条件不同，有优势，也有劣势，关键是如何做到因地制宜，科学地利用地理的有利优势，扬长避短，规划发展战略。在这方面，“弹丸之地”的新加坡和香港的成功经验是值得人们思索的。

我国东西部地区发挥各自的地理优势。在改革开放中，我国利用“发展战略的梯度理论”，即在发展区域经济中，首先让东部和沿海地区发挥地理优势，进行对外开放，吸引和吸收国外先进技术和管理方法，建立高新技术产业集群，然后向中部和西部作技术转移。与此同时，西部地区不能埋怨、等待，可以充分发挥西部的某些资源优势、技术优势、产业优势和学科优势，在某些科技领域实行“反梯度推进

战略”，即西部可以反方向将先进技术、先进产品，向中部、东部地区转移。例如：

（1）利用包头稀土资源，建立稀土科技园区——中国稀土谷；

（2）利用内蒙古鄂尔多斯优质羊毛，兴建了先进的毛织品技术研究中心；

（3）利用山西煤炭资源，建立了煤化工研究基地；

（4）利用宁夏钽、铌、稀土金属资源，建设了宁夏石嘴山市东方有色金属集团；

（5）利用攀枝花钒、钛资源，建设攀钢集团和国家钒钛材料成果转化及产业化基地。

……

3. 案例

……

［例 2］攀枝花利用天时、地利，打造优势产业

1. 攀枝花市已是我国目前最大的钒、钛产品基地

攀枝花市被誉为“富甲天下的聚宝盆”，已经探明钒钛磁铁矿的保有储量占全国 20%，是我国仅次于鞍山本溪地区的第二大铁矿；钒资源（以 TiO_2 计）保有储量 4.28 亿吨，占全国储量的 93%，居世界第一位；钒资源（以 V_2O_2 计）保有储量为 1047.86 万吨，占全国储量的 63%，居世界第三位。

“中东有石油，攀西有钒钛”，打造国际知名钒钛之都，一直是攀枝花市努力的目标。借助天时，即党中央、国务院的直接关怀、重点扶持、国家西部大开发战略，依托钒钛磁铁矿得天独厚的地理资源优势，制订“十一五”发展规划，理念是把钒钛磁铁矿的每一分价值都变成财富。2001 年科技部批准在攀枝花市建立以钒钛新材料为主的“攀枝花国家新材料成果转化及产业化基地”。

目前，攀枝花市是我国最大的钒钛原料生产基地、世界第二大钒产品基地和钢铁生产基地。该市“十一五”发展目标是，建立钢铁产业集群，销售收入达到 500 亿元；建立钒产业集群，销售收入突破 50

> 亿元，打造“中华钒业”品牌，成为全球性的钒产品基地；建立钛产业集群，销售收入达到100亿元，成为在全球占重要地位的钛原料和钛白基地、国内知名的钛材基地。
>
> 2. 攀钢自主开发钛氮合金生产技术成功
>
> 钒作为合金元素，在钢中具有使晶粒细化、沉淀强化和固溶强化等作用。要使钒更好地发挥作用，应同时加入一定比例的氮，所以，钢中加入钒氮合金可以节约钒铁30%。美国、德国、俄罗斯、日本、荷兰、印度，包括我国的很多单位都对钒氮合金进行过研究，但在攀钢开发钒氮合金前，世界上能实现产业化生产的厂家只有美国战略矿物公司下属的Vametco公司，并独家垄断全球市场几十年。美国采用的是真空、非连续生产。攀钢却提出了新的工艺路线，克服了美国生产工艺的不足，实现了非真空、碳化及氮化反应同步进行和可连续运行，属世界首创，目前已经形成了2500吨/年的生产能力。与美国生产工艺相比，攀钢钒氮合金生产工艺设备具有投入低、工艺流程简单、运行周期短、能耗低、生产效率高等优点。
>
> 该项目获得“国家技术发明奖二等奖”“中国冶金科学技术进步特等奖”和“四川省科技进步奖一等奖”[①]。

此外，在科研上借助成果教育会、成果鉴定、新闻发布等重要成果发布会以宣传科技理念，也是“因地制宜”思想的活学活用。

智谋相融:《辩证思维与科技谋略》

涂铭旌引经据典、博采众长，运用兵法谋略分析国内外知名商业与科技竞争案例，以飨读者，提供借鉴。他在钻研科技谋略的过程中不断启迪和完善新思维、新思想。他深有感悟地说道:“科技竞争还缺少哲学思维，哲学什么思维呢？辩证思维……要理解《孙子兵法》，就要从它的一种辩

① 涂铭旌、杜生民编著:《科技竞争谋略36法》。成都：四川大学出版社，2009年，第29–33页。

证思维去理解，才能很好地运用它。”[①]

所谓辩证思维，是指辩证法特别是唯物辩证法应用于思维过程和思维方式的一种总体性的思维方式，是马克思主义哲学的重要内容。辩证思维是“辩证逻辑的研究对象，指人们通过概念、判断、推理等思维形式对客观事物辩证发展的反映”[②]。辩证思维的定义，指明了辩证思维是对客观辩证法的反映。

辩证思维作为一种根本的、科学的思维方式。恩格斯说：“所谓的客观辩证法是在整个自然界中起支配作用的，而所谓的主管辩证法，即辩证的思维，不过是在自然界中到处发生作用的、对立中的运用的反映”。由于社会实践的发展，科学技术的进步，人们认识的前进，出现了黑格尔的唯心主义辩证思维的理论和方法。马克思主义哲学的创立，把实践观点引进认识论，把辩证法应用于反映论，应用于认识的过程和发展，才真正形成唯物辩证法的思维的理论和方法，从而实现了人类认识史上的一场伟大的革命变革。恩格斯指出：人类思维的发展，“既然没有别的出路，既然无法找到光明，也就只好实行反转，这种或那种形式上的反转，从形而上学的思维到辩证思维的反转。”运用辩证思维方法来观察和处理当代中国的社会实践、认识和改造世界，识物想事。特别是对从事理论研究、科技工作者来说，运用辩证思维方法尤其重要，因为辩证思维是人才综合素质中的“软件”系统，是思维网络系统和思维系统工程中的灵魂[③]。

在西安交通大学工作时，涂铭旌于工作之外，喜欢翻阅一些哲学论著，学习哲学的辩证思维，如马克思主义哲学。他从工作中不断发现，很多科技工作者缺乏开展科研的人文智慧，遂将辩证思维引入科技竞争谋略思想。他认为辩证思维有助于人们认识和研究科学领域的宏观规律和微观机理，希望通过自己的思考，可以帮助人们辩证地去探索和发现新兴领域的规律和理论[④]。2012 年，他的第三部关于科技谋略的著述《辩证思维与

① 涂铭旌访谈，2014 年 3 月 25 日，成都。资料存于采集工程数据库。

② 《中国大百科全书》(哲学卷 1)。北京：中国大百科全书出版社，1987 年，第 54 页。

③ 冯国瑞：辩证思维及其当代意义。《北京行政学院学报》，2010 年第 5 期。

④ 涂铭旌、任华编著:《辩证思维与科技谋略》。重庆：重庆出版社，2012 年，前言。

智慧科技谋略》正式出版，通过哲学的辩证思维帮助科技工作者去创造新材料、新工艺和新技术，开发和创新出能振兴祖国，增强人们社会文化与素质精神的新型产品，耄耋之年继续著书立说发挥生命余热，实现科教报国的宏愿，希望可以培养有智有谋的学生。

早在20世纪90年代，涂铭旌无意间发现《道德经》，认真研读起来并醉心于《道德经》博大精深的道家思想和哲学，启发很大，并从这部"万经之王"里找到了研究思路。被奉为道德最高经典的《道德经》微言大义，一语万端，在国际上有深远影响。据闻《道德经》在素有"哲学之乡"的德国的翻译版本多达十余种。"老子在两千多年前就预见并批判今天人类文明缺陷的先知。老子似乎用惊人的洞察力看透个体的人和整体人类的最终命运。"涂铭旌痴迷于浩瀚无边的中华传统文化典籍，犹如发现了一个包罗万象、永不枯竭的奇妙宝藏，真可谓是"《道德真经》，包涵众义，指归意趣，随有君宗"。

在《孙子兵法》里，蕴含着无数对相互对立的矛盾。受《道德经》启发，涂铭旌从整个宇宙的视角分析万事万物，归纳出万物界的36对矛盾：生与死、安与危、成与败、祸与福、新与旧、苦与乐、先与后、有与无、大与小等，在对矛盾的研究过程中得出：一对矛盾往往有几种类型，一种是相辅相成的矛盾，另一种则是相反相成的矛盾。如舍与得这对矛盾，如要取之，必先予之。要实现一个目标，一定学习舍弃，不论是金钱、名利还是心爱之物，这是相反相成的。核心要义就是要学习做减法，有舍才有得，只有懂得做减法之后，才会获得，将减法变成加法。"舍"是手段，"得"才是目的。自己一生命运多舛，"读书是苦出来的，工作也是苦出来的"[①]，晚年身患癌症，依然乐观从容，笑对人生，坚守在科研教学岗位上。自己"舍弃"了身体健康，却"获得"了丰硕的科研成就。

涂铭旌将矛盾对立统一的思想运用到科研竞争中，与科研产业做大做强结合起来。透过哲学思维分析自然界普遍存在的这些矛盾，辅以百余个实践案例，富有启发性地将辩证思维与智慧谋略融合起来。他广泛阅读

① 涂铭旌访谈，2014年3月21日，成都。资料存于采集工程数据库。

《哲学通史》《外国哲学》等中外哲学书籍，由外而内步步深入，将辩证思维法作为一盏指路明灯，在引导广大科技工作者的同时也是自我升华的一个过程：从一位不谙哲学的科技工程师升华成为将科技与人文相结合的人文科学家。在《辩证思维与科技谋略》列举了很多案例：

（第十章）多与少（案例）

［例 1］整合跨学院多学科的资源参与国内竞争

·四川大学在材料科学领域整合相关学院的资源，包括高分子材料学院、材料科学与工程学院、化学学院、制造学院的人力、物力、财力进行多学科结合，参与国内竞争。

·该校材料科学与工程被评为全国一级重点学科，其中的材料学和材料加工工程两个二级学科也被评为全国重点学科。

·“高分子材料及特种功能材料”被列为国家“211”工程及“985”工程建设项目，历年来取得了显著的科技成果。

［例 2］四川大学稀土及纳米材料研究所“以少胜多”的策略

·研究方向的选择：结合四川稀土、V、Ti 矿产资源的产业优势，瞄准国家重大需要。

·研究项目的选择：技术上避免“多人区”，选择“少人区”；技术的应用前景上，应符合用户的“多人区”；技术含量上应是附加值高的高效区。

·具体研究项目的确定：要求一些项目，能够进入国家“863”项目或国家自然科学基金重点项目……①

作为一位将科技与人文紧密结合的院士，从兵法谋略，到传统文化，再到哲学思维，涂铭旌不断挑战自己，开疆辟土。他谦虚地认为自己只是从传统文化中舀了几瓢精髓而已，并如是评价自己：

① 涂铭旌、任华编著:《辩证思维与科技谋略》。重庆：重庆出版社，2012 年，第 60-62 页。

图 6-4 《辩证思维与科技谋略》封面

我对《孙子兵法》、对《三十六计》、对《道德经》，对于辩证思维，是刚刚入门者，谈不上在这个方面有更多的造诣，而是一种实用应用者，是更多地看看能不能够应用到科技竞争，我应用的总的思维是科技竞争谋略。所以我谈不上，有的报纸上说的什么“智库大师”，我谈不上，我只不过是一个“书呆子”，要参与竞争迫使我学习，学习以后，现在有点自觉性，到了我有点自觉性的时候，人已老矣！觉得夕阳无限好，只是近黄昏[①]。

探索科技与艺术之美

科技和艺术，看似风马牛不相及的事物，却可以实现完美的契合。爱因斯坦曾说过，物理给他以知识，音乐和艺术给他以想象力。知识是有限的，而想象是无限的。想象力比知识更重要。爱因斯坦除了是 20 世纪最伟大科学家之外，还是一位艺术家和哲学家。在艺术里，爱因斯坦推崇西方古典音乐，常同普朗克一起演奏贝多芬的作品，弹钢琴的是量子论的奠基者普朗克，演奏小提琴的是相对论的创始人爱因斯坦。在科学界，两位伟大的科学家共同描绘了物理学的一幅优美壮丽的图景，在音乐艺术中亦能奏出悦耳的旋律。除热爱音乐之外，爱因斯坦十分推崇文学。他热爱莎士比亚、歌德、海涅的作品，信奉文学艺术的最高价值在于提高人们的精神境界。在爱因斯坦看来，艺术和科学之所以具备恒久魅力，并不是因为

① 涂铭旌访谈，2014 年 3 月 25 日（上午），成都。资料存于采集工程数据库。

它们是两个闪闪发光、可以放在口袋里永远占有的金币，而是两个无限的、永远没有终点的世界。

从事艺术、科学的最大乐趣不是占有，而是不断追求。科学和艺术是相互补充的，科学可以满足对理性的追求，艺术可以满足感性渴望。在不少科学家看来，科学和艺术之所以值得追求，因为它们体现了一种绝对的和谐之美。“三角形的三个高交于一点”，这一几何命题就具有高超的逻辑美，在人们心中所激起的美感同贝多芬的《田园交响曲》带来的美感是相通的。科学和艺术是相通的。真正追求科学美的人，往往也会欣赏艺术的美。爱因斯坦将科学的伟大成就比作是思想领域中最高的音乐神韵。涂铭旌极为推崇爱因斯坦的科学艺术观点，欣赏艺术的音乐蕴含的无限创造力。

爱因斯坦是涂铭旌科技人生路上最敬重的科学家，他亦十分热爱艺术，对科技与艺术的相通结合产生了探索兴致。无论是音乐还是舞蹈，抑或其他艺术，人文与科学实质上是同源的。涂铭旌用精辟的六个词语来形容每一件艺术创作：创其意，造其形，塑其美，赋其魂，出其奇，显其神。从事艺术创作，版画也好，临摹也罢，首先要有创意，其次是造型，塑造美感，最关键的还是有灵魂，才能出其奇，最后富有神韵。

科技人要萌生新创意，就要跟艺术界等领域展开对话。涂铭旌深感这是时代发展的需要，他收集和珍藏了很多关于艺术美、科技美的照片，诸如艺术家绘制的沙丘、贵州梯田的纹路与材料领域的现象极为相似，皇冠上镶嵌的明珠与一粒粒纳米细胞何其相似。大自然的鬼斧神工使很多事物从微观到宏观存在惊人的相似之处，将人文与科技结合，也许能够揭示宇宙最根本的奥秘。2011 年，涂铭旌在中国科学技术协会主办的《科学中国人》上发表了“从美学的角度看科学与艺术”一文，融入科学与艺术的美学观，分析科学中的艺术美（七分科学，三分艺术），认为科学美与艺术美皆源于自然之美，洋溢着科学家的美学思想：

科学和艺术都拥有简洁美、对称美、比例美、有序美、真善美等。科学美和艺术美存在内在的一致性，它们融合创新、创美是理所当然的。数学家的造型与画家的造型领域不同，但异曲同工，可能表现出同样或者类似的美感，一座漂亮的建筑往往是科学美与艺术美的统一……

物质世界不同质的美常常惊人地相似。如：硅纳米复合材料和石墨，其断面表现出美丽的花瓣、花朵图形等；片状石墨的花纹与菊花神似；水分子结构和晶体电子衍射斑环都有多层同心圆现象，犹如星际空间的美丽；酸蛋白质分子和医学分子结构图表现出五颜六色的环状或链状珠图案，其华丽恰似少女和贵妇颈项上的名贵项链或者珠光宝气的饰品。这些不同质的物质展现出相似的美，就是因为科学美与艺术美是融通的。

……

科学中存在艺术之美，这种美需要人们去发现、去发掘。哥德巴赫猜想的美引无数数学爱好者尽折腰——数学爱好者跃跃欲试破解此题，高智慧的数学研究者不断改进方法攻克难关。如此吸引人的就是哥德巴赫猜想的表述简洁、明快的艺术美。如此之美的还有杨晖三角形、三角函数关系正六边记忆法等，都是艺术与科学融合的美[①]。

科学与艺术对话

2013 年 5 月 15 日，著名科学家、诺贝尔物理学奖获得者杨振宁与著名作家、诺贝尔文学奖得主莫言在北京大学开展了一场名为“科学与文学的对话”，对话在诺奖典礼的传统音乐——莫扎特 D 大调进行曲中拉开序幕。科学家与文学家的相遇，能碰撞出怎样的火花？杨振宁认为，科学更多是去发现，文学更多是去发明，但两者都需要“妙悟”和“想象力”。“如果把爱迪生请来，在这个世界生活一个礼拜，哪一个东西是他最意想不到的？”当 91 岁的杨振宁问出这个孩子般调皮的问题时，人们更多看到的是勤于思考、学无止境的探索精神。两位大家相隔 55 年的“诺奖对话”涉及

① 涂铭旌，刘定祥：从美学的角度看科学与艺术。《科学中国人》，2011 年第 13 期。

【中国论坛】China Forum

专家档案：

涂铭旌，中国工程院院士，博士生导师，四川大学教授，重庆文理学院兼职教授，重庆文理学院名誉院长，全国高等学校先进科技工作者。主要成果：获国家科技进步二等奖一项、三等奖一项，获国家自然科学三等奖一项，2000年以来获省、部级科技进步一等奖一项、二等奖四项，获四川省研究生教育优秀成果二等奖一项。编写并出版了《钢的热处理》、《机械零件失效分析与预防》、《材料创造发明学》等四本专著。

专家档案：

刘定祥，重庆文理学院教授，重庆文理学院学报执行主编，重庆市社科专家，学术主攻方向——统计学和数量经济。发表论文40多篇，独著专著2部，合著专著3部，主编教材2部，主持和主研厅级以上的科研项目15项，获奖20多项。

从美学的角度看科学与艺术

涂铭旌　刘定祥

编者按：

中国工程院院士涂铭旌从教60年，教学、科研成果丰硕，他的创新思想、创新成果还在不断涌现。涂院士在重庆文理学院（兼职教授，名誉院长）领衔研究材料科学，开启人生第三次创业（第一次创业在西安交通大学参与第一批国家重点实验室建设，第二次创业在四川大学创建稀土纳米材料研究所，第三次创业在重庆文理学院创建材料交叉学科研究中心），他的办学理念、美学思想、科研方法、创业精神等推动着重庆文理学院的发展。涂院士对材料科学研究有突出贡献，在哲学、管理学、美学等领域也有很深的造诣。《从美学角度看科学与艺术》一文融合科学与艺术的美学观，闪耀着科学家的美学思想，科学中的艺术美（七分科学，三分艺术）、科技工作者要有艺术修养是涂院士教学科研实践的总结；高等教育要打破文理隔绝，做到文理兼修、文理兼备，是涂院士的办学理念。这对于提高大学生综合素质、提高科技工作者的艺术修养都具有重要的指导意义。目前，涂院士正带领一批学者研究科学美与艺术美、科学与艺术对话、不同质的美有相同的表现形式、科学与艺术同行。这些研究将丰富科学与艺术交叉的内容，推动科学与艺术的融合，引领科技工作者提高艺术修养。我们期待着涂院士的创新科研成果不断涌现。

科学和艺术拥有共同的简洁美、对称美、比例美、有序美、真善美等，科学美中有艺术，艺术美中有科学。现代科技与现代艺术正在互相渗透、互相沟通重新综合为交叉学科和综合艺术，现代大学教育应文理兼修、文理兼备。

美，既是一种客观存在，也是一种主观感觉。艺术家创造心中之美、想象之美，科学家发现自然之美、科学之美；艺术家看银河——气势纵横苍穹，科学家看银河——宇宙和谐统一，科学美、艺术美，皆源于自然之美。艺术家设计、造型追求曲线形、流线型的艺术美，在科学领域也有着相似的美。我国古代太极图有“∽”形曲线美（图1），宇宙中的旋转星系如同太极图一样，也有“∽”型的曲

32 科学中国人　2011年第13期

图 6-5　涂铭旌、刘定祥：从美学的角度看科学与艺术。《科学中国人》2011 年第 13 期

宗教、科学、艺术、哲学等领域，充满着对人生的思考。

涂铭旌坚信一个理念：七分科学融合三分艺术创造十分完美的科学美，科学内容没有艺术美的形式表达就不会深入人心，任何一个科技团队，如果没有文化支撑，就没有凝聚力。他了解美术与材料、宏观与微观如何相得益彰。四川大学校长谢和平院士亦是一位将科技与艺术融合起来的典范。他在治理四川大学的过程中，富有洞见地提出要建立全球首个文化艺术与科技创新汇聚中心，真正使艺术与科学交融，这一创想正逐渐从构

想变成现实。涂铭旌十分认同在高校实行这种方式，主张并鼓励高校成立一个科技文化之家，碰撞出思想的火花。科技创新是一种与众不同的创意，有创意、创新、创业、创富，将这“四创”结合起来，才能办好一个研究中心。国外的创意研究中心，招收带着创意而来的研究生，将学生的创意孵化成创新产品，涂铭旌希望我们的学生积极学习国外创意研究中心的先进技术，不断产生新思维的碰撞。目前，涂铭旌带领着一批后辈学者开展科学与艺术融合相关研究。“科技与人文结合，治学与修身相融”是他一贯践行的理念。

注目未来科技

2013 年，麦肯锡全球研究所的研究人员进行了一项新研究。在这项研究中，他们搜罗了大量可能具有颠覆性的技术，并对每一种技术或许能够在多大程度上改变经济进行了尽可能的预测。他们得出的结论几乎不具有权威性，因为我们无法预知未来，但这项研究意味着，一些聪明人认真进行过努力，尝试着将一些似乎正在塑造我们科技未来的主要力量进行量化。他们的研究结果对于人们如何看待技术创新产生了一些重要的影响。麦肯锡的研究人员列出了 12 种颠覆性技术，这些技术是对传统技术、传统行业进行破坏性的替代，并估算了它们可能具有的经济潜力。据估算，到 2025 年这些技术对全球经济的直接影响将达 14 万亿—33 万亿美元。这 12 种技术分别是：移动互联网、知识型工作的自动化、物联网、云计算、高级机器人、全自动和几乎全自动的车辆、下一代基因组学、能源储存、3D 打印、高级材料、高级油漆勘探和采集技术、可再生能源。麦肯锡研究人员认为，绝大多数在未来十几年里具有重要经济意义的技术将是那些目前已经处于发展阶段的技术——如移动互联网，在发达世界基本普及，在新兴市场增长迅速。

2014 年 1 月 7—10 日，2014 年美国国际消费电子展（CES 2014）在美国拉斯维加斯展出，来自世界各地 3200 余家电子厂商参加了展会。互联网、物联网、3D 打印、智能电视、电子产品等改变了人类生活。展示的衣服可以告诉主人体温、血压等，可以自动充电，一件衣服即显示着未来社会的需求。

涂铭旌以美国百年老店胶卷公司申请破产保护的案例，用科技竞争谋略阐释未来科技的重要性：我们要向前看 20 年，看到 10 年、20 年后的世界。2014 年初，涂铭旌在重庆文理学院举办了一个主题为“未来技术前瞻与对策”的研讨会。他深有感触，认为现在的教师多局限在自己研究的小天地里，视野狭窄，目光短浅，看不到未来科技发展前沿，找不准更多的创造价值。归结原因，涂铭旌概括为两句话：一是科学是永无止境的前沿。研究者应该不断地向前看，不能安于现状，不然可能会陷入一个误区：错将现在研究的成果当作前沿，殊不知可能是十年前的“前沿”，或者已经成了“后沿”。二是科技是永无止境的竞争。近 10 年来科学界变化极大，我们最多只能预料未来 20 年的变化，无法预知未来 50 年的发展。因此，我们要从现在起，放眼未来，提炼出一些未来变革性新技术，例如喷墨打印电子线路技术、印刷电子技术、非真空涂层技术以及智能化制造技术等电子信息产业的前沿技术，进行有计划地布置，立即开展超前研究，占领未来前沿技术阵地的制高点，以便引领和驱动电子信息产业的不断转型升级的发展。

创新引领生活，科技畅想未来。未来的竞争主要依赖于科技和创新谋略。科技是硬实力，谋略是软实力。86 岁高龄的老人，仍时刻注目着未来科技的发展方向。2014 年 4 月 11 日，涂铭旌为重庆文理学院全校师生做了题为“浅谈高素质创新型人才的软实力与巧实力”的讲座。讲座从问题与思考，新时代、大变革、大挑战，科技竞争硬软实力的思考，人才软实力培养的实践与探索等四个方面开展阐述，注重谋略与案例结合。在讲座中涂铭旌引用了一个例子：有人曾问过美国苹果公司创办人乔布斯为何如此聪明？乔布斯的回答是：“我站在人文与科学的交点上。”涂铭旌看来，科学是硬件、硬实力，人文是软件、软实力，要将中国博大精深的哲学思想与当下竞争思维融合起来，科技与人文结合，硬实力和软实力形成巧实力；刚柔并济，硬软结合，变成巧师，方能形成核心竞争力。

第七章
淡看名利　桃李芬芳

“当教师不亦说乎”

科教报国一甲子，桃李不言满天下。涂铭旌以其对教育事业的无限忠诚，展现了教书育人、甘为人梯的高尚师德。

在几十年的执教生涯中，涂铭旌自认最宝贵的财富是学生，最宝贵的友谊是师生情谊。他常常说，情义无价，友谊长存，师生就像鱼水情一样[①]。

自 1984 年以来，涂铭旌先后培养了近百名硕士、47 名博士研究生以及 8 名博士后。如今，这些昔年弟子大都成长为材料科学与工程研究领域的学术和技术骨干。学生们的科技成果也是硕果累累，获得省部级一等奖的不少，还有好几位已经荣获国家科学技术进步奖。他们中很多都承担了稀土功能材料、纳米材料和复合材料及其应用等多个领域内的“863”课

① 涂铭旌访谈，2014 年 3 月 24 日，成都。资料存于采集工程数据库。

题、国家“十一五”核能技术开发、国家自然科学基金、博士点基金、省部级重点科技项目和企业横向课题等重大项目。每每回忆起恩师的悉心指导与谆谆教诲，他们无不敬怀感恩之情，将如山师恩铭记于心。

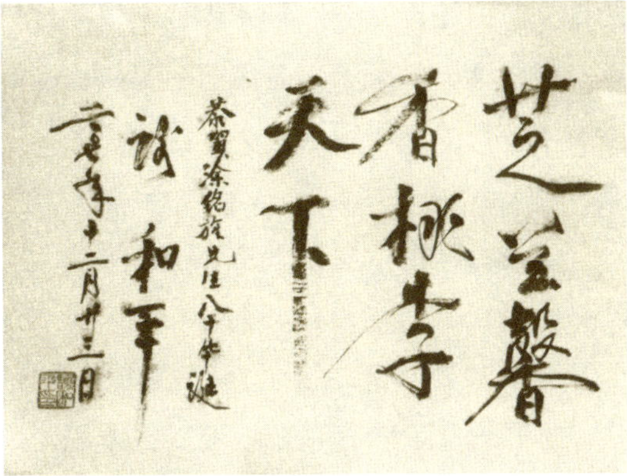

图 7-1　2007 年 12 月 23 日四川大学校长、中国工程院院士谢和平为涂铭旌八十华诞题词：芝兰馨香桃李天下

做学问前先做人

做学问前先做人，这是涂铭旌在教导学生时常常挂在嘴边的一句话，也是他给历届学生上的第一堂课。面对当今学术不端行为频出的情形，涂铭旌看在眼里，警觉在心中，他要求门下弟子一定要以身正为范，坚决杜绝学术作假。诚信之外，认真、负责……都是涂铭旌以身作则，引导学生们逐步培养起来的优良品质。

涂铭旌不仅在学术研究规范方面对学生严加管教，还在生活细节上对学生加以引导。也许是早年留学德国的经历，涂铭旌格外注重小细节，甚至包括日常着装等方面的要求。凡是在比较重要的场合，涂铭旌自己也非常留意规范着装。

在四川大学材料科学与工程学院副院长刘颖的记忆中，有一件小事影响了他的一生。当年刚刚登上讲台的刘颖还是一名年轻教师，专心做学术却没有注意个人仪表。有一回天气炎热，刘颖没有多想就穿着短裤走上了讲台，下课后回到实验室做实验时遇到导师。涂老师看到刘颖的穿着之后，就委婉地向他提出，身为教师，不能再像过去读书时那样随意，自己的一言一行都会给学生产生影响，以后不要再穿短裤去上课了。回忆起当时的情景，刘颖感言老师对于细节的重视，从那以后，刘颖也开始分外注意自己的言行，真正做到为人师表、身正为范。

认真做事，也是涂铭旌教导学生立身治学的一大重要品质。对于学生的论文，涂铭旌必会仔细阅读，不仅如此，他还要用多种颜色的彩笔在文章上做批注，如果第一遍用蓝色笔，修改的时候就换成红色，如果还要再添加内容，则会用绿色再次标注。往往是一篇文章看下来，纸面变成了五颜六色。

这种认真也体现在涂铭旌特有的“涂氏 PPT”上。由于现代高校教学已经转用电化教学设备，而年事已高的涂铭旌没有足够的精力制作 PPT，便开创了独具风格的纸质 PPT 模板。他会事先在脑海中勾画好 PPT 的样式，然后把文字内容写在纸上，根据用途不同，分别用红色、蓝色、黑色等颜色表示，还细心地区分了字体粗细，中间不时出现三角形、星号等符号，这些都标志了文字在 PPT 中的位置和重要程度。再三检查之后，涂铭旌才会请助手依样画葫芦地转制成电子版的 PPT。

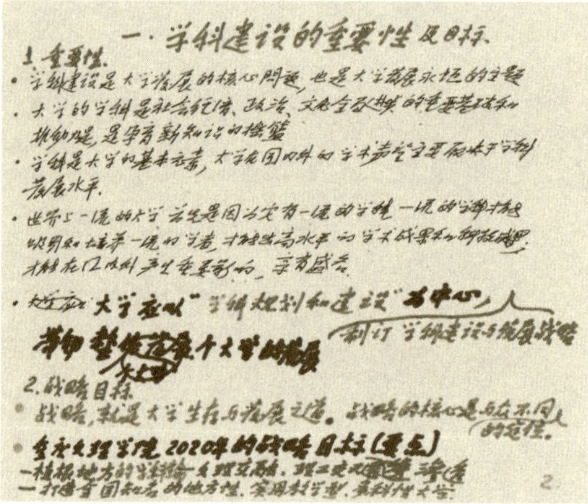

图 7–2　涂铭旌彩笔手写《地方大学学科建设》PPT 手稿第二页

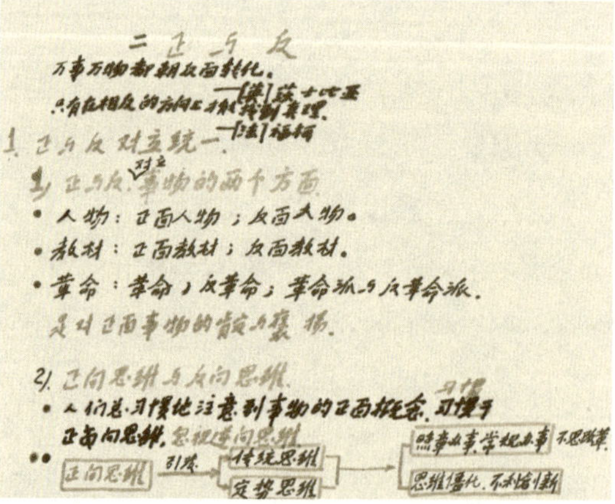

图 7–3　涂铭旌彩笔手写《辩证思维与科技谋略》PPT 第二章“正与反”第一页

同样认真负责的态度也表现在涂铭旌授课的课堂上。为了让本科生在校期间接受高水平教师的授课，四川大学希望涂铭旌能面向本科学生开设相应的课程。面对学校的期望，当时已是 82 岁高龄的涂铭旌不仅没有拒绝，反而认认真真地重新开始备课。他在自己六十余年的执教经验的基础上，结合自己的人生经历与感悟，将科学理念和人文精神相结合，将原本计划的专业课程讲授成了科普性极强的课程，不仅仅是材料专业的学生可以修读，就连人文专业的学生也能够听懂，于是入选了学校的文化素质公选课《创造发明学导论》。

考虑到涂铭旌年事已高，四川大学教务处特意向老人家说明，可以坐着授课，但涂铭旌坚持和其他教师一样站着讲课，只有课间休息时才坐一会。看到年迈的院士如此认真授课，前来听课的同学们都深受感动。

不仅如此，在学校每年的开学典礼和毕业典礼上，特别是本科学生的典礼中，都能见到涂铭旌的身影。学高为师，身正为范，涂铭旌以自己认真负责的处世态度、勤勉严谨的行事方法，真正为学生正身治学做出垂范。正如涂铭旌的老同事、四川大学金属材料系教授陈家钊在向涂铭旌敬贺八十寿辰时的诗作中所言："敬业一生劳以瘁，事教六旬不辞难。思维创新育英才，满园桃李显春归。"①

传道、授业、解惑

作为一名科学家，同时也是一名教育工作者，涂铭旌培养指导了一批又一批学生，向材料学界源源不断地输送新生力量。从教几十年来，涂铭旌深刻地认识到自己在学生成长过程中的重要性，所以他始终将传道、授业、解惑视为自己教学的不变宗旨。

图 7-4　1996 年 6 月涂铭旌在成都科技大学材料系 93 级硕士论文答辩会上宣讲

传道　在涂铭旌看来，所谓"传道"，不仅仅是要教授学生相关知识，更是需要向学生传授做人做事的道理，在传授知识的同时循循善诱，帮助学生立身持正。涂铭旌用自己的言传身教影

① 《涂铭旌院士·人生集锦》。资料存于采集工程数据库。

响了一批又一批学生，引导他们开启了人生的大门。

涂铭旌很喜欢《孙子兵法》中一句非常经典的话：“兵无常势，水无常形”。“文化大革命”时期，工农兵学员的任务是“上大学、管大学、用毛泽东思想改造大学”，因此很多教师在教授学生的过程中往往顾虑过多，不能够专心从事教学工作。而涂铭旌却始终对这群血气方刚的工农兵学员一视同仁。他说：“工农兵学生本身没有错，他有什么错误？他是受‘四人帮’的挑动来上管改，但是他本身是想学习。你怎么去引导他，作为一个教师来讲，你引导他怎么去生产中提炼问题、进行学习，这个是对一个工程师的培养非常重要。”①

授业 师傅引进门，修行靠本人，涂铭旌认为自己对于学生来说，起到引路人的作用。作为“师傅”，就是要向学生传授学科技术和创造性思维，引导学生独自创造发明，把理论切入和融入到生产实际，引导学生进入社会的研究团体。

解惑 在涂铭旌看来，学生的人生当中的思想心结，老师有责任和义务要为他们解开，解开学生研究关键技术的难点和他们的思想包袱。虽然和同学谈心是非常费心劳力的事情，但涂铭旌依然乐于倾听学生的诉说，帮助他们共同决策。而学生们也全心全意地信任老师，在人生的众多支路口上，他们往往选择听听涂老师的意见。

在涂铭旌看来，对待学生如果是授人以鱼，哪怕是大鲤鱼，也不如授人以渔，把捕鱼的网送人，可以再生产、再增值、再创造；授人以财，给人钱的话，不如授人以技。涂铭旌现在提倡训练工程硕士生要采取鹰式训练。老鹰在二百米以上的天空飞翔，可以看到地面上奔跑的兔子，老鹰的视力比人强四倍以上。所谓鹰式训练，就是要训练一个学生的眼力，既要敏锐同时眼界又要宽，看得远看得深。

涂铭旌曾反复在电视里观察老鹰的动作，基本上是快、稳、准、狠，老鹰扑下来后，兔子正在跑，老鹰很快就飞过去，抓到兔子后首先将兔子的心脏戳破，使得兔子没法再跑。做科研其实也是一样的道理。科研也要

① 涂铭旌访谈，2014年3月24日，成都。资料存于采集工程数据库。

快稳准狠，把关键技术抓住、抓稳，要做就做狠，而且要兵贵神速、出奇制胜，老鹰就是这样。另一个要领是要有勇有谋。老鹰的飞行，有猛的一面，但也有巧的一面，有谋的一面。涂铭旌曾经看老鹰在地上把一条十几米长的蛇抓起来了，但是没办法吃，于是老鹰将之抓起来后再往上提升，提升到二十米三十米后甩下来，这样来回两三次这条蛇就晕了，老鹰再慢慢享受。《周易》当中有“至柔至刚”的说法，会刚强也会柔软。涂铭旌现在把学生往这方面培养，不照本宣科，而达到授渔的目的。

涂宗涛[①]在“我所了解的涂铭旌院士”[②]一文中评价涂铭旌道——

> （涂铭旌）既精通高新科技，也善于普及科普知识。如我问他“什么是热处理？”他回答说：“我们老家的铁匠，把烧红的铁，放在冷水中浸一下，使之变硬，这就是热处理。”我一下就明白了。又一次我问他“什么是金相学？”他答：“就是给金属看病，如火车的大轴断了，找出所以断的原因。”一下我又明白了。反观我的同行，某些“半瓶子醋”的人关于“以高深文浅陋”，玩弄概念游戏，看来能否做到“深入浅出”是判断一个学者水平的标识。

对于教学相长，涂铭旌也有体会。比如涂铭旌过去在西安交通大学的博士生孙军，现在是西安交通大学国家金属材料及强度重点实验室的主任，其实验室评估很好，他本人也已经是国际会议的委员会主席了。他 1989 年就是第一届国家杰出青年基金获得者，当时几个比较优秀的人物排在主席台照相，涂铭旌现在还留着这张照片。现在孙军已经成为长江学者特聘教授，首批“新世纪百千万人才工程国家级人选”入选者，连续两届国家“973”计划项目首席科学家，在国内和国际学术界都有一定的声望，后生可畏。

学术研究上，涂铭旌强调做研究要尽量有应用的背景，并且要与国家

---

① 涂宗涛为涂铭旌的族叔，1925 年 1 月出生。四川巴县人，研究员。中共党员。1950 年毕业于南开大学中文系。现为天津社会科学院历史所研究员、天津诗词社顾问。曾任中国历史文献研究会首届学术委员。

② 涂宗涛给曹丹的信，2014 年 6 月上旬。资料存于采集工程数据库。

的发展需求相契合，在做具体的方向和内容时他还鼓励学生去走“少人区”，甚至“沼泽”。涂铭旌曾告诉孙军：

> 如果一个地方有很多人都去了，即使是一个很富的矿，但是当你去了以后也未必能够挖出什么金子来。虽然“少人区”也不能说它肯定有金子，但至少“少人区”发现新东西的几率大一些。当然“少人区”你可以参考前人的东西就少一些，所以这个时候就需要勇气和冒险精神。①

时至今日，老师的这段告诫依然是孙军治学的准则之一。

对学生亦师亦父

古语云，一日为师，终生为父。涂铭旌对待学生也是如此，亦师亦父。他不仅在学业上给予指导，更在生活上对学生给予了极大的关怀和帮助。很多初次见到涂铭旌的年轻学生，总会对这位德高望重的名家心生敬畏，但接触时间一长，大家都会为涂老师的和蔼宽厚所折服。许多学生后来不仅成为涂铭旌的同事，更成为了他的朋友，有时候甚至“几代同堂”。但他从不论资排辈、倚老卖老，而是一视同仁地将大家看作同事、朋友。“在学术上一丝不苟，在生活上平易近人”②，这是学生吴朝玲多年交往中对老师做出的评价。而在涂铭旌看来，学生永远是长江后浪推前浪、青出于蓝胜于蓝，他不仅为学生的成长而欣喜，更是不断鼓励、帮助学生超越自己。

三尺讲台上，涂铭旌为学生认真讲授知识和技能，传播智慧；课后生活中，涂铭旌不忘与同学聊天、传承责任与使命，甘做关心青年成长的引路人。平时，涂铭旌除了向学生们传授专业知识和工作技能外，还特别注重培养青年们的创造发明思维、科技辩证思维和科技竞争谋略。涂铭旌认

---

① 孙军访谈，2014 年 3 月 13 日，西安。资料存于采集工程数据库。

② 吴朝玲访谈，2014 年 9 月 24 日，成都。存地同上。

为在后金融危机时代，高素质创新型人才培养的思维分为人文艺术思维、创造发明思维、科技竞争思维、科技辩证思维。多年教学下来，涂铭旌已经培养出一大批工学博士，但涂铭旌希望能在引导他们打下扎实学术基础的同时，带领学生走出“工而不博”的困扰，跨领域思考，多发展其他方面的思维。为了让学生们体会到这一点，涂铭旌还利用大量休息时间精心编写《材料创造发明学》《科技竞争谋略36法》和《辩证思维与智慧谋略》等著作，指导教学实践。

在涂铭旌看来，办学思路一定要更开阔，要让学生更多地参与到实践中去；要在研究中瞄准学科前沿，大胆开展相关研究，争取尽快取得大的突破；学科方向要有特色；科学研究要加强技术转化力度；要加强学科团队建设。针对创新思想，他主张科技与人文结合，治学与修身相融，这样才能有高尚的科教报国思想境界。工科类学生往往太注重技术方面的训练，而不注重文化的积淀，然而对于工科学生来说，一方面要有硬实力，另一方面还要有软实力，因为一个团队如果没有文化支撑，那就没有凝聚整个团体的团队精神。其实，也正是在这种团队精神的引领下，涂铭旌带领着他的科研队伍登上了一个又一个高峰。

涂铭旌对学生的关心不仅仅局限在科研上，也包括他们的各项人生大事。而学生们也对老师敞开心扉，每每遇到人生的重大抉择时，他们总会与涂铭旌商议，听取他的建议。

1998年，涂铭旌的硕士生陈远富即将毕业，他初步的工作意向定在了镇江船舶学院。得知此事的涂铭旌马上找陈远富了解详情，并试图劝说陈远富继续攻读博士学位。在涂铭旌看来，富有科研天分的陈远富一直对做科研充满热情，自己也取得了相当出色的成绩，这么好一块料子不继续深造，实在可惜。面对老师的关心，陈远富吐露了实情。原来，陈远富之所以急于毕业就工作，并非不愿读书，而是因为家庭经济的原因不得不放弃。他告诉涂铭旌说，硕士研究生期间的生活费全靠两个哥哥供给，想到自己已经26岁了，如果继续读博士，就意味着要让哥哥供养自己到30岁，陈远富实在不愿继续给家人增加负担和压力。涂铭旌听完学生的解释后，一边鼓励陈远富备考博士研究生，一边替他思考如何解决生活费用来源。

一番思考之后，涂铭旌建议陈远富申报国家课题，以其中的“劳务费”解决生活费用，同时涂铭旌还提高了给陈远富的博士研究生生活补助。当时一般博士生每月的生活补助是100元，而陈远富表现非常优秀，涂铭旌每月贴补他500元。涂铭旌私下算过一笔账，陈远富每月生活费大概在250—300元，一个月500元的补贴能够保证他正常生活之外，还能结余出一些零花钱。全无后顾之忧的陈远富非常高兴，全力备考，顺利考上涂铭旌的博士研究生。期间，涂铭旌还主动给陈远富介绍对象，最终促成一对佳偶。三年后，面临博士毕业的陈远富又一次找到了涂铭旌，这回，他向老师提出离开四川大学前往中国科学院物理研究所攻读博士后的想法。涂铭旌感到有些遗憾，陈远富是自己一手从硕士生培养起来的，在项目研究中做出了很好的成绩，但他也想到，去中科院攻读博士后对陈远富而言可能是更好的选择，于是涂铭旌尊重陈远富的意见，同意他前去中科院。师徒两人一直保持非常友好亲密的联系。

陈远富并不是个例。2003年6月，涂铭旌的博士研究生吴朝玲毕业前陷入了就业选择的彷徨中，面对政府、研究所和高校的几条路子，吴朝玲不知应该何去何从，从内心来讲，当时学校待遇不太理想，三种选择中，吴朝玲把留校任教排在了最后一位。涂铭旌为这件事情和吴朝玲讨论过多次，他从科研发展、个人未来发展几个方面帮助吴朝玲分析利弊，认为吴朝玲在项目研究上驾轻就熟，留在学校发展快，而且作为女生，高校的工作相对稳定和单纯，多方面考虑下来，涂铭旌建议她留在学校任教。听了老师的分析，吴朝玲又重新做了一番思索，最终决定留校任教。对于这件事情，如今已是副教授的吴朝玲总是笑称，“所以呢，这个为什么我会当老师，涂老师做主的”①。

亦师亦父的涂铭旌深受学生爱戴和尊敬，每每有陪伴涂铭旌出行的机会时，大家都会主动帮助老师拎包、开车，以至于学生常常笑称涂老师身边都是“教授级司机”“教授级跟班”②。

正是在涂铭旌的关心和指引下，一批又一批的稚嫩学子羽翼丰满，走

① 吴朝玲访谈，2014年9月24日，成都。资料存于采集工程数据库。

② 同①。

上了不同的工作岗位，为国家发展、民族富强做出积极贡献。

在涂铭旌七十八岁生日时，四川大学 2001 级全体博士生寄来的贺词中这样写道：

> 涂老师，您在人生的旅途上，风风雨雨，历经沧桑 78 载，您的生命，不仅在血气方刚时喷焰闪光，而且也在壮志暮年中流霞溢彩。
>
> 崇高做我师表，身正为我垂范。
>
> 涂老师，您的一生，视名利淡如水，看事业重如山。为振兴中华，在教坛上，在科海中，您度过了 55 个春秋，真是呕心沥血，忘掉自我。尊敬的老师，您教我们怎样做人、如何做科研、如何创新。您亲切的教诲，恰如一股清清的泉水，在我们心灵的河床里，潺潺流动，并将伴随和受益于我们终生。
>
> 敬爱的老师，您博学多识，思维敏捷，具有学者素质，大家风范，堪称学界名流，国家栋梁。您的人生富有云水风度，松柏气节。
>
> 回想恩师当年谆谆教诲情，
>
> 喜看桃李今朝处处竞妍丽[①]。

充分尊重学生自主权

在教学中，涂铭旌不仅注重引导学生正身为人，以自己的学识、经验教导学生，以父亲般的慈爱关心学生，同时还充分尊重学生在学术研究中的自主选择权。在西安交通大学任教时，学校对负责教学和科研的教师分工明确，当时涂铭旌主抓科研。改革开放以后开始指导研究生，由于受到精力和经费的限制，当时每年具有招生资格的教师一般会招收两至三名硕士研究生，他在这一阶段主要带研究生做低温材料方面的研究。

1986 年，孙军考入涂铭旌门下从事金属材料延性断裂的研究，除他之外，同一年涂铭旌还招收了林君山、冯祖德、张建勋等四位博士生。在当

① 《涂铭旌院士 · 人生集锦》。资料存于采集工程数据库。

时，具有博士生导师资格的人非常少，在西安交通大学金属材料研究所，仅有周惠久和涂铭旌两人具有这样的资格。据孙军回忆，当年报考涂铭旌的博士时，他的门下并没有孙军想读的断裂力学方向，但最终涂铭旌还是答应孙军为他再开一个方向，但告诉他要“自带粮票”，“自带粮票”的意思一个是经费要自己解决，方向要自己把握好，做的内容自己做主，充分发挥主观能动性，而当时涂铭旌就是在大的方向和研究脉络上给孙军一些建设性的指导意见。

及至涂铭旌调到成都科技大学并指导他在此的第一批博士生、也是成都科技大学金材系第一届博士生的黄婉霞和陈荐时，涂铭旌仍是给予学生极大的自由选择空间，自己则是从旁协助，帮助这批年轻人在科研道路上走得更快、更稳。

黄婉霞在选择博士研究方向选题时，充分感受到了涂铭旌尊重学生自主选择的治学特点。她记得当时涂铭旌给她提供了三个方向以供选择：第一个是延续她在硕士研究阶段的课题继续深入研究，第二个是微波隐身领域的相关研究，第三个则是电磁屏蔽相关课题。涂铭旌虽然尊重学生的选择，但也并不是一味撒手不管，而是从旁协助黄婉霞进行选择。他首先给黄婉霞列了一张表格，纵向是以上三个研究方向，横向则分别罗列了该项课题的先进性、科学性、可行性、可能遇到的困难等一系列评判指标。

一直以来习惯了“老师指哪学生打哪”的学习模式的黄婉霞，拿到这张表的第一个感受就是困惑。这也算是她在博士研究学习期间的第一份问卷，要如何填写“答案”呢？面对黄婉霞的困惑，涂铭旌帮她联系相关研究所和高校，让黄婉霞自己去查阅相关资料，了解各个项目的情况，从而最终决定自己的博士生研究方向。

通过查阅大量资料，黄婉霞心里对这三个项目有了初步的对比，她又拿着表格去找涂老师，汇报这段时间来了解的情况和初步判断，听听老师的意见。最终，在涂铭旌的帮助下，黄婉霞选定了以电磁屏蔽方面的研究作为自己的博士研究选题。

不仅仅在确定选题方面，在对于学生科研项目的指导中，涂铭旌也采用宏观控制的办法。一方面因为涂铭旌身体状况不允许他直接深入到科学实验中去，另一方面也因为他同时指导好几个大类的相关研究，精力有限，所以对于学生的指导，涂铭旌更多地将关注点放在研究方向的引领和交流平台的搭建中去，而对于研究过程中的具体细节，他则完全尊重学生的自主权。他对学生的这种尊重，他的学生、现在又担任其科研秘书的李军很有感受：

> 他不会一步步盯着学生做研究，因为他觉得让学生有更多的自主权的话效果更好。给学生指导方向后，那么让学生自由地去发挥，自由地去发挥他的想象，不要太拘泥于固定的形式，去约束学生。也就是说在他把方向指定后，他不会每天说按照这个设计，你今天到哪（个阶段）了？明天你到哪（个阶段）了？这样学生可能会，应该说对某种目标产生疲劳，这样的话，虽然他不经常过问，但会定期询问，那么也就是说，到了一定时间，你按照他的要求，一定要达到什么目标。这个目标没完成，后面的你会感到压力，会逐渐增大，他也不会怎么责骂你，但是你会发现老师给你布置的前沿性的、研究性的内容逐渐增加，自己的压力也会越来越大，那么因此为了完成这个目标，你就必须加倍努力，所以说，虽然老师不经常过问，但对学生的指导和督促作用的话，我想呢，某些情况下，某些作用和效果比每天过问效果还要好很多①。

为学，涂铭旌追求卓越，取得丰硕成果；为师，他呕心育人，培育大批人才。对于教师的职责，涂铭旌有着自己深刻而独到的见解。他认为，授人以鱼，不如授人以渔。为师者必须知识渊博，德行高尚，师者必有大爱。涂铭旌曾深情地总结了自己认为最幸福的六个时刻：当学生知错改正之时；当学生品德凸显之时；当学生从失败走向成功之时；当学生事业取得成就之时；当得病，学生来看望之时；每逢佳节，学生来电问候之时②。

---

① 李军访谈，2014 年 10 月 21 日，成都。资料存于采集工程数据库。

② 铭佩不忘　旌麾耀世——记金属材料与热处理专家中国工程院院士涂铭旌。见：《师韵：北科大走出的院士》编委会编著，《师韵：北师大走出的院士》。北京：冶金工业出版社，2012 年，第 255 页。存地同上。

涂铭旌回顾自己六十余年执教之路时认为："人生如歌，学生们取得的每个成就，都是我人生中最珍贵的财富，更是我人生谢幕乐章中最为动听的主旋律，是最为悦耳的一个个萦绕于空中的美丽音符，让我久久难以忘怀。"①

图 7-5 1997 年，涂铭旌与到成都科技大学后指导的第一届（94 级）博士生合影（左为陈荐、中涂铭旌、右为黄婉霞）

桑榆未晚，桃李满天，时光流逝，岁月已去。涂铭旌 20 多年来培养的学生们，正在各个领域崭露头角、出类拔萃。他们正在创新知识，发展科技，创造财富，发明专利，塑造英才，铸造

图 7-6 2008 年 11 月，涂铭旌 80 大寿与学生合影（第一排右三为涂铭旌，右一为唐昭莼女士）

① 《中国工程院院士涂铭旌·科研教学活动集锦 1988 年—》。资料存于采集工程数据库。

辉煌。而涂铭旌这位学业与人生的双重导师，也正如他自己常常引用的毛主席诗词中《咏梅》的两句话一样，“俏也不争春，只把春来报。待到山花烂漫时，她在丛中笑”。

知足常乐　自立规矩“五不做”

当选院士

1993 年，成都科技大学希望涂铭旌申报中国工程院院士，时任成都科技大学金属材料系党总支书记杨传荣亲自打电话到涂铭旌家中，希望他去领申报表。而涂铭旌却认为自己已经年过六十，又身患癌症，于情于理都不应去竞争这次机会，便委婉拒绝了。而学校综合多方因素，重新考虑之后，仍然认为涂铭旌是最佳申报人选，便希望通过涂铭旌的爱人唐昭莼劝说。几番努力之后，涂铭旌在夫人和女儿的劝说下，抱着贵在参与、尽力一试的想法，开始申报中国工程院院士。

在这次申报工作中，涂铭旌认为最困难的部分是自我评价，申报要求申报者提供科研成果依据，从而对个人科研技术水平进行自评。但当时涂铭旌才刚到成都科技大学几年工夫，之前很多成果资料没有留在身边，写起来困难重重。最后整整用了两周时间，写得腰酸背痛，才把相关材料填写完毕。而在“个人简介”一栏中，很多申报者都会尽量写较高的评价，而涂铭旌却反其道而行之，当时在行业内已经有很高知名度的他只是谦虚地写上“在国内同行有一定的知名度”。夫人唐女士看到后说这样谦虚肯定评不上，建议涂铭旌改过来，而涂铭旌觉得知名度是学界专家共同评定的标准，而自己的成绩还远远不够，更谈不上很高的知名度，所以最终也没有更正过来。

申报表递交上去后，涂铭旌便将这件事情抛诸脑后，不再过问。有人问涂铭旌：“涂先生，你干嘛不去北京，有些人都到北京去争取了。”面对

图 7-7　1995 年中国工程院机械与运载学部全体院士合影（第二排左二为涂铭旌）

大家的不解，涂铭旌只是淡然一笑，他不愿意为了身外荣誉而折腰。

评审结果揭晓后，涂铭旌收到公开的评审结果信函，“涂铭旌”三个字赫然在列。当时的成都科技大学只有徐僖一位中科院院士，并没有工程院院士，涂铭旌的申报成功填补了这一空白。

但涂铭旌却以清醒的头脑面对这一巨大荣誉，他在 1995 年 10 月 30 日写给好友陈湛清、曹树登、杨镇夏的书信中这样写道[①]：

湛清、树登、镇夏诸兄：

得知 10 月 10 日同济老同学及嫂夫人们在上海美食街，同堂共聚于长久酒楼，共叙旧情，共论人生。我仿佛也亲临其境，沉醉于友谊万岁之中。苏轼诗词中写有“但愿人长久，千里共婵娟”的佳句，席间我辈同窗好友，一群接近古稀的老者共同举杯，为千山万里之外的老弟祝贺，实在感激之至，同学和朋友中，年青时代的友谊更净，更

① 涂铭旌给陈湛清、曹树登、杨镇夏的信，1995 年 10 月 30 日。资料存于采集工程数据库。

真挚，更持久，更耐人回味、寻觅。我遥在西部边陲，重温手足相处的一幕幕动人情景，领受到老哥们对小弟的“幸运”而祝贺干杯。这酒仿佛漂移到成都华西坝，飘香到长江上游、宜宾李庄镇同窗共读、哺育过我们的土地上。

值得自豪的是，我们这帮莘莘学子，经历过日本侵略中华大地，水深火热、饥不饱肚的苦难，奋发进取，忧国忧民。值得骄傲的是，我们这一批人，为祖国自强不息，各自在不同的岗位上，成绩卓著，为人正直不阿。

我乃一届书生，典型的“啃书匠”，虽能吃苦、卖力爱学习，勤奋有余，而天资并不聪明，才干也不如诸兄，我可能是我们这一代人的幸运代表之一，接受了国家对我辈辛勤耕耘、培育人才的表彰。前些天，在隆重的颁发中国工程院院士的证书的仪式上，我仿佛站在我们老哥们的前列，代表大家接过了院士证。

在国内改革开放中，不断涌现这种热或那种“热”，此起彼伏。在科技界，最近出现院士热，然而世间总是潮起潮落，潮涨自有潮落时。

胡诚贤侄经过几次找寻，前天终于来到我家，他身体高壮，谈吐爽直，举止有礼，生活简朴，酷爱学习，不愧为忠烈之后，席间详细问及学习、生活、文体活动兴趣及志向，令人欣慰放心。望他能经常来访，有什么困难及时来找我。

我再次衷心感谢你们兄弟般的祝贺！

专此。致

谢意！

弟　铭旌

1995 年 10 月 30 日

警惕荣誉，坚持“五不做”

涂铭旌常常说，一个人一辈子可以做很多事，其中有好事也有坏事，但无论好坏，永远要坚守原则，不能为环境所影响，为贪欲所诱惑。“知足常乐”，是涂铭旌常常挂在嘴边的四个字。涂铭旌的性格受到母亲的影响，他自幼年起目睹妈妈的为人处世，亲身体验到这位平凡而又伟大的女性所具有的勤劳善良、热爱劳动、俭省持家、温和有礼、与世无争、胸襟开阔等诸多优良的传统品质。这样耳濡目染、言传身教之下，涂铭旌也养成了严于律己、宽厚待人的优秀品质，他认为做人要像诸葛亮所说的那样，“非淡泊无以明志，非宁静无以致远”。涂铭旌在八十余载的风雨人生路上，总觉得母亲的形象时时刻刻在影响、提醒自己，做事情要对得住自己的良心。

面对众多的荣誉，涂铭旌选择了功成身退、警惕荣誉，并为自己“约法三章”，制定了“五不做”[①]的规矩来严格约束自己——不逐鹿中原，不接待记者，不上电视台，不上报纸，不登杂志广告。

所谓“逐鹿中原”，出自《史记·淮阴侯列传》“秦失其鹿，天下共逐之”，意思是争夺天下。而涂铭旌发现自从他当选院士后，无形中就会增加一些特权，比如争取课题、申报项目等，比以前容易了很多。但是涂铭旌并不会倚仗院士的头衔去“逐鹿中原”，称霸一方。当选院士前，涂铭旌常常会参加一些学术会，为争取课题、申报项目做准备，但当他当选院士后，便将这一类的学术会议一一推掉了，按他自己的话说，不想因为院士的头衔而将一些不必要的因素加入进去。有一次，在评选“何梁何利科学与技术成就奖”的人选时，其中一名联合会推荐人正是涂铭旌在高分子学院的同事，两人共事多年。因为了解涂铭旌的学术水平和个人品格，该推荐人在三年中屡次建议涂铭旌去申报，并极力向“何梁何利基金会”推荐。如果评选上，涂铭旌个人将会获得几十万元的奖金，对于生活简朴的涂铭旌来说，几十万元可是一笔不小的数目。但是面对同事的好意，涂铭旌婉言拒绝了。

此外，各路媒体不时要求前来采访，其中不仅包括《四川日报》《四川科技报》等地方媒体，甚至是中央电视台《东方之子》栏目也向涂铭旌

① 铭佩不忘 旌麾耀世——记金属材料与热处理专家中国工程院院士涂铭旌。见：《师韵：北科大走出的院士》编委会编著，《师韵：北师大走出的院士》。北京：冶金工业出版社，2012 年，第 255 页。

发出专访节目的邀请。而涂铭旌认为自己只是做了分内之事，不足挂齿，还远远达不到需要媒体宣传报道的水平，所以屡屡婉拒。

尽管涂铭旌本人没有接受采访，但有关他的报道却有很多，因为涂铭旌常常以儒家经典语句自警，所以很多记者为其封上“高级智库”“国学院士”等头衔。在网络上检索“涂铭旌”三个字，能够搜到十几万条相关信息。而涂铭旌起初对这些情况一无所知，都是后来从学生和子女口中听来的。对此，涂铭旌感到很无奈，他认为自己的语言只是讲课教学的语言，是日常口语，只是加了一些自己日常阅读的中华文化，根本承受不起“国学”二字。

以下是涂铭旌获院士后给唐昭永先生[①]的回信，信中表明了自己的想法。

昭永兄：

来信收读，信中谈及侄女咏秋与晓芳在美国的情况和晓川在京国际贸易学院攻读双学士行将毕业的处境，我们老俩口身边也无子女，可谓同病相怜。

人生、家庭、子女总是人类永恒的主题，为人父母者，为儿女几多劳累，几多辛苦，几多付出，几分高兴，几分幸福，又几多忧愁和忧虑。

近年来青年学者出国热，国人多有讨论，出国奔前程、经风雨、见世面，我持鼓励、赞成态度，就像新中国成立前无数青年去闯荡上海滩一样，辛苦奋斗，有沉有浮，人总择优而生，但又总以适者生存为前提，年轻学者出国深造，不失为造就优秀人才的重要途径。我深信，中华民族是一个古老而有强内聚力的伟大的民族，中华儿女，炎黄子孙，总是情系父母乡亲，总是热爱祖国的，他们必将以各种形式回报祖国。

晓川贤侄学位学成，正处于不景气的时机，但经济发展总是有起有伏，孙子兵法云：“先知迂直之计者胜”，人要学会直中见曲，曲中

① 唐昭永，郑州煤矿机械厂中学教师，涂铭旌夫人的堂兄弟。

见直，在困难的时候，要看到前景，看到光明。就晓川而言，应坚定不移地向双学士的人生征途走下去。在我看来，中国经济的发展极缺公司企业懂技术的经理人才、智商素质高的复合型高层次人才，需要远见卓识的企业家和中青年的接班人，他们并不亚于有真才实学的工学博士、理学博士。设若晓川有信心成为经理之才，就应抛开异念，披荆斩棘地奋斗下去。

就我而言，获得院士殊荣，诚惶诚恐，人既已达到“顶峰”就意味着每况愈下，将走向人生的终极。因此，我总以“老马已觉黄昏至，不待扬鞭自奋蹄”作为自律。

就此搁笔

祝全家安康！

铭旌

1996年3月31日[①]

自1988年以来，涂铭旌在其主要从事的功能材料及纳米材料的研究与应用、金属材料及热处理、材料强度与断裂等学科领域的研究工作中，先后担任了“发挥金属材料强度潜力的理论与应用”“综合强化”“耐寒高强钢的低温脆断规律、机理、判据及安全评价”以及“重大机械失效分析”等研究项目的主研人员。皇天不负有心人，涂铭旌在科研中付出的心血得到了丰硕的回报，获得了不计其数的奖项与荣誉。他主持研究的十余个项目被列入“十五”“十一五”“863”高技术新材料项目和国家自然科学基金重点项目。此外，还有省部级鉴定科研成果十余项，申报国家发明专利62项，其中“室温磁制冷材料”和“无钕稀土系镍氢永动力电池”方面的研究成果分别被评选为2002年、2003年中国稀土行业十大科技新闻。

面对蜂拥而至的大小荣誉，涂铭旌总是表现得淡定从容，并且不断提醒自己要“警惕荣誉”。“君子不患位之不尊，而患德之不崇；不耻禄之不

① 《中国工程院院士涂铭旌·科研教学活动集锦1988年—》，第57页。资料存于采集工程数据库。

厚，而耻智之不博”，东汉张衡的这句名言被涂铭旌视为座右铭，时刻自警。他始终坚持“做人，要以仁为本，用智为先，取信于人，严于律己，勇于拼搏”这一自我修为的准则。多年来，涂铭旌时时处处注意自己的言行，诲人先正己，秉承低调行事、高度进取、谦逊做人、大胆做事的处事原则，在亲朋好友、同事学生心中留下了恒久的影响，并以其厚德博学、虚心从善的崇高品德为一代又一代学生树立了人生榜样。

在涂铭旌获得的所有荣誉中，有两个是他最为看重的。

第一个是被国家教育部、人事部联合授予第一届“国家有突出贡献中青年专家”称号。而这一荣誉称号的获得，原本并非是涂铭旌所愿的。

当时，随着改革开放和社会主义现代化事业的蓬勃发展，国家迫切需要大批优秀的科学、技术、管理方面的骨干人才。为了落实党中央“科教兴国”战略，进一步在全社会造成“尊重知识、尊重人才”风气，创造有利于中青年科技骨干人才脱颖而出的良好环境，根据中央书记处的决定，1984 年 1 月 27 日，中共中央组织部、中央宣传部、劳动人事部、财政部等四部门联合发出《优先提高有突出贡献的中青年科学、技术、管理专家生活待遇的通知》，希望选拔一批在专业技术与专业管理上有重要贡献的中青年专家。通知中指出，该奖项的候选人既可以由所在单位推荐，也可以由同行专家或学术团体推荐。由于这是全国范围内首次评选这一奖项，国家对此给予高度重视。

在随后的遴选程序中，西安交通大学有两个推荐名额，能够推选校内两名杰出中青年专家作为候选人参加评选，机会非常难得。但没想到推荐名单刚报上去就被原封不动地退了回来。原来涂铭旌在 1976 年出色解决的“南京栖霞山化肥厂事件”被《陕西日报》刊登以后，在学界和社会上造成了一定影响，也为他带来了相当的知名度。所以西安交通大学的推荐名单上报之后，教育部审查材料时发现没有涂铭旌，于是退回了推荐名单，还特意询问了“你们学校金属材料强度研究所副所长怎么没考虑报呢？”。[①] 这样一来，西安交通大学经过讨论研究后，决定把涂铭旌作为推

① 涂铭旌访谈，2014 年 3 月 21 日，成都。资料存于采集工程数据库。

荐人之一再次上报。

1984 年上半年的一天，西安交通大学材料科学与工程系总支书记找到涂铭旌，希望他能够尽快填写申报材料。

当时涂铭旌刚刚被批准成为全国第二批博士生导师，如果能够成功申报首批“国家有突出贡献中青年专家”荣誉称号，自然是双喜临门。但出人意料的是，涂铭旌了解清楚事情原委之后，竟然拒绝了这个“天上掉下来的馅饼”。涂铭旌向系总支书记解释道，虽然“南京栖霞山化肥厂事件”得到了圆满解决，但自己当时只是参与其中，并且这些都是个人的职责所在，称不上什么重大突出的贡献。另外，涂铭旌想到中青年专家以 55 岁为上限，自己的年龄已经“临界”，再过一年就超标了，没有必要再去和年轻人竞争这一难得的荣誉，如果勉强去申报，只会让自己心里更加过意不去，就好像把自己放在火上烤那样难受。所以涂铭旌再三向系总支书记表示，自己不愿意填写申报资料。一直以来，涂铭旌早已习惯于“只管埋头拉车，不往前看路”，从不追名逐利，刻意参加荣誉评选。在他看来，科技工作者也好、教师也罢，不能完全做到淡泊名利，但无论怎样都需要有个“度”，要懂得知足常乐，这也是涂铭旌母亲教会他的人生哲学。因而拒绝这次荣誉评选，也符合他的一贯作风。

看到涂铭旌如此坚决，系总支书记也没有过多地勉强，事情似乎就这么过去了。直到 1984 年下半年的一天，涂铭旌去领工资时，发现自己的工资多了不少，疑惑的他询问后才知道是自己被批准为首批“国家有突出贡献中青年专家”了，工资由此升了两级，这一答复让涂铭旌摸不着头脑，明明没有申请，怎么就评选上了呢？

为此涂铭旌找到了系总支书记，询问他为什么自己明明没有填写申报材料还被评为了“国家有突出贡献中青年专家”。面对涂铭旌的疑惑，系总支书记解释说因为涂铭旌本人不愿意申报，但因为他的成绩确实突出，所以无奈之下，他只好自作主张帮涂铭旌递交了申请表，他说：“叫你填你不填，不填怎么行呢？你的情况我们最清楚，只有我们帮你填了。”涂铭旌对此回复感到哭笑不得，书记还特意向他解释说，因为当时学校只是推荐候选人，对于能否获奖一事并没有把握，害怕万一没被评上惹得涂铭旌伤心，于是之前就没告诉他。

回到家中，涂铭旌将这件事情讲给夫人唐昭莼听。唐老师听了之后笑说：“你啊！你这个人平常也不想，只管埋头拉车，也不去抬头去看钱。突然这样，天上给你掉个馅饼。”①

虽然评选上了这项荣誉，也获得了相应的待遇，但涂铭旌的心里始终觉得非常歉疚。因为当时按照国家规定，高校教师的薪水被划为不同级别，一至三级是正教授级别，而涂铭旌当时仅仅是高教七级，获得“国家有突出贡献中青年专家”称号后，涂铭旌的工资水平被提升了两个级别，达到高教五级。之后又进行了工资改革，在这个基础上他的工资水平又升了两个级别，变成高教三级，这和他在同济大学学习时的孙成藩老师处在同一个水平。与老师并肩，这让一向谦逊低调的涂铭旌很是不安。他反复问自己：“我何德何能，能够享受这样的待遇呢？”但事实已然如此，涂铭旌只好将其视为工作的动力，不断以更加努力的付出回报学校。

另一个被涂铭旌看重的荣誉来自四川大学。2010年，涂铭旌经过评选，获得了四川大学“十佳师德奖”。对于他来说，这个无关科研成果并且层次不是特别高的奖项意义却特别重大，这是对他教师事业的无上肯定。所以这本证书的原件是他唯一不愿捐赠的两本证书之一。

“低调做人，用心做事，平等待人，以诚待人。”这四句话是涂铭旌的母亲对他从小的教育，也是涂铭旌一直以来的做人准则，铭记于心。他坦言自己不是每一个地方都做好了，但是用这四句话来约束自己能够让自己少犯错。平日里涂铭旌处事低调，在较大的场合，他往往谨慎发言，因为他觉得自己只是在专业知识上懂一点，其他方面还很欠缺，所以要听取他

图7–8　四川大学“十佳师德奖”获奖证书

① 涂铭旌访谈，2014年3月21日，成都。资料存于采集工程数据库。

人的想法，汲取众家智慧。

66 岁时，涂铭旌曾经给自己写过两句话，“老马已觉黄昏至，不待扬鞭自奋蹄”。这就是涂铭旌，不论何时，他总是以一颗谦卑的心，不断激励自己，努力朝前走。对于涂铭旌而言，他现在所做的是一种探索，探索一种培养人的模式和做科学研究的模式。他说，希望能活到老学到老，在自己有兴趣的领域，想为国家多做点事，就像诸葛亮《出师表》里的一句话，“鞠躬尽瘁，死而后已”。

不畏病魔　科研不辍

一贯以勤奋用功、专注科研而为人称道的涂铭旌，在求学时期就由于酷爱读书被同学们戏称为“啃书匠”。执教后，面对繁重的工作和巨大的压力，涂铭旌更是不畏挑战，将全副精力扑在工作上。当他还在西安交通大学工作时，就常常只顾研究、忘我工作，常常不顾自己的身体。有一回去北京出差，在机场等待返回西安时，涂铭旌因过度疲劳引起低血压，晕倒在机场，幸好同行的还有一位西安交通大学的老师，在同事的照顾下，涂铭旌很快就恢复过来。但这次事件被他当成一次“小事故”，并未挂在心上，刚一回到西安交通大学，他便如过去一样，一头扎进了工作中。

20 世纪 80 年代初，唐昭莼和女儿先后来到成都，而作为学校重点培养对象的涂铭旌，却没有能够一同前往，只好独自一人留在西安。当时在西安交通大学的校园里，每到饭点，总能看到涂铭旌独自一人提着一个袋子往食堂走，里面装着两个大碗和一双筷子。这样的情形一直持续到 1988 年，涂铭旌负责的学科和金属材料及强度研究所分别顺利通过国家重点学科和重点国家实验室的评审。涂铭旌又去向学校申请，说自己等到 11 月就满 60 岁了，再不能担任所长，也不可能担任国家重点实验室主任，希望能够早日前往成都，与家人团聚。与此同时，四川省也积极开展与西安交通大学的调任协调，最后涂铭旌成功调往成都科技大学任教，分离数年的一家人再次团聚。

到了成都科技大学后，涂铭旌放弃了原本的研究方向，转而攻克属于“少人区”的稀土、钒钛等领域的研究。他将学科建设、科学研究与国家现实需求紧密结合，孜孜不倦地思考选题、开展各项研究，致力于推动研究成果产业化，不仅成功地带动四川大学材料学科发展，更是极为有力地服务地方材料工业发展、推动区域科研合作与交流。但已年逾六十的他早已过了壮年，由于超负荷的压力和夜以继日的辛勤工作，涂铭旌终于积劳成疾，病倒在家中。

罹患癌症

1993 年秋，涂铭旌突然发现自己大便中带血，便在夫人的陪同下前往校医院看急诊。医生经过检查，又考虑到涂铭旌当时已是一位 64 岁的老人，认为极有可能是他的直肠方面出了问题。但校医院设备简陋，为保险起见，医生建议涂铭旌再去大医院做一次深入细致的检查。

第二天，涂铭旌夫妇骑着自行车来到成都市第三人民医院复查。当时坐诊的是一位老专家，他仔细检查后，对涂铭旌实言相告：“(你的情况) 有 95% 以上 (的可能性) 是直肠癌。”① 医生的话在涂铭旌听来，不啻晴天霹雳。他想到自己费尽周折才调到成都科技大学，与妻子团聚，且一直努力争取的成都科技大学金属材料及热处理专业博士点也刚刚顺利通过，此时正是大展拳脚、回报家乡的大好时机。得知了这一噩耗后，涂铭旌和普通人一样无法接受，一时感到精神压力巨大，他的第一个反应便是“(我得了) 绝症，还能活几天，谁 (都) 不知道”②。多年后，涂铭旌回忆起那个时刻时说道：“谁不怕死，不怕死的人很少，(当时都是) 谈癌色变”③。

事关重大，一向节俭的涂铭旌夫妇破天荒地打出租车回家，并马上将情况向学校汇报，希望能前往华西医院就诊。在校党委的关心下，涂铭旌

---

① 涂铭旌访谈，2014 年 3 月 21 日，成都。资料存于采集工程数据库。

② 同①。

③ 同①。

很快被安排住进了华西医院接受治疗。他早年在哈尔滨工业大学的同窗、时任四川省副省长的韩邦彦在听闻此消息后，立即亲自前往医院看望，并叮嘱院方一定要对涂铭旌多加关照。在医院里，韩邦彦看到涂铭旌所住的病房设施简陋、条件艰苦，又是多人间，而涂铭旌年事已高，且疑似患有直肠癌，这样的环境非常不适合治疗及休息，便想要把他调换到清净且更为舒适的单人间去，以便专心休养。此时已经从噩耗中平静下来的涂铭旌不愿过多享受特殊待遇，便委婉地拒绝了老同学的好意，说："不用换了，（我和同病房的）这几个人已经成朋友了，蛮谈得来，你换一个房间让我一个人，我觉得没意思。"①

1993 年 10 月 18 日，涂铭旌的病情得到确诊，64 岁的他罹患直肠癌。

在熟悉涂铭旌的同事、学生眼中，他"拼命三郎"般的工作热情无疑是压垮他身体的一副重担。涂铭旌患病后，不少昔日同窗、同事与弟子纷纷来函来电慰问病情，在涂铭旌早年的学生康雪雅写给他的信件中这样说道："依我看您是累病的，您强烈的事业心与大将风范使学生我深为佩服，但不要命地干，也是不可取的，话又说回来，如果中国多一些像您那样的人，我们国家就会强大起来。"②

当时负责涂铭旌病情诊治的主治医生是华西医院肛肠科的沈腊梅主任，经验丰富的她建议涂铭旌马上进行手术。很快，涂铭旌由沈医生主刀，进行了肠道改道和切除手术。虽然直肠癌具有解剖关系复杂、手术不易彻底、术后复发率高等难题，但万幸的是，涂铭旌的手术进行得很顺利，病情得到了有效的缓解和控制。手术后，沈医生宽慰涂铭旌说："根据细胞活检的情况和我个人的经验，你活到 90 岁，都不会因为病情复发而倒下。"③

由于当时医院外科条件差、床位十分紧张，并且公共厕所环境恶劣，对涂铭旌这样的肠道手术病患来说，不利于术后恢复，所以手术后的第五天，也就是 1993 年 11 月 1 日，涂铭旌便遵医嘱出院回家休养。

涂铭旌回到家后，立即下决心做到三件事情：一是戒烟，二是保持规

---

① 涂铭旌访谈，2014 年 3 月 21 日，成都。资料存于采集工程数据库。

② 康雪雅给涂铭旌的信，1994 年 1 月 29 日。存地同上。

③ 涂铭旌访谈，2014 年 3 月 21 日，成都。存地同上

律生活作息，三是坚持术后生活自理。

64 岁的涂铭旌已有近二十年的烟龄，文化大革命期间，他因为受不了看到彭康校长受批斗，便抽了人生中的第一支烟，从此一发不可收拾。到了成都科技大学后，工作任务重、科研环境差，每天一睁眼便是千头万绪的事务要处理，于是烟抽得越来越多，最严重的时候，涂铭旌一天要抽掉一包半的香烟，烟瘾也越来越大，直到肠道手术之前，他还躲到医院的厕所里偷偷抽烟。手术之后，医生告诫涂铭旌务必戒烟，并说他的痰沫喷射出来都是黑色的。这一提醒让涂铭旌醍醐灌顶，意识到必须戒烟了。戒烟一事难于上青天，抽了二十年，一朝戒掉谈何容易？但涂铭旌拿出了攻克科研难题的劲头，硬是成功戒掉了烟瘾，手术后二十多年来，涂铭旌一支香烟都没有抽过。

第二件事情则容易得多，涂铭旌改变了以往工作起来就忘记休息的习惯，在夫人、同事和学生的督促下，每天早起早睡，每两天做一次冲肠，十点准时上床休息，争取以良好的生活习惯帮助身体恢复。

而第三件事情则是涂铭旌对自己的“惩罚”。他对夫人说道：“（手术以后）其他（的事情），夫人你要帮忙，（但术后自理）这个你不要帮忙，这是惩罚我自己懒惰，平常做家务很少，惩罚我，我应该得到锻炼。”①涂铭旌直言，术后恢复非常痛苦，但就像他年轻时读书一样，这种苦痛可以忍耐并且熬出来。

性格坚毅、乐观的涂铭旌，在学校、同事的关心下，在家人的支持下，很快就重新振作起来，他不仅鼓足了对抗病魔的勇气，还一直宽慰关心自己的亲友，他总是这样告诉自己的家人、叮嘱身边的学生：“生与死对立统一，相辅相成，相互转化。不惧怕死、不谈癌色变，就不致增加心身负担。积极治疗，反而会起死回生。人，孰能不死，要死得值得，死得其所；对事业要鞠躬尽瘁，死而后已。”②

涂铭旌患癌后，家人朋友纷纷从各个渠道帮他收集治疗信息，他自己

---

① 涂铭旌访谈，2014 年 3 月 21 日，成都。资料存于采集工程数据库。

② 铭佩不忘　旌麾耀世——记金属材料与热处理专家中国工程院院士涂铭旌。见:《师韵：北科大走出的院士》编委会编著,《师韵：北师大走出的院士》。北京：冶金工业出版社，2012 年，第 255 页。

也阅读了大量的相关材料。涂铭旌从癌症治疗的书籍上得知，癌症具有“五年生存率”的特点，这一概念指的是肿瘤即便经过治疗，也有可能复发或者发生转移，该种情况有 80% 的可能性出现在根除手术的三年之内，大概 10% 的可能出现在根除手术的五年之内，也就是说，如果在肿瘤根除手术的五年内没有复发，那么再次复发的可能性就极小了，病患的生存率将会大幅度上升。用涂铭旌的话说，只要活过五年，就是“成功了”。于是，他又重振旗鼓，重新对自己的人生与科研进行了规划。他经常跟人开玩笑，说自己病中已经到阎王爷那儿去报到，走了一圈，阎王说：“判官，你查一查，生死簿里有没有他？”判官查阅后说：“你赶快回去，生死簿里没有你，你还早着呢！”①

这固然是一种玩笑，同时也是一剂安慰的良药，诙谐幽默不仅宽慰了家人朋友的焦虑，也于无形中增强了涂铭旌对抗病魔的信心。这是涂铭旌对待疾病的方式，他用这种方式让自己快乐，用良好的心态面对病魔。

坚持科研不松懈

面对强大的病魔，涂铭旌始终坚守他的人生格言：我命在我，不在天。他并未因罹患癌症而一蹶不振、放弃科研，相反，已是 86 岁高龄的涂铭旌不仅没有选择退居二线、颐养天年，而且随着科教报国、回馈家乡的愿望越发迫切，他继续奋战在科研前线，甚至在病榻上，涂铭旌已经着手探索开创《材料创造发明学》课程。身体稍有好转之后，在鬼门关前兜了一圈回来的涂铭旌便怀着“时不我待”的紧迫感重投科研工作。

作为当时全国材料创造学课程探索第一人，再考虑到涂铭旌当时的年龄和身体状况，他的工作强度可想而知。很多人不解涂铭旌的选择，不明白这位正在接受化疗的老人为什么还要坚持亲自授课、钻研学术，纷纷问他：“你哪儿来的（勇气），竟然不怕死。”面对大家带着关心的质疑，涂铭旌坦然一笑：“我正准备尝试（建立材料创造发明学课程），在全国这门

① 涂铭旌访谈，2014 年 3 月 21 日，成都。资料存于采集工程数据库。

课就是我一个人开的。所以那个时候我的心情是复杂的,（一方面）坦率地讲，我可能最多还有五年（时间可以活）,（但另一方面）我舍不得这个三尺讲台，我舍不得学生，我舍不得这门正在探索中的课程。我怎么不怕死？我也怕死，但是毛主席一直教导我们，‘既来之，则安之’，我（当时）才 64 岁，还远远没有活够。”①

在涂铭旌写给上海交通大学教授、好友陈湛清先生的信中这样讲述了自己病中的心路历程：

堪（湛）清吾兄②：

首先向你和嫂夫人拜个晚年。十分感激吾兄对老弟的垂爱，所寄贺年卡和信件均收读。

今年春节有些特殊情况，更使我珍惜友谊，追忆友谊，思念老友。原因是 93 年 10 月 18 日医生诊断我患直肠癌，即住院进行切除手术。11 月 1 日出院，回家休养，同时进行化疗。所幸，还属早期癌症，手术很成功，而且无化疗的副作用反应，现已第一个疗程做完，在家疗养。

生病期间，得到领导、同事、学生的关心。大女儿涂红、儿子涂波均赶回成都护理。亲属的爱护、师生朋友的友情，给我无穷的力量，去战胜病魔。人间自有真情在，情谊无价。

病中我留恋生活，追忆往事。记得，去年春天，我们在淮海公园共探人生的哲理。我粗浅地感到，对人生只能悟化，而不能做到“不惑”和“知天命”，但对每个人来说，可以优化人生。去年七月，我去青城山，很赞赏道教的一个哲理，即“我命在我不在天”，对我而言，病痛既来之，则安之，没有精神思想负担，与医生配合，综合治疗，改变生活节奏，改变饮食结构，痛下决心戒烟戒酒，去掉生活恶习，与疾病做顽强的斗争，延长自己的寿命，自己把握自己的命运。

堪（湛）清兄，人要悟化，先必淡化，在我看来，对功名利禄的淡化，又是悟化的核心。岳飞在《满江红》的词句中悟到“三十功名

① 涂铭旌访谈，2014 年 3 月 21 日，成都。资料存于采集工程数据库。

② 《中国工程院院士涂铭旌 · 科研教学活动集锦 1988 年—》，第 55 页。存地同上。

尘与土，八千里路云与月”。可以说，对于过去的成功与失败，惊回首，均乃过眼云烟。这点悟化，也只有在灾难性疾病降临之时，才惊回首，才有了淡化。这种淡化又是优化人生，争取再多活十年、二十年的思想基础。人生在调整，生活在调节，思想在转变，这就是最近四个月我的近况。

至于工作，经过几年努力，成都科技大学已被批准具有金属材料及热处理专业博士学位授予权。在养病治疗中一切教学、科研具体工作均由助手在做，我只一般地过问，但我仍坚持一边化疗，一边给研究生讲课，因为，当今世界的激烈竞争，说到底乃是人才的竞争，我希望为四川家乡培养出高层次的人才，这是我毅然调离西安交通大学，回川任教的夙愿。

承蒙吾兄的信任与厚爱，拟将小弟作为美籍台商主办企业或公司合作的推荐人选。老弟从振兴四川科技与教育的宗旨出发，愿意试谈，基点是互利互惠，作风是言必行、行必果。

为了我兄联系方便，随信附上小弟的两张名片。

祝：

新年万事如意

身体健康！

弟　铭旌

1994 年 2 月 20 日于成都

事实上，带病工作并不像涂铭旌轻描淡写的那样简单，配合医生治疗、改变生活节奏和饮食结构、痛下决心戒烟戒酒、去掉生活恶习，每一项对于年近古稀的涂铭旌来说，都是十分艰难的。而且，他还要忍受肠道改道手术后产生的诸多不便。正如他中学与大学时的同窗、上海交通大学造船系教授曹树登所言：“他带病工作很辛苦，我们这个年龄，不病则已，一病就起不来。”[①]

① 曹树登访谈，2014 年 3 月 19 日，上海。资料存于采集工程数据库。

虽然手术效果好，涂铭旌本人也积极配合治疗，开展术后恢复，但是他毕竟年事已高，体力明显不支，术后又因不同病症多次住院，家人和学生都劝他安心休养，不要总想着工作。即便如此，涂铭旌却表现一反平日的随和，坚持重返科研事业。哪怕在住院接受化疗期间，涂铭旌仍然坚持给研究生上课，并在 1994 年，也就是术后第二年，便开始指导他在成都科技大学的第一届博士研究生——陈荐、黄婉霞。

每每待到情况稍有好转之后，涂铭旌就马上走回工作岗位，继续亲自指导学生开展项目研究。因为学生所在的实验室离涂铭旌的住处不远，出院恢复了一段时间后，涂铭旌便每天坚持去一趟实验室。一进实验室，涂铭旌又拿出了往日专注科研的劲头，把全部的注意力都放在讨论项目进展上，丝毫看不出他已是罹患癌症的耄耋老人。学生们常常戏称“（涂老师的）精神比我们好啊”①。

在这种情况下，涂铭旌以惊人的毅力指导并参与了稀土资源开发利用、钒钛资源开发利用、纳米材料研究等多个项目。虽然身体状况欠佳，只要工作有需要，哪怕路途再遥远，涂铭旌也绝不推辞。尤其在 2000 年之后，涂铭旌的身体状况恢复到可以坐飞机，他便经常拖着病体前往实地进行项目指导、论证课题以及调研。2014 年暑假，天气炎热，涂铭旌却带着课题组成员前去江西开展项目相关工作。

涂铭旌风雨兼程、分秒必争的迫切心情，恐怕只有他自己才能明白其中缘由。一切鞠躬尽瘁的动力来源于他年少时对家乡的承诺：科教报国、回报桑梓。从旧中国走来，与新中国一同成长的涂铭旌，亲身经历了国民党时期的腐败、抗日战争、不抵抗运动等一系列重大历史事件，切身感受到西方列强侵略下孱弱中国的苦痛，亲眼看着中国解放，国家日益强盛、国人扬眉吐气，他将这份刻骨铭心的民族热情化作科研动力，带着一颗感谢之心、报恩之心，立志科教报国。

对于家乡，涂铭旌始终怀有一份歉疚。涂铭旌是四川巴县人，从 1946 年到 1988 年，他在外工作的 42 年间，涂铭旌始终没有忘记少年时立下

---

① 黄婉霞访谈，2014 年 10 月 16 日，成都。存地同上。

的“回报家乡”的誓言。然而世事无常，由于种种原因，涂铭旌最终定居在成都进行研究。从1988—2008年这二十载春秋里，涂铭旌认为自己对得起四川，却对不起故乡重庆，为没能履行回报家乡的承诺深感自责。因此，退休后的涂铭旌选择前往重庆文理学院兼职，奔波往返在成渝两地开展研究工作，期望能够回报故乡的养育之恩。老友阿尔青听闻涂铭旌此举后，在信中感言道：“听你讲近年又帮永川办学等事，老骆驼忍烈日干渴，沙漠行千里，又自再加货千斤，继续前进，怎能叫我不感动！”[①]

自古以来，但凡荣归故里的游子，都是着眼于“做大事”，但一向务实的涂铭旌只想做点“小事”，做点实事。他期望以个人的学术研究，切实解决四川省和重庆市在区域经济发展中遭遇的具体问题。在涂铭旌看来，尽管自己年事已高，但只要分秒必争，就能发挥余热，有所作为。他常常以屈原的《离骚》自励：“路漫漫其修远兮，吾将上下而求索”。

尽管身体状态欠佳，但涂铭旌依然要发挥余热做实事，他曾笑言自己是一个特殊材料锻造出来的人，虽然没有孙悟空的本领，但是不能离开工作岗位，一闲下来反而生病。懂事的儿女理解父亲的科研心情，也都全力支持他的工作，但是都叮嘱他一定要注意身体，不要太过劳累。

在老友陈湛清夫妇写给涂铭旌的一封短信中，对涂铭旌至今继续奋战在科研前线、为国家贡献力量的感人事迹表示由衷敬佩——

涂儿，小唐[②]：23日重阳又到，咱哥俩登高遥相望的节日。确实，我经常都遥望着老弟，回味着当年的情境，用你的“夕阳奋蹄”，鞭策我自己，虽做点啥有益社会之事如你，不敢奢望，但至少借你的精神，在鼓励我不屈病魔。送你一首诗：

重阳咏菊老有为

寒雾清霜西风冽，娇紫艳红倩影绝。
繁菊多姿品千种，装点秋色又重辉。
绰约凌霜神采奕，宾众愉悦春兴回。

① 阿尔青给涂铭旌的信，2012年4月5日。资料存于采集工程数据库。

② 阿尔青、陈湛清给涂铭旌的信，2012年10月11日。存地同上。

四季寒暑来复去，登高纵目皆有为。

在上海我们同级的同学剩曹树登，肖友瑟，王和庆及我共四人，平时谈起来，都说尤（犹）能挣扎活到现在颇不容易，一个个而今都须拄杖人扶方能移步的了。我们常讲起：涂儿至今还能为国家继续贡献力量，我班中之惟一，值得相庆，祈永葆健康有为。

快乐

阿尔青、陈湛清

10 月 11 日

光阴荏苒，白驹过隙，当年涂铭旌指导的博士生黄婉霞，如今已是四川大学材料科学与工程学院教授、博士生导师。她在谈到当年接受涂老师病中指导的情景时这样说："就说每次他生病啊，我们去看他啊这些，反正见面以后基本上就是身体方面（的情况）我们问一下以后，他说，啊没事的，大概是什么一个情况，他就说了以后，就开始问你的（项目进展）情况了，就问你项目的情况了，基本上都是这样的。所以，我就觉得反正他的那个脑子里面啊，基本上就是好像永远考虑的都是这些项目啊，就是你的研究情况啊这些。"[①] 黄婉霞回忆，即使是现在，涂铭旌也还保留了随时随地工作的习惯：走路也好、吃饭开会也好，甚至到公园散心，往往是闲聊几句之后，话题就转移到工作和科研上去了。

病中的涂铭旌不仅心心念念牵挂着学生的项目进展，也没有忘记自己肩上担负的各类学术评审职责，更是在病榻上继续思考金属材料及热加工领域的专业建设情况，此种情形在涂铭旌的一封请假信件中可见一斑。

潘先生（并请转黄树槐、王润两位组长）[②]：

你好。

首先向你们致歉意。我动手术后，情况还好，但医生嘱咐，"在康复期内不宜出差、过度劳累"。所以，在十天前我已向学位办寄回不

① 黄婉霞访谈，2014 年 10 月 16 日，成都。资料存于采集工程数据库。

② 涂铭旌给潘先生、黄树槐、王润的信，1995 年 12 月 14 日。存地同上。

参加本次评议会议的请假回执。这里我再次向你们请假。万请原谅。

这次会议将讨论培养研究生的学科、专业目录，这是深化高等教育改革的重大举措，教育界都十分关注。据悉，在国家教委发布的全国高等学校专科专业目录指南中，金属材料及热加工的各个专业皆“榜上无名”。我极赞成拓宽研究生培养口径，但以为应商讨本科生专业目录是否合适，研究生目录如何与之衔接，各高校又如何平稳进行体制、学科组织调整。

这次会议还将评议新增博士点，从通讯评议中给我一个深刻映（印）像是申报金属材料博士点的有关兄弟学校，近年来在学科建设、学术梯队建设等方面都下了很大力气，取得了明显的成绩。其中教委所属的华南理工大学、天津大学，机械工业部所属的东北重机、吉林工大，这四个申报单位更为突出，各具特色和优势，并已都具备了培养金属材料及热处理学科专业博士研究生的条件。然而受限于新增计划，请你们将实情向上反映，能否增加名额，并有劳诸位酌情评议。

再次致歉意

祝

新年万事顺意

身体安康

涂铭旌

1995.12.14

2005 年，涂铭旌先后到美国和加拿大看望子女，一件小事让他深感震撼。涂铭旌在国外逛超市时，被一件做工精致的小商品吸引，再一看价格又非常便宜。涂铭旌细看后才发现，商品底部写着“made in china”，再看看其他商品，很多都是中国制造。通过这件事情，涂铭旌既感到欣慰又感到焦虑。欣慰的是亲眼目睹中国发展迅速，成为了世界大国，但焦急的是中国还未能成为世界强国。这一问题也困扰了涂铭旌多年，数十载的科教生涯中，涂铭旌始终苦苦思索：中国何时、何法才能从制造大国变为制造强国？

答案是不断汲取新技术，发展新科技。涂铭旌是这么想的，也是这么做的。早在西安交通大学工作时，涂铭旌认为任何事物的发展都有生命曲线，从一开始平缓生长，逐步累积后进入发展期，随后步入高速发展期。但这样高速发展的势头并不会一直保持下去，之后便会出现拐点，慢慢走向衰落[①]。他坚定地认为人不能坐以待毙，被动地任由时间流逝。他开始思考如何在转折点注入新的活力，重新进入新的发展期。早年在西安交通大学金属材料及强度研究所时，涂铭旌便通过加强学科建设、设立国家重点实验室、申报重大成果、参评重量级奖项等多种措施来推动金属材料及强度研究所继续发展。如今回归故里，他也依然没有忘记随时汲取新的知识、技术来推动科研发展。

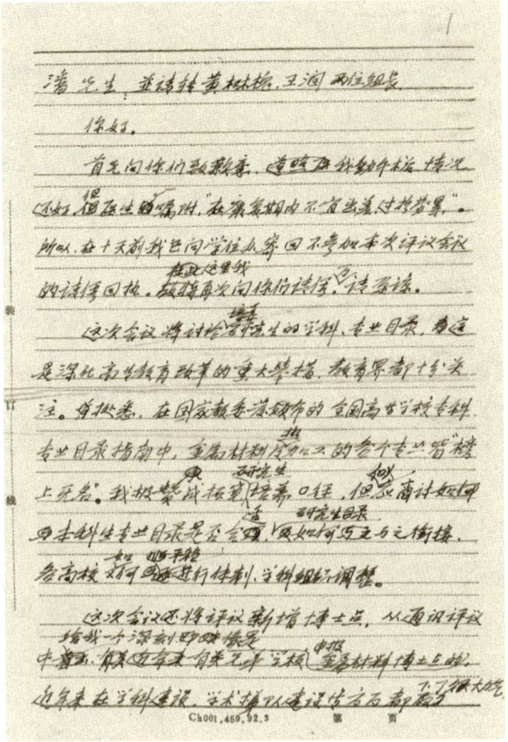
潘先生，并请转黄树槐、王润两位组长：

你好。

首先向你们致歉意。[illegible]情况还好，但医生[illegible]嘱咐，“在康复期内不宜出差过于劳累”。所以，在十天前我已向学位办寄回不参加本次评议会议的请假回执。[illegible]再次向你们请假，请原谅。

这次会议将讨论[illegible]研究生的学科、专业目录，[illegible]是深化高等教育改革的重大举措，教育界都十分关注。[illegible]

这次会议还将评议新增博士点，[illegible]

Ch001.459.92.3　第　页

图 7-9　1995 年 12 月 24 日涂铭旌给潘际銮、黄树槐、王润的信第一页

面对日新月异的新材料科技，涂铭旌又将目光投向了 3D 打印技术。作为近几年来科技界追捧的热门技术，3D 打印技术被奥巴马政府寄望重塑“美国制造”，在中国亦被认为是抓住第三次工业革命的一次机遇。它是快速成型技术的一种，利用数字技术材料打印机，以数字模型文件为基础，运用粉末状金属或塑料等可黏合材料，通过逐层打印的方式来构造物体。如今，3D 打印技术已在珠宝、鞋类、工业设计、建筑、工程和施工（AEC）、汽车，航空航天、牙科和医疗产业、教育、地理信息系统、土木工程、枪支以及其他领域都有所应用。

① 涂铭旌访谈，2014 年 3 月 21 日，成都。资料存于采集工程数据库。

由于涂铭旌的学生遍布材料学科的各个领域，他也常常借着学生探望自己的机会来了解 3D 打印技术的发展状况。一番了解下来，涂铭旌发现有好几位学生都在研究这项新技术，其中最年轻的一位目前正在美国做生物医学材料领域的研究，年仅 31 岁。涂铭旌感到非常欣喜，不仅仅是因为看到了技术合作的可能，更是为学生年纪轻轻就在材料领域方面有如此建树而感到欣慰。

从 1993 年患病以来，至今已有 21 个年头，期间涂铭旌始终将“科教报国”作为自己的终身事业。对于自己几十年如一日的材料研究，他这样总结道：

> 我们这一代见证了一个无知的青年变为一名教师、一名科技工作者；党和政府给我崇高荣誉，其实，我有何功何能，感激、感动而生报恩，那就是科教报国。因为没有国就没有家，没有国家的振兴就没有今天中国的富强，也就没有今天个人的幸福人生……活到老，学到老，干到老；把科技与人文结合起来，治学与修身相融合，通过自己的不断努力报效国家，为祖国的材料科学事业和四川大学的建设发展鞠躬尽瘁，死而后已[①]。

对于涂铭旌来说，“退休”还是一个非常遥远的词语。

科学家的人文情怀

科研、教学之外，涂铭旌的日常生活充满了人文情怀。涂铭旌不擅长体育运动，他喜欢用音乐、书法、诗歌丰富自己的闲暇时光。这和他少年时期从同济大学附中到同济大学的读书经历有密切的关系。当时学校里有专门的

① 《涂铭旌院士·人生集锦》，第 2 页。资料存于采集工程数据库。

乐团，学生学唱德文歌曲，年少的涂铭旌就格外喜欢德国古典音乐，每当读书疲倦或是生病休养的时候听听音乐，疲乏顿时一扫而光。尤其是近二十年来，涂铭旌因为患病而身体大不如前，卧病在床时，总是音乐相伴左右。涂铭旌虽然年事已高，但对于新生事物的接受程度绝不逊于年轻人，他将喜爱的歌曲存在平板电脑里，空闲的时候就播放出来，舒缓心情、减轻压力。

出生在腊月的涂铭旌非常喜欢花，尤其喜欢开放在腊月的梅花，他在四川大学江安校区的家中种植了三种梅花：腊梅、红梅、三角梅。一般来说，梅花给人以高雅的印象，而涂铭旌更看重的是梅的傲气，越是寒冷的天气开得越旺盛。涂铭旌对毛主席的一首词《卜算子·咏梅》情有独钟，“已是悬崖百丈冰，犹有花枝俏”，唯有在冰雪的条件下它是俏艳的，“俏也不争春，只把春来报”，梅花盛开不是为了争春争宠，不是为了炫耀自己美丽的姿态，而是提醒人们春天快要来了，“待到山花烂漫时，她在丛中笑”。梅花的形象，正是涂铭旌本人生活和心态的写照。他有一颗凌寒独开的心，对学生充满殷殷期盼和无限期许。

学生们都知晓涂铭旌喜爱赏花，每年教师节的礼物必然是一大捧鲜花。每逢佳节，推开涂铭旌的家门，总是能看到屋子里摆满了鲜花，房间里不仅花香盈溢，更是墨香满堂。

书法和诗歌也是涂铭旌的两大爱好，虽然出身工科，但涂铭旌多年来一直利用业余时间学习书法、创作诗歌。虽非专业，但他常常与爱妻幼子、新朋旧友以诗唱和，倒也不失为生活情趣。现将部分诗歌辑录如下[①]：

偶拾信札之一，未曾调入成都科技大学之前，分居两年的“两地书”昭莼，并小三，小波和小高：

火车满载我的离愁和欢乐向西安奔驰，思绪万千，此情彼景，沥沥（历历）在目，整个旅途之行，极不平静，苦凑戏作打油诗若干，非诗非词，只不过是行车有感，书信一封，并请笑纳斧正。但愿你们喜欢这些经不起推敲之作。

---

① 均摘自《涂铭旌院士·人生集锦》。资料存于采集工程数据库。

自古多愁伤离别，而今年迈更伤别

想婷婷，盼小波，漫步春熙路，品茗望江楼，看剧锦江院，散步校园中，共商儿女事，代抄建议书。

此情此景，有打油诗三首记证。

一

曲艺望江楼，仿古大观园。
“贾母”桌前坐，“袭人”将茶来。
扬琴清音韵，千古笑王允。

二

锦江剧艺景，技艺堪称绝。
鸳鸯剧中人，好事多磨成。

三

夕阳下，黄昏傍。
并肩走，水池旁。
读古今，论春秋。
常相思，共白头。

铭旌

1988 年 5 月

于西安交通大学

贺铭旌、昭莼金婚

夫唱妇随五十春，硕果丰收度金婚。
半搞科研半教育，奖章一半归夫人。

对联

上联：乡情，友情，亲情，爱情，样样俱全
下联：学士，硕士，博士，院士，步步登高
横批：全面丰收

拜读《中国工程院院士涂铭旌科研教学活动集锦》有感

辛勤耕耘到八旬，硕果累累遍地金。
教学科研双肩负，著书立说育后生。
简介咨询与书信，名录专刊及论文。
纳米永磁和稀土，电池医学与合金。
陶瓷涂料纤维粉，金属之中还贮氢。
材料技术及方法，谋略对策与创新。
拜读科技一集锦，耄耋之年赛青春。

昭永，国荣[①]敬贺

2007年12月27日

铭旌祝夫人六十大寿抒怀

甲子寿辰庆吉祥，同哺儿女读华章。
妇唱夫随四十载，酸甜苦辣共品尝。

一九九三年二月十二日　蓉城

涂铭旌生日　贺

学识超群德高尚，先生风范人敬仰。
笔耕校园数十载，呕心育才作华章。
七十今非古稀年，百岁泰斗亦正常。
引领科技新潮流，天下桃李正芬芳。

徐志夫敬贺

2001年11月15日

难忘七十八有感

焚膏继晷勤求索，何堪少年曾赤脚。
自古巴蜀产橘柚，当今茂林覆山河。
落叶归根报桑梓，成败得失任君说。
粗茶薄酒君勿醉，少长咸集喜同乐。

---

① 唐昭永先生为昭莼夫人的堂兄，李国荣女士为兄嫂。

"和"涂老师七十八岁有感

夫子殚精为求索，材料科学展拳脚。
宏观微观有卓见，强度强化开先河。
浓荫满地昱乡梓，疏影横窗听谈说。
德行高竖且永寿，吾爱吾师喜同乐。

邓增杰贺

在充满人文情怀的兴趣陶冶下，涂铭旌已经走出了谈癌色变的阴影，继续着忙碌而充实的生活。

相濡以沫

一位成功的男人背后，总离不开一位默默关心、支持他的女人，离不开一个温暖而温馨的家庭。在涂铭旌的学术成长历程中，佳偶唐昭莼给予的大力支持与无私奉献，使他能够潜心学术、专心科研。在涂铭旌夫妇携手走过的相敬如宾、共帮互助的几十载岁月里，善良贤惠的唐昭莼成为了涂铭旌人生道路和学术研究中不可或缺的重要助力。

唐昭莼女士于 1933 年 2 月 12 日出生于重庆市永川区一个书香门第家庭，自幼聪明伶俐，善解人意，勤于学习。其父唐善初早年毕业于陆军测绘学堂，返乡后历任永川北山公园及永渝公路设计师、永川英井中学数学教员。昭莼于 1943—1945 年永川女子中学毕业后，便考入重庆女子师范学校学习，由于她数学成绩优异，1950 年毕业后，就由学校推荐到巴县第一中学担任数学教员和少年先锋队总辅导员，深得学生欢迎和爱戴。1953 年考入贵阳师范学院数学系学习，1957 年毕业分配到上海交通大学任职工学校教师，1958 年调到西安交通大学历任交通大学附中、交通大学业余夜校教师，后改任动力二系教学和科研秘书，1986 年调到成都科技大学研究生处工作，1995 年以副处级干部退休。1951 年涂铭旌三弟在重庆巴县一中读书，唐女士是其老师，涂铭旌因关心三弟的学业而结识了唐女士，两人通信五年多，从相识、相知、相爱，直到 1955 年才在北京初次见面互定终身，于 1956 年在上海交通大学正式结为夫妻。

图 7-10　2013 年 11 月涂铭旌与夫人唐昭莼合影

工作中的涂铭旌，是个不折不扣的工作狂，对生活也无暇顾及。三个儿女出生时，身体都不好，大女儿涂红出生时重 4 斤，二儿子涂波 4 斤 2 两，小女儿涂强 5 斤。唐昭莼当时是西安交通大学附中的数学老师，本来当时经济条件就窘困，没什么补品可吃，自己工作也繁忙。在养育三个儿女的过程中，涂铭旌经常下工厂实践，根本没有时间照顾家里。

其实，唐昭莼自己也是知识妇女，有自己的工作，但为了家庭，她牺牲了自己所有的空余时间，全力支持涂铭旌开展科研。全家人的生活和三个孩子的学业，全压在唐昭莼的肩上。孩子考大学时，唐昭莼将闹钟放在桌子上，定好时间，老大和老二将高考模拟题摊在四方桌上做，在规定时间内完成，做完以后妻子当场给他们讲解。老大老二都是 78 年高考，大女儿考到北京钢铁学院，二儿子考到北京航空学院。就这样，一张小饭桌上带出了三个大学生。“文化大革命”时期，大女儿涂红下乡当知青，在农村吃了不少苦，后来回城参加高考，头上的皮肤长疮化脓，唐昭莼带着涂红去医院看病，在公交站等车的几分钟都在给涂红补习解析几何。

对于唐昭莼，涂铭旌总是觉得亏欠太多，他常常对人说：“对三个孩子，我是‘坐享其成’。”[①] 家中的三个孩子，从生养到教育，全是妻子一个人操持，所有的衣服全是妻子用缝纫机一针一线缝制出来的。家里还有两个老人，两个弟弟读大学，负担非常之重。当时一家人挤在交通大学一村

① 涂铭旌访谈，2014 年 5 月 9 日，成都。资料存于采集工程数据库。

图 7-11 1964 年涂铭旌一家在西安兴庆公园留影（前排左为大女儿涂红，中为父亲涂南晖，所抱的为二儿子涂波；后排左一为唐昭莼，怀抱的是三女儿涂强，中为涂铭旌，右为三弟涂铭昌）

一间两居的房子里，后来涂铭旌的弟弟涂铭达在西安交通大学结婚，夫妇二人还把自己的房间让给铭达做婚房，自己在厨房搭了张行军床。

有了唐昭莼这样一位贤内助在家中赡养公婆、料理家事、照顾儿女，无怨无悔地支撑起一个温馨的家庭，为一心扑在科研上的涂铭旌免去了后顾之忧。涂铭旌总是说自己能够取得今天的成就，三分之二的功劳应该归于唐昭莼，“军功章”应该颁发给妻子。

人生百味，日月如梭。生活的重担没有磨灭涂铭旌与唐昭莼的真挚感情，反而在时间的酝酿下愈发厚重。贤伉俪常常共创诗作，以抒情怀并自我勉励：

我的古稀之感

龙腾远望霞满天，躬耕桃李不思仙。
建人树木有后继，许许白发生鬓边。
中年曾登华山岭，耄耋更喜峨青滇。
何惧伏枥虽老骥，奋蹄尚能再飞鞭[①]。

六十个春秋的相濡以沫、风雨同行，涂铭旌对妻子相夫教子、鼎力相助满怀感谢与歉意。在唐昭莼八十岁生日时，涂铭旌为妻子出了一本书，书名叫《唐昭莼女士人生集锦》。在这本意义非凡的书的扉页上，涂铭旌写上了“率子女敬祝夫人八十大寿”，还亲笔撰写了“唐昭莼小传”。

① 《中国工程院院士涂铭旌·科研教学活动集锦 1988 年—》。资料存于采集工程数据库。

结 语
博观而约取　厚积而薄发

青年时代的涂铭旌，学习刻苦用功，常常醉心书海而忘记时间，甚至被同学们戏称为“啃书匠”。然而，正是“啃书匠”的这份执着精神，使涂铭旌日复一日地沉浸在图书馆，专心致志地探索着知识的奥妙，博采众长，深思慎取，积累下深厚的专业知识功底，并逐渐形成了自己独特的学术见解。自1947年起，涂铭旌先后在同济大学、哈尔滨工业大学、北京钢铁工业学院等名校进行学习、深造，可谓是集中西教育体系之优势成长。这不仅培养了他扎实的专业素养，锻炼了他过硬的工程实践能力，更培养了他兼收并蓄、严谨务实的治学态度。

不管是在西安交通大学、耕耘三十年的金属材料研究，还是重返巴蜀后、以功能材料为重点的突破创新，亦或是晚年在重庆文理学院、积极探索光电材料的大胆尝试，可以说，“材料”成了整个涂铭旌学术生涯中的永恒主题。

回顾涂铭旌的一生，其取得的丰硕科研成果，没有哪个是来自灵光一闪的辉煌瞬间，多是几十年如一日博观约取、厚积薄发的结果。在研究过程中，我们发现，其学术成长过程有以下四个显著特点。

科教报国矢志不渝

对于涂铭旌来说，1938—1943 年的重庆大轰炸是一段永远无法抹去的记忆。呼啸而过的日本飞机、四处弥漫的滚滚硝烟、尸横遍野的惨烈战况，深深刺痛了涂铭旌年轻的心。“天下兴亡，匹夫有责”“抗日救亡，民族复兴”的强烈责任感和使命感，从此在他的心中扎下了根。由此萌发的爱国主义情怀成为贯穿他学术人生的强大思想动力，时刻激励、鞭策着他不断奋斗、前行，努力探寻科教报国的道路。

在建设大西北的峥嵘岁月里，他积极响应国家的决定，从繁华的上海来到条件相对艰苦的西安，一干就是三十年；他毅然服从组织安排，不畏艰难、从零开始，作为骨干组建西安交通大学原子能专业，在 821 所一蹲就是五年，该所培养的学生大多成为我国原子能行业的第一批骨干力量。在建设社会主义市场经济的百舸争流中，他誓与国际大公司的技术与产品一较高下，他研制的纳米外墙涂料赶超日本“立邦漆”，研制的镍氢动力电池在贮氢合金方面超越日本三洋公司，研制的“维特电机复合塑料永磁体”击败日本精工株式会。

“饮水思源，回报乡里”是铭刻在涂铭旌学术人生中的另一个记忆符号。对家乡的深爱、对故土的眷恋，使涂铭旌很早就形成了“科教兴乡”的思想。自 1988 年回归故里以来，涂铭旌围绕着四川、重庆的地质资源和产业特色开展研究，长期致力于解决区域经济发展中的一些具体问题。在四川，他依托冕宁乃至整个攀西地区得天独厚的稀土、钒钛资源，提出了“依托资源优势，发展新材料产业，打造四川新经济”的系列建议。这不仅推动了四川大学材料学科取得重大发展，更为四川特色优势产业的繁荣兴盛做出了重要贡献。在重庆，他又深深植根地方，多次深入企业调研，最终确立了以光电材料为中心的研究方向，成功开拓了材料科学的新领域，促进了重庆又一新兴产业的兴起。

涂铭旌的科教报国、科技兴乡愿望是纯真而质朴的，同时也是务实的。他很早就选择了工程师，选择了科教，作为自己实现梦想的可行路径。正如他自己在晚年所说“五十年来，国家给我的太多，而我却回报的太少。然而一个人的生命有限，只能在有限的岁月里，再为共和国、故乡，尽点余热，为故乡建设添砖加瓦，尽点赤子之心。”①

应用为本

无论是在自己探索创新的科研生涯中，还是在传道授业的三尺讲台上，涂铭旌始终坚持着“应用为本”的理念，强调科研成果的应用及产业化。这种理论和实践紧密结合的学术态度，在涂铭旌就读于同济大学时就已经初现端倪：1949 年，在上海工厂的实习经历，不仅使他完成了从“机械设计”到“材料人生”的转变，也使得涂铭旌第一次感受到理论与实践相结合的独特魅力。于是，他果断抛弃了“死读书、读死书”的片面方法，积极投身到工程实践中。在之后的学习、工作过程中，涂铭旌先后在哈尔滨工具厂、鞍山钢铁厂、上海机床厂、长春第一汽车厂、洛阳拖拉机厂以及渭阳柴油机厂等几十家工厂的生产一线“锤炼”。正是这样丰富的实践经历，才让涂铭旌学以致用的研究态度愈加坚定，同时，也让他收获了宝贵的实践经验，从而更好地回馈和指导自己的科学研究。

除了强调工厂的生产实践，涂铭旌亦同样看重科研成果的转化。他认为，材料学的科研成果，如果不能对国家进步、社会发展、人民生活水平提高起到直接的促进作用，这样的科研成果是不够成功的，甚至可以说是失败的。特别是在新时期的工程科学研究中，研究不应是纯理论的，更不仅仅是为了发表论文、申报专利，而是要面向实际应用，努力将研究成果转化，实现其产品化、商品化，并最终取得经济效益。因此，在传统的“产学研”结合思想的基础上，涂铭旌创造性地提出了“政、产、学、研、资”联合办学模式，并在重庆文理学院建立科技成果孵化平台，建立起了 LED 荧光粉生产线、PVD 纳米超硬涂层材料生产线、硬质合金刀具材料生产线、纳米改性涂料生产线、粉末冶金生产线等五条中试示范生产线。这个孵化平台的建立，意味着实验室里的研究成果在旁边几十米远的厂房就能实现规模生产，产生了良好的示范效应。此外，为了吸引投资，涂铭旌

① 《中国工程院院士涂铭旌·科研教学活动集锦 1988 年—》，第 59 页。资料存于采集工程数据库。

团队还尽力对生产出来的产品进行展示性使用，方便企业家更直观地看到产品的使用效果。比如，重庆文理学院新校区所有建筑的外墙涂料全部使用纳米改性涂料生产线生产的涂料；所有的照明灯具都使用 LED 生产线生产的节能灯。

在谈到自己的学术成长轨迹时，涂铭旌认为工厂的“锤炼”和注重应用的思路起着至关重要的作用。他再三强调，只有秉持“应用为本”的态度，深入了解材料产业的实际需求与发展方向，才能开展应用研究以解决具体问题。晚年他进一步将重视应用归纳为“四个坚持”，即：坚持材料科技为区域经济发展服务；坚持与生产实践相结合；坚持科技成果实现产业化、商品化、示范产业化和规模生产效益化；坚持走“政、产、学、研、资、用”相结合的协同创新道路。

勇闯科技“少人区”

漫漫六十载的材料人生路，涂铭旌从未停止耕耘。在他看来，科学研究是需要勇气和冒险精神的。一味地随波逐流，终是原地徘徊，唯有不断地开拓、创新，才能延续科学之生命。因此，在自己的科研道路上，他十分重视新问题的发现与新方法的探索，也曾多次勇闯科技“少人区”，开拓了一个又一个科研事业的新领域。

1955 年，响应国家“开发建设大西北”的号召，涂铭旌追随老师周惠久教授，赶赴西安“拓荒”，投入到“金属材料强度潜力”的研究课题中。经过多年的沉淀与积累，涂铭旌在“金属材料强度、塑性、韧性合理配合”理论基础上，以“强化”为重点，进一步深化了这一研究，提出“强度指导强化、强化保证强度”的新理论，开创了学术人生的第一番事业。

到了四川大学后，放弃先前在西安交通大学三十年的金属材料积淀，转攻自己并不熟悉的稀土功能材料，他只能从头学起，从零开始。花甲之年的涂铭旌面临着老来“二次创业”的严峻挑战。更困难的是，当时我国北方地区的专家，对于传统稀土永磁材料的研究已经十分完备。为了在该领域脱颖而出，涂铭旌果断地绕开传统的“多人区”，转向了“少人区”，即主攻用于微特电机的特种稀土永磁。这样，凭着“我命在我，不在天”

的闯劲儿，一点一滴、一步一脚印，他逐渐将四川大学的金属材料学科发展壮大。

2008 年后，在支援重庆文理学院期间，面对学科基础薄弱、缺乏科研队伍、研究方向不明晰等问题，涂铭旌不仅对学校的科研工作和学科发展进行宏观指导，更亲自奋斗在科研第一线，直接带领团队承担各类科研项目。通过充分调研重庆产业发展状况，他决定以电子信息产业的核心——光电技术作为研究突破口，以“光电材料与器件”“先进材料与成型技术”作为研究的新方向。进而，他从四个人起家，组建科研队伍，建立实验室，并在短短几年内取得令人瞩目的成就。

不管是在西安交通大学、四川大学还是重庆文理学院，对于开拓科研事业新领域的执着以及敢为人先、勇于探索科技“无人区”的创新精神，总是鼓舞着他不断地超越自我、挑战自我，一次次在学术之路上开拓创新。

独特的“科技竞争谋略”思想

作为一名工科出身的材料学专家，涂铭旌没有受到专业的束缚与限制，而是博览群书，集众家之长，用更开放的眼光来看待科学研究的发展。从兵家谋略、到哲学思辨、再到儒道精髓，他不断尝试以“人文情怀”关照“科技竞争”，并逐渐摸索出了一条科技与人文结合的道路。同时，也促使自己完成了从工程师到人文科学家的蜕变。

科技竞争谋略思想，萌生于多年的工作实践，是历经几十载科技岁月洗礼后的体会感悟，是涂铭旌思想的核心内容，也是其学术成长历程中的一个鲜明特点。可以说，涂铭旌取得的每一项科研成果背后都有其运用科技谋略的影子：不管是用“七分技术，三分艺术”的谋略思想，指导科技竞争；还是在“南京栖霞山化肥厂事件”谈判中巧用“不战而屈人之兵”的计策，打败法商，为国争光；又或者是在四川、重庆等地，多次以“知天知地，胜乃保全”为出发点，充分利用区域优势，白手起家，等等。这样大量的事例，均为科技竞争谋略思想提供了极具说服力的现实依据，并进一步证明了该思想的科学性与实用性。

所谓"古为今用，军为民用，它山之石，可以攻玉"。涂铭旌强调，谋略艺术与科学技术的结合，所碰撞出的创意火花，将更有利于科研成果的转化与应用。尤其是在新时期，倡导跨专业交流、多学科合作的大背景下，科技竞争谋略思想无疑是一种极具前瞻性的探索与尝试。涂铭旌认为，科技和谋略是未来竞争的两大主题，科技是硬实力，谋略是软实力。如果能够实现中华传统文化与西方良性竞争思维的完美糅合，进而形成刚柔并济的巧实力，必将致胜于现代科学技术竞争。

上述四点，是涂铭旌学术成长之路的闪光点，是他一步一步、脚踏实地，坚持践行"科技与人文结合，治学与修身相融"理念的结果。而在此过程中，他所展现出来的老一辈科学家勇于探索、大胆创新的科学精神以及求真务实、注重实践的科学态度，对科研工作的后来者来说，是一笔丰厚而珍贵的财富。

附录一　涂铭旌年表

1928 年

11 月 15 日，出生于四川省巴县（今重庆市九龙坡区）圆明乡的一个小商家庭。父亲涂南晖、母亲杨玉冰，兄弟姐妹共六人：涂铭泽、涂铭芳（女）、涂铭心（女）、涂铭旌、涂铭昌、涂铭达。

1935 年

进入四川省巴县圆明乡初级小学学习。

1938 年

9 月，考入四川省巴县圆明乡高级小学就读。

1940 年

9 月，因无钱升学留巴县圆明乡高级小学补习。

12 月，巴县圆明乡高级小学毕业。

1941 年

1 月，进入四川省江津县旅宜四川中学初中部学习。

1944 年

1 月，从四川省江津县旅宜四川中学初中毕业。

2 月，因无钱升学到四川省巴县圆明乡第十保国民学校做代课教师。

9 月，进入四川省宜宾市李庄镇同济大学附属中学学习。

1946 年

4 月，同济大学附属中学离开李庄迁回上海，学校放假。

6 月，进入四川省巴县圆明乡小学做代理教员。

8 月，乘船到上海，进入同济大学附属中学继续就读。

1947 年

7 月，同济大学附属中学毕业，进入上海空军供应司令部做临时雇员，至 8 月底。

9 月，进入同济大学机械系学习。

1948 年

在同济大学接受德国式严谨求实的工科教学体系教育，未受时局影响，专心读书，特别是阅读了大量德文科技书籍，被同学称为“啃书匠”。

1949 年

8 月，在上海工具厂实习，对金属材料产生浓厚兴趣，放弃机械设计工程师的目标，将兴趣转向金属材料及热处理。

10 月，上海解放后几个月，掀起了知识青年“参干”运动。因想当工程师的强烈愿望和母亲“一定要读毕业”的嘱咐，放弃“参干”想法，继续潜心读书。

1950 年

3 月起，担任工学院机械系代表、学生会代表和学习委员，学习上已开始出类拔萃。

冬，报名参加抗美援朝，未被批准，更加确定人生方向是从事学术研究。

1951 年

上半年，确定做毕业论文“钢的热处理”，为该届五十多个毕业生中唯一做毕业论文的学生，其他学生均做毕业设计。论文由瑞士归国专家李国华指导。毕业论文获得 96 分高分。

6 月，从同济大学机械系毕业。

7—8 月，在上海高等学校毕业生暑期班学习，任小组长。

8 月24 日，分配到同济大学机械系任李国华教授、吴之凤教授的助教，同时担任孙珍宝教授讲授“金相学”的助教。

12 月，加入中苏友好协会。

1952 年

年初，将毕业论文“钢的热处理”送龙门书局投稿。

5 月，院系调整，从同济大学到交通大学机械系担任周志宏、周惠久等教授助教。

6 月，由赵介文介绍，被批准为中国教育工会上海市同济大学委员会会员。

8—11 月，在交通大学担任周志宏教授助教时，学习金属学原理并接触到材料界重要的分析与实践的方法。担任周惠久教授助教，提高了金属材料强度知识水平。参观上海中国纺织机械厂热处理车间牙轮钻头，惊讶金属表面技术的微观力量，产生更大的专业兴趣。

11 月，被推荐到哈尔滨工业大学，在苏联专家指导下就读机械系研究生班，方向为金相及热处理专业，任班长、学习干事。

12 月，第一部学术著作《钢的热处理》由龙门书局正式出版，获得稿费 400 万（第一套人民币，折合成 1955 年 3 月后发行的新币为 400 元）。

1953 年

1 月，在哈尔滨工具厂、哈尔滨滚珠厂热处理车间实习。

开始学习俄语，并接受苏式工学体系教育。

1954 年

7 月，在鞍山钢铁厂热处理工段实习。

8 月，哈尔滨量具刃具厂生产实习。

8 月 31 日，在哈尔滨工业大学由同学陈湛清、韩邦彦介绍入党。

1955 年

1 月，随苏联专家由哈尔滨工业大学转入北京钢铁工业学院工艺系金属学及钢铁热处理专业继续攻读研究生。

1—3 月，到上海机床厂热处理车间毕业实习三个月，确定毕业设计题为“机床零件热处理工艺及生产车间设计”。

6 月，毕业设计答辩，设计受到好评。

12 月，北京钢铁工业学院研究生毕业，回交通大学机械系金相热处理教研室担任助教。

1956 年

3 月 12 日，在交通大学机械系金相热处理教研室由助教晋升为讲师。

7 月 22 日，与唐昭莼女士结婚。

1957 年

6 月，反右运动中主持交通大学金相热处理教研室党支部工作。

夏，国务院决定交通大学的大部分科系师生、档案文献、图书典藏迁往西安，作为交通大学的西安部分；小部分留在上海并与原上海造船学院及筹办中的南洋工学院合并，作为交通大学的上海部分。两部分为一个学校，一个系统，统一领导。

1958 年

3 月 15 日，大女儿涂红出生。

10 月，随交通大学最后一批迁校队伍迁往西安。

12 月至 1962 年 7 月，任交通大学（西安部分）反应堆材料及金属物理教研室主任，担任教学和科研工作。

1959 年

7 月，国务院批复交通大学在西安、上海两地独立建校。交通大学西安部分定名为“西安交通大学”。

1960 年

7 月 10 日，二儿子涂波出生。

1961 年

与宝鸡石油机械厂合作，进行低碳马氏体运用到吊环吊卡中的研究，这一合作断断续续维持到 20 世纪 80 年代初。

1962 年

9 月至 1964 年 3 月，任西安交通大学金属学及热处理教研室讲师。

1963 年

6 月，在《西安交通大学学报》1963 年第 3 期上发表论文“液体金属对钢及耐热合金的高温强度及塑性的影响”。

7 月 27 日，小女儿涂强出生。

1964 年

4 月，由高教部组织前往长春第一汽车制造厂参加技术锻炼。在热处理车间、工艺研究所实习，并参加技术工作，次年五月结束。

1965 年

6 月，任西安交通大学金属材料及强度研究室副主任。

带师生到洛阳拖拉机厂协助工厂研究拖拉机底盘二轴齿轮失效的问题。

1966 年

1 月，在《金属学报》1966 年第 1 期上发表论文“液体金属对钢的强度及塑性的影响”“液体金属对钢及耐热合金的高温持久强度的影响”。

“文化大革命”期间在工厂实践，开始协助周惠久教授进行“发挥材料强度潜力”的研究。

1967 年

11 月，参加陕西省宝鸡市渭阳柴油厂无镍铬低碳导体新钢种 155iMn3MOVA 的研制，用于坦克高速柴油机曲轴、连杆等，吃住都在厂里，直至 1969 年 11 月新钢种通过实战跑车应用成功后，历时两年返回学校。

1970 年

协助周惠久教授主持科研项目“论发挥金属材料的强度潜力——强度与塑、韧合理配合”，于 1981 年完成。

作为课题负责人之一主持科研项目“活塞销双面渗碳的试验研究”。该课题在陕西渭阳柴油机厂进行研究，后移植到民用柴油机领域，于 1981 年完成。

1972 年

西安交通大学恢复招生，强度研究室的科学研究正式恢复。

1973 年

参与科研项目“复合强化对疲劳强度的影响规律及机理”，至 1982 年，该项目已发表四篇研究报告，在提高曲轴、传动杆、螺栓等零件寿命中应用，取得较为显著的技术经济效果。

1974 年

担任西安交通大学金属学及热处理专业副主任，分管教学工作。带领本专业师生先后到泾阳、富平、大荔、咸阳等地生产农机、齿轮、内燃机配件等的十个工厂进行典型任务带教等的改革实践。

1976 年

3 月，参与南京栖霞山化肥厂由法国引进的三十万吨合成氨装置心脏设备——氨合成塔搭建时塔体坠落严重事故的分析，赴南京进行现场调研及宏观分析，并在周惠久教授主持下，与同事一起进行相关试验和强度校核计算，完成了事故分析报告，认定事故原因是法方设计存在问题，使螺栓在吊装过程中处于强度极限所致。由于事故分析报告严谨科学，促使法国设备商同意承担全部责任，赔款约十万美元并提供延期保养。

下半年，与同事在煤炭部科技司邀请下，赴张家口煤矿机械厂调研输煤机零部件损坏情况，并与该厂签订新钢种开发合作协议。

1977 年

12 月至 1979 年 7 月，担任西安交通大学金属学及热处理专业副主任，分管科研工作。

1978 年

3 月，以“金属材料强度、塑性、韧度合理配合”的研究，参加了全国科学大会科技成果展览会举办的科学报告会，并在会上做“发挥金属材料强度潜力问题——强度、塑性、韧度的合理配合”的报告。

初步探索《孙子兵法》应用于科技谋略的思想。

1979 年

协助周惠久教授主持的科研项目“论发挥金属材料的强度潜力——强度与塑、韧合理配合”获得陕西省 1978 年科技成果奖一等奖。

4 月，与邓增杰、周惠久、朱维斗合作在《西安交通大学学报》1979

年第 4 期上发表论文“再论发挥金属材料强度潜力问题——强度、塑性、韧度的合理配合”。

8 月，参加在西德阿亨召开的第五届国际金属及合金强度会议，在会议上以“多次冲击载荷下裂纹的萌生及扩展”一文做交流发言获得好评。在西德期间，参观四个有关材料科学研究所。回国后在《西安交通大学学报》1979 年第 19 期上发表了“西德几个高等学校材料科学研究所的简况——赴西德参观访问的汇报提纲”。

11 月，晋级为副教授，担任西安交通大学金属材料及强度研究所副所长。

1980 年

3 月，与邓增杰、周惠久、朱维斗合作在《西安交通大学学报》1980 年第 1 期上发表论文“再论发挥金属材料强度潜力问题——强度、塑性、韧度的合理配合（续完）”。

与周惠久教授一起负责一机部、国家科委课题“材料的低温低应力脆断规律及机理”，于 1982 年完成。

参与南京栖霞山化肥厂法国引进的 30 万吨合成氨化肥成套设备中法 KT-1501 型汽轮机动叶片多次断裂事故的分析和研究。

1981 年

9 月，协助周惠久教授主持的“活塞销双面渗碳的试验研究”项目成果由上海市机电一局召开鉴定会通过。后被西安交通大学评为 1981 年科技奖一等奖。

作为课题负责人主持陕西省经委下达科研项目“球墨铸铁在提高煤矿机件使用寿命的应用研究”，1983 年上半年在铜川、韩城矿务局机修厂铸造加工成球铁矿车轮，在矿队定点考核使用。

6 月，与周惠久、鄢文彬合作发表论文“从材料强度观点论机器零件的失效分析及其防止”（《西安交通大学学报》，1981 年第 3 期）。

12 月，与鄢文彬合作在《西安交通大学学报》1981 年第 6 期上发表论文“结构钢在低温下冲击断裂时的裂纹萌生与扩展”。

1982 年

2 月在哈尔滨低温脆断学术会上做报告，受到与会代表的重视及好评。

3 月，参加西安外语学院德语口语班，于同年 6 月顺利结业。

8 月，参加在澳大利亚墨尔本召开的第六届国际金属及合金强度会议，宣读论文“多次冲击载荷下 18–8 奥氏体不锈钢疲劳裂纹扩展特征的研究”。

12 月 4 日，晋升为教授。

3 月，与胡志忠、张平生合作在《机械工程材料》1982 年第 1 期上发表论文“疲劳断裂机制图在失效分析中的应用”。

5 月，在《金属材料及热加工工艺》1982 年第 4 期上发表论文“零件失效分析及材料强度、塑性、韧性的合理配合”。

与上海内燃机厂合作，进行“表面强化对球铁疲劳裂纹萌生、扩展影响”的研究，于 1983 年完成。

1983 年

1 月，前往西德卡尔斯鲁厄大学访问考察一年，对西德的学术、工程情况进行考察。在《西安交通大学学报》1983 年第 11 期上发表文章“关于西德在工科大学设置材料检验中心（MPA）的考察报告”；在《西安交通大学学报》1983 年第 19 期上发表文章“智力开发在西德”。

与冶金部华山冶金车辆修造厂合作，对 ZG–1500–80 型工矿电机车的“动齿轮脆断”进行失效分析，并提出改进措施。

10 月 25 日，被陕西省科学技术发展规划办公室聘为陕西省科学技术发展规划顾问委员会顾问。

1984 年

1 月 13 日，被批准为第二批全国博士生导师。

9 月 14 日，被成都科技大学聘为兼职教授。

10 月 1 日，任西安交通大学金属材料及强度研究所所长。

10 月 5 日，工资连升四级，达到高教三级。

同年被评为“国家有突出贡献的中青年专家”。

1985 年

1 月 10 日，被洛阳工学院聘为兼职教授。

2 月 16 日，被国务院学位委员会聘请为国务院学位委员会第二届学科评议组（冶金金属材料及热加工分组）成员。

5 月，被国家科委发明评选委员会聘请为国家科委发明评选委员会特邀审查员。

9 月 10 日，获得陕西省高等教育局及中国教育工会陕西省委员会颁发三十年教龄教师证书。

12 月 23 日，被西安交通大学聘请为金属材料强度开放实验室第一届学术委员会副主任兼实验室主任。

1986 年

1 月，获得西安交通大学科学技术研究成果奖二等奖。

2 月 17 日，被中国兵工学会金属材料学会聘为第二届委员会委员。

4 月 9 日，被西安市人民政府聘为西安市科技咨询委员会委员。

6 月，获得西安交通大学颁发三十年荣誉证书。

7 月 15 日，被西安交通大学聘为“金属材料强度实验室”学术委员会委员。

9 月 8 日，获得中国机械工程学会工作积极分子证书。

9 月 10 日，获得西安交通大学研究生教育荣誉证书。

10 月 8 日，被西南交通大学聘为兼职教授。

10 月，被中国机械工程学会聘为第五届全国理事会常务理事。

11 月 5 日，被国家自然科学基金委员会聘为金属材料与冶金学科评审组成员。

11 月，被《物理测试》聘为编辑委员会委员。

12 月，主持的“低合金高强度结构钢新钢种 15MnMoVNRe 钢的强韧性机理研究及其生产应用”项目获得西安交通大学科学技术研究成果奖一等奖。

1987 年

7 月，被全国金属材料与热处理专业教学指导委员会聘为委员会主任委员。

12 月，“钢铁材料的复合强化机理”获得西安交通大学科技成果奖一等奖。

任西安交通大学材料工程系主任并兼任金属材料及强度研究所所长。

被聘为金属材料学科硕士、博士学位质量检查评价专家组成员。

所在西安交通大学金属材料及强度研究所以“低碳马氏体的应用基础开发技术”获 1987 年度国家级科技进步奖一等奖。

1988 年

3 月，受聘为中国兵工学会金属材料学会委员会委员。

4 月 21 日，任成都科技大学新技术研究院筹备组组长。

7 月，由西安交通大学调往成都科技大学任教，但仍继续承担西安交通大学研究生指导工作。同时，被西安交通大学改聘为兼职教授，为期五年。

7 月，分别因“发挥金属材料强度潜力的理论研究”及“低合金高强度结构钢新钢种 15MnMoVNRe 钢的强韧性机理研究及其生产应用”项目获国家教委科技进步一等奖和二等奖。

8 月，任成都科技大学高新技术研究院院长。

8 月 29 日，获得中国机械工程学会高级会员证书。

9 月，被四川省委、省政府聘为四川省第二届科学技术顾问团成员，任期四年。

12 月 31 日，受聘为成都科技大学科技开发总公司科教仪器研究所顾问。

1989 年

6 月 10 日，受聘为成都微电脑辅助工程研究所高级顾问。

9 月 10 日，获得四川省人民政府颁发的三十年教龄教师荣誉证书。

1990 年

4 月 1 日，受聘为机械电子工业部重庆仪表材料研究所高级技术顾问。

5 月 10 日，受聘为国家自然科学基金委员会金属材料学科评审组成员。

8 月 25 日，受聘为机械电子工业部上海材料研究所技术委员会名誉委员。

12 月，获得国家教委和国家科委授予的“全国高等学校先进科技工作者”称号。

1991 年

3 月，被收入辽宁人民出版社出版的《二十世纪中国名人辞典》。

4 月 10 日，受聘为中国兵工学会金属材料学会委员会委员。

6 月 18 日，论文“失效分析的地位和作用”被收入中国机械工程学会 35 周年年会论文集并获中国机械工程学会 1986—1991 年度优秀论文奖。

7 月，开始享受国务院特殊津贴。

8 月，受聘为长江起重机厂国家“八五”重点技术开发项目技术顾问。

10 月，获得国家机械电子工业部颁发的“七五”科技攻关突出贡献荣誉证书。

12 月 30 日，获得四川省教委颁发的优秀研究生指导教师荣誉证书。

1992 年

1 月，受聘为国家自然科学基金会委员会学科评审组成员。

4 月，因“提高水泥窑耐热钢篦子板使用寿命的研究”项目获四川省科技进步三等奖。

4 月 20 日，受聘为国务院学位委员会第三届学科评议组（材料科学与工程【I】评议组）成员。

8 月，获得陕西省科学技术协会颁发的“陕西科技精英”称号。

9 月，因“可焊高强度低温脆断安全评价及其在典型产品上的应用”

项目获得西安交通大学科技成果奖二等奖。

1993 年

1 月，与鄢文彬共著的《机械零件失效分析与预防》一书由高等教育出版社出版。

1 月 13 日，受聘为中国机械工程学会失效分析分会第二届委员会顾问。

6 月，因“可焊接高强度钢低温脆断安全评价及其在典型产品上的应用”项目获国家教委科技进步奖二等奖。

10 月 18 日，被确诊患直肠癌。

1994 年

6 月，因“三轴应力场中材料的弹塑性断裂和延性损伤机制”项目获西安交通大学颁发的科技成果奖一等奖。

9 月，开始指导调至成都科技大学后的首届博士生黄婉霞、陈荐。

1995 年

5 月，当选为中国工程院院士。

8 月，受聘为四川省学位委员会首届学科评议组专家。

1996 年

11 月 7 日，受聘为中国兵工学会金属材料分会委员会委员。

11 月 22 日，受聘为中国机械工程学会材料分会理事会名誉理事。

12 月 7 日，在北京人民大会堂参加“第二届孺子牛金奖颁奖大会”，荣获香港柏宁（中国）教育基金“孺子牛金球奖”。

1997 年

1 月，因“三轴应力场中材料的弹塑性断裂特性和延性损伤机制”项目获陕西省科技进步奖三等奖。

1 月，受聘为《金属热处理学报》编辑委员会高级顾问。

3 月，因“Jc 值的裂断场约束依赖性与材料新型弹塑性断裂准则”项目获国家教委科技进步奖二等奖。

5 月 20 日，受聘为国务院学位委员会第四届学科评议组成员。

5 月，被同济大学授予“荣誉校友”称号。

1998 年

3 月 18 日，受聘为《中国表面工程》杂志编辑委员会委员。

4 月，受聘为四川省机械工程学会名誉理事长。

4 月，被四川省委、省政府聘为四川省第四届科学技术顾问团顾问，为期四年。

5 月，受聘为四川大学核燃料及材料国家级重点实验室客座教授，为期四年。

6 月 27 日，被四川省人民政府授予“四川省学术和技术带头人”称号。

9 月 10 日，被四川省人事厅、四川省教育委员会共同授予“四川省优秀教师”称号。

11 月 15 日，受聘为中国石油天然气总公司石油管材研究所高级顾问。

11 月 23 日，论文 *Study on Permeability of Composite Consisting of Nickel Powder and Ni-Zn Ferrite* 被美国柯尔比科学文化信息中心（CICSC）收录。

11 月，与唐定骧、陈云贵一同提出“大力发展四川稀土材料产业——使之成为我省新的经济增长点”的建议并递交给四川省有关部门，之后于 2000 年 12 月发表于《决策咨询通讯》（2000 年增刊）。

1999 年

1 月，主持科研项目“电磁波屏蔽层状复合材料的梯度功能设计及其屏蔽机理研究”，于 2001 年 12 月完成。

11 月 24 日，与唐定骧、陈云贵一同提出“关于发展四川新材料产业的体会与建议”并递交给四川省有关部门。

年底，提出的“关于四川省制定纳米技术发展规划的建议”受到了省委省政府的高度重视，时任四川省省长张中伟、省委副书记席义方均对此做出重要批示。省科技厅立即按照省领导批示，组建成立了四川省纳米技术协会；省政府拨专款设立四川省纳米材料发展专项基金，推动了四川纳米材料研究和产业的发展。

2000 年

2 月 2 日，与唐定骧、陈云贵一同，再次针对四川稀土资源利用及产业发展提出“综合利用四川稀土资源、发展稀土产业的现状及对策建议——将资源优势转化为产业优势、经济优势”并递交给四川省有关部门。

3 月，受聘为《金属热处理学报》编辑委员会委员，任期三年。

6 月 23 日，受聘为攀枝花市科学技术顾问团特邀顾问。

7 月，所著《材料创造发明学》一书由化学工业出版社出版。

9 月 1 日，受聘为华侨大学名誉教授。

9 月 21 日，任上海交通大学四川校友会名誉会长。

10 月 14 日，被四川省人民政府学位委员会、四川省教育厅共同授予“四川省优秀研究生指导教师”称号。

11 月 20 日，受聘为《机械工程材料》杂志第五届编辑委员会编委。

12 月 28 日，论文“在西部大开发中如何将四川的矿产资源优势转化为经济优势”获“西部大开发四川矿业发展战略研讨会”一等奖。

因“低钕纳米晶钕铁硼（NdFeB）永磁合金粉末研究”项目获四川省科技进步奖二等奖。

2001 年

1 月，主持科研项目“实用化室温磁制冷样机制与开发”，于次年 12 月完成。

5 月 28 日，受聘为绵阳市人民政府科技顾问。

7 月 2 日，受聘为四川工业学院特种材料及制备技术省级重点实验室学术委员会主任委员。

因“无钕贮氢合金及镍氢动力电池”研究获总装备部科技进步奖二等奖。

2002 年

1 月，受聘为《四川大学学报（工程科学版）》编辑委员会副主任委员。

8 月 28 日，因“多元纳米压敏陶瓷材料及片式器件研制”项目获新疆维吾尔自治区科技进步奖二等奖。

9 月，出席 2002 年中国科学技术协会全国学术年会，并做题为“充分利用四川稀土资源，促进稀土工业持续发展”的主题报告，该文发表于 2003 年第 1 期《世界科技研究与发展》并被收入《中国科技发展精典文库》。

9 月，“如何将四川矿产资源优势转化为经济优势”一文被收入四川省科学技术顾问团高新技术产业发展研讨会中的《专题研究报告》，并刊登于 2004 年第 1 期《巴蜀智囊》，该文同时被时任四川省副省长蒋巨峰主持制订的“加快优势矿产资源开发利用行动方案”所采纳。

10 月 15 日，受聘为四川省机械工程学会名誉理事长。

11 月 25 日，其论文“充分利用四川丰产稀土资源，促进稀土工业持续发展的途径”被成都市科协评为优秀论文。

因“杂质气体对储氢合金性能影响及其中毒机理研究”项目获总装备部军队科技进步奖二等奖。

2003 年

1 月，主持的“室温磁致冷材料研究”项目被评为 2002 年中国稀土十大科技新闻之一。

1 月，受聘为《金属热处理》杂志第六届编辑委员会（2003—2007 年）高级顾问。

1 月 16 日，其论文“镧镨铈新型混合稀土金属应用研究进展”“纳米稀土材料的研究进展”分别获四川省稀土行业协会颁发的四川稀土论文二等奖及三等奖。

2 月，“依托资源优势发展新材料产业打造四川新经济”一文被时任四川省副省长柯尊平主持的“发展四川新材料产业”规划所采纳。

3 月 31 日，出席“俄罗斯纳米技术应用报告会”。

4 月 4 日，获“超微麦麸纤维片”发明专利证书。

2004 年

2 月，受聘为《中国表面工程》杂志第二届编辑委员会委员。

3 月 1 日，受聘为同济大学《建筑材料学报》第三届编辑委员会顾问。

3 月 25 日，被中国人民解放军总参谋部聘请参加在全军院校开展的“百名院士讲坛”活动，在重庆解放军后勤工程学院做“孙子兵法与科技谋略”专题报告。

4 月 23 日，受聘为同济大学兼职教授。

5 月 19 日，受聘为成都印钞公司长城粉体材料研究实验所名誉所长。

7 月 8 日，受聘为四川大学第一届学术委员会委员。

7 月 16 日，受聘为中国稀土学会理事会常务理事。

7 月，主持科研项目“纳米材料改性高分子材料”，至 2009 年 7 月完成。

8 月，受聘为中国稀土学会专家组成员，为期四年。

10 月，主持专家评议会，提出对建设德阳国家新材料产业化基地的几点建议。

12 月，作为战略顾问参加编制《2006—2020 年四川省科学和技术发展纲要》和《2006—2020 年四川省科学和技术发展规划》。

12 月 27 日，受聘为西南交通大学名誉教授。

“纳米晶稀土钕铁硼磁粉及黏结磁体研究”获四川省科技进步奖一等奖。

2005 年

2 月，提出的“深度开发攀西钒钛优势资源，打造钢铁、钒钛产业‘航母’”建议分别得到时任四川省省委书记张学忠、省长张中伟的重要批示。国家科技部和四川省科技厅均分别将钒、钛资源开发纳入了

"十一·五"国家和四川省科技发展规划。

5 月 8 日，受聘为中国人民解放军环境教育与研究中心专家委员会委员、中国人民解放军后勤工程学院环境工程学科兼职教授。

6 月 13 日，受聘为自贡市人民政府科技顾问，为期四年。

2006 年

1 月 8 日，参加"第七届国际生态材料加工与设计大会"，并担任大会学术委员会主席。

5 月 16 日，参加广西省柳州市"双百人才工程"，并为当地的发展出谋划策。

6 月，在中国工程院攀枝花市院士行活动中做报告——"钒资源利用开发现状及问题与对策"。

11 月，领衔负责"攀研院成都分院－四川大学材料学院联合实验室"建设。

12 月，受聘为太原理工大学"新材料界面科学与工程省部共建教育部重点实验室"学术委员会委员。

12 月 6 日，受聘为四川大学"985"工程二期"高分子与特种功能材料科技创新平台"学术委员会委员。

2007 年

1 月，重新修订出版《材料创造发明学》(四川大学出版社)。

1 月 10 日，受聘为广西铟锑锡工程技术研究中心专家委员会委员。

2 月 13 日，因"微特电机用纳米晶复合永磁材料及其元器件研究与开发"项目获国家科技进步奖二等奖。

4 月，在四川省钒钛产业发展研讨会上做报告——"钒钛产业如何做强做大"。

11 月 15 日，出席"第六届中国功能材料及其应用学术会议暨 2007 国际功能材料专题论坛"，并被聘为大会顾问委员会委员。

12 月 23 日，四川大学举办"庆祝涂铭旌院士八十华诞暨执教五十六周年学术报告会”。

2008 年

11 月 19 日，受聘为重庆文理学院教授、学校发展战略顾问。

12 月，受聘为四川省第六届科学技术顾问团顾问。

2009 年

5 月 20 日，在重庆茶山竹海举行专题报告会，初步提出建设交叉学科集群，并以此提出了实现文理学院的“第三次创业”和“顶天立地”战略目标的建议。

9 月，向重庆文理学院正式提出了“建设新材料交叉学科集群”，并建立新材料应用研究实验室的构想。

11 月 1 日，与杜生民合著的研究科技谋略思想的书籍《科技竞争谋略 36 法》由四川大学出版社出版发行。

11 月 6 日，创建“重庆文理学院材料交叉学科研究中心”。

2010 年

1 月，在四川大学 EMBA 讲堂上，将稀土、纳米材料等科技研究与《孙子兵法》结合，为企业人士做了一场“孙子兵法与科技谋略”的演讲。

1 月 28 日，在重庆文理学院会见时任重庆市委常委、组织部长陈存根等重庆市领导，就重庆文理学院与重庆市科技研究院共建“重庆市新材料应用研究实验室”，授权重庆文理学院培养材料学工程硕士等问题做了汇报和建议。

3 月 29 日，受聘为四川省委、四川省人民政府第一届决策咨询委员会委员。

6 月 23 日，参加重庆文理学院材料学院成立大会暨材料学院专业建设与人才培养研讨会。

11 月 6 日，负责主持的“重庆市新材料中心应用研究实验室”在文理学院正式挂牌成立。

2010 年，给四川大学本科生上《创造发明学导论》课，开发学生创新思维。

2011 年

3 月 11 日，被聘为重庆文理学院名誉院长。

4 月 10 日，代表其团队与四川北研实业有限公司签订了院士工作站协议。

7 月 9 日，参加“2011 年中国功能材料科技与产业高层论坛”筹备工作会，做了重要发言。

9 月，荣获 2010—2011 年度四川大学“十佳师德奖”。

10 月 25 日，四川大学为其举办执教 60 周年庆典会，纪念其执教 60 周年。

11 月 25 日，在贵州华科铝合金工程技术中心有限公司做题为“对耐热高强韧铸造铝合金原创性的解读”的学术报告，与贵阳国家高新区院士工作站签署合作仪式。

12 月 18 日，率 LED 研究室团队前往四川简阳参加四川北研实业有限公司院士工作站揭牌仪式。

2012 年

5 月 11 日，在成都成量集团工具有限公司出席了四川省川大—成量院士（专家）工作站揭牌仪式。

8 月，为打造省（市）级特色工业园区，以志愿服务方式，成为重庆市大足五金专家大院的成员，以专业研究成果帮助企业解决生产中遇到的问题。

10 月 1 日，与任华编著的《辩证思维与科技谋略》由重庆出版社出版发行。

10 月 18 日，在重庆参加“第二十一次中国科技论坛—储能材料技术与战略性新兴产业发展”论坛。

本年度，为重庆文理学院学生开设《创造发明学导论》选修课。

2013 年

5 月 22 日，由其倡导并推动的重庆光电产业技术协同创新战略联盟在重庆文理学院成立，旨在集聚“政、产、学、研、资”多方优势资源，开展光电产业技术协同创新研究，降低 LED 照明生产成本。

9 月 23 日，在重庆文理学院参加川渝黔纳米电子材料工程应用协同创新研讨会。

10 月 25 日，率队前往永川凤凰湖工业园院士专家站进行交流研讨，就凤凰湖工业园建设院士专家工作站的指导思想、工作站的特点、工作站的目的等做了讲解。

12 月，在其带领下，“重庆文理学院材料交叉学科研究中心”更名为“重庆文理学院新材料技术研究院”，逐步发展成“光电材料与器件”“先进材料与成型技术”领域的科研机构。

2014 年

1 月 12 日，在重庆文理学院参加“汽车、摩托车轻量化关键技术研讨会”。

3 月 14 日，在新材料技术研究院出席“未来技术前瞻与对策研讨会”，做了关于“面向未来的变革挑战，新材料技术研究院的发展对策设想”的专题报告。

4 月 11 日，在 2014 年“文理大讲堂”上，为重庆文理学院全校师生做了题为“浅谈高素质创新型人才的软实力与巧实力”的学术讲座。

4 月 23 日，担任重庆市举办的“首届重庆青年材料科学技术研讨会暨科青联材料科学与工程专委会成立大会”主席，受聘为重庆市科青联材料科学与工程专委会特聘专家。

5 月 5 日，应邀请回母校重庆市江津县几江中学（前身包括涂铭旌曾就读的江津旅宜四川中学）做了“回首科教人生”的励志讲座。

7 月 5 日，在四川大学出席“中国材料大会（2014）”。

附录二　涂铭旌主要论著目录

论文

[1] 涂铭旌. 液体金属对钢及耐热合金的高温持久强度的影响 [J]. 金属学报，1966，1（9）：56−62.

[2] 涂铭旌. 液体金属对钢的强度及塑性的影响 [J]. 金属学报，1966，1（9）：50−55.

[3] 涂铭旌，邓增杰，周惠久，朱维斗. 再论发挥金属材料强度潜力问题——强度、塑性、韧度的合理配合（续完）[J]. 西安交通大学学报，1980，1（14）：25−38.

[4] 涂铭旌，周惠久，鄢文彬. 从材料强度观点论机器零件的失效分析及失效的防止 [J]. 西安交通大学学报，1981，3（15）：1−9.

[5] 涂铭旌，鄢文彬. 结构钢在低温下冲击断裂时的裂纹萌生与扩展 [J]. 西安交通大学学报，1981，6（15）：41−49.

[6] 涂铭旌，胡志忠，张平生. 疲劳断裂机制图在失效分析中的应用 [J]. 机械工程材料，1982 年第 1 期：51−54.

[7] 涂铭旌. 零件失效分析及材料强度、塑性、韧性的合理配合 [J]. 金属材料与热加工工艺，1982（4）：24−32.

[8] 涂铭旌，张良运. 复合强化对结构钢疲劳强度的影响 [J]. 机械工程材料，1983（1）：48–56.
[9] 涂铭旌，张良运. 中碳合金结构钢的循环热处理与滚压强化 [J]. 金属科学与工艺，1983，1（2）：13–21.
[10] 涂铭旌，郭大展，王静宜，胡志忠，安仁杰. 表面强化对球铁疲劳裂纹萌生、扩展的影响 [J]. 西安交通大学学报，1983，6（17）：53–60.
[11] 涂铭旌，鄢文彬，周惠久，富振成. 结构钢在低温下的多次冲击断裂抗力 [J]. 西安交通大学学报，1984，6（18）：57–65.
[12] 涂铭旌，鄢文彬，张平生，富振成，刘忠林，李吉厚. 80 吨工矿电机车从动齿轮脆断失效分析及改进措施 [J]. 西安交通大学学报，1985，4（19）：52–60.
[13] 涂铭旌，张平生，邓春枝. 法 KT–1501 型汽轮机动叶片的疲劳断裂与强度校核 [J]. 西安交通大学学报，1985，4（19）：43–51.
[14] 涂铭旌，金志浩，刘德跃，周敬恩. 冷变形工模具钢强度、塑性、韧性及冲击疲劳抗力的研究 [J]. 机械材料工程，1986（4）：10–14.
[15] 涂铭旌，鄢文彬，张平生，郑森林. 正火态低合金结构钢 15MnMoVNRe 的微观组织与低温力学行为 [J]. 西安交通大学学报，1987，2（21）：59–66.
[16] 涂铭旌，郭大展，张良运. 论发挥球墨铸铁的强度潜力 [J]. 新技术新工艺，1987（6）：4–6.
[17] 涂铭旌，张建中，冯忠信. 热处理节能与材料强度研究 [J]. 金属热处理，1987（12）：4–11.
[18] 涂铭旌，周敬恩. 钢的第一类回火脆性 [J]. 兵器材料科学与工程，1988（3）：1–9.
[19] 涂铭旌，周敬恩，刘德跃，金志浩. T10 钢和 GCr15 钢第一类回火脆性研究 [J]. 兵器材料科学与工程，1988（4）：20–27.
[20] 涂铭旌，张良运，张振洪，马丽华，金毓洲. 低合金高强度钢拉一拉脉动腐蚀疲劳性能的研究 [J]. 金属科学与工艺，1988，3（7）：1–6.

[21] 涂铭旌，张振洪，张良运，胡志忠，盛玉林，吕兴武，尤加恩，金毅洲. 煤矿井下圆环链断裂分析 [J]. 西安交通大学学报，1988，5（22）：115–120.

[22] 涂铭旌，鄢文彬，林君山. 影响解理断裂应力 σ*f 测定因素的分析 [J]. 西安交通大学学报，1988，6（22）：25–31.

[23] 涂铭旌，鄢文彬. 结构钢的低温脆断机制判据及其预防 [J]. 兵器材料科学与工程，1989,（1）：12–22.

[24] 涂铭旌，张建勋，史耀武. 焊接不均匀裂纹体全塑性解的研究 [J]. 焊接学报，1989，1（10）：65–72.

[25] 涂铭旌，郑肠琼，冉均国.（类）金刚石薄膜及其工业应用 [J]. 兵器材料科学与工程，1989,（8）：37–44.

[26] 涂铭旌，鄢文彬，胡志忠，刘建新，涂小慧. 高强度低合金钢在低温下的疲劳裂纹扩展行为 [J]. 兵器材料科学与工程，1989,（9）：9–12.

[27] 濮德林，杨德荣，郑昌琼，涂铭旌. 高技术发展与高等学校教学科研体制改革 [J]. 中国科技论坛，1990,（02）：9–16.

[28] 邢志强，宋余九，涂铭旌. 15Mn 钢动态阳极溶解电流及其在腐蚀疲劳中的作用 [J]. 中国腐蚀与防护学报，1990，10（4）：378–382.

[29] 郑昌琼，江建明，冉均国，涂铭旌. 硬质合金刀片上微波等离子沉积（类）金刚石薄膜结构 [J]. 成都科技大学学报，1991（1）：1–4.

[30] 刘锦云，涂铭旌，郑昌琼，冉均国，王文莉. 不同硬质合金基体对（类）金刚石薄膜沉积过程的影响 [J]. 成都科技大学学报，1991（2）：1–6.

[31] 林君山，鄢文彬，涂铭旌. 双缺口剪切法测定动态屈服强度 [J]. 兵器材料科学与工程，1991（5）：8–14.

[32] 鄢文彬，涂铭旌，林君山. 解理启裂源位置的力学条件与微观特征 [J]. 西南交通大学学报，1992（1）：1–6.

[33] 林君山，鄢文彬，涂铭旌. Charpy 裂纹试样的启裂点确定与动态断裂韧性 [J]. 金属学报，1992，28（4）：170–175.

[34] 黄彦良，鄢文彬，涂铭旌．动态启裂J积分测试技术的研究［J］．兵器材料科学与工程，1992，15（4）：44–48.

[35] 张良运，张振洪，李春霖，涂铭旌，金毓洲．钢铁材料的表面形变强化与疲劳强度［J］．机械工程材料，1992，16（3）：34–37.

[36] 刘建新，涂小慧，胡志忠，鄢文彬，涂铭旌．两种低合金高强度钢的低温疲劳裂纹扩展机制及疲劳机制图［J］．机械工程材料，1992，16（4）：4–7.

[37] 黄彦良，鄢文彬，涂铭旌．HQ80C和HQ100钢剪切屈服强度对温度和应变速率的敏感性［J］．材料科学进展，1992，6（5）：381–385.

[38] 权高峰，宋余九，涂铭旌．硼酸铝晶须增强铝复合材料的磨损性能［J］．汽车工艺与材料，1993，（1）：32–35.

[39] 黄彦良，鄢文彬，涂铭旌．高强度低合金钢的冷脆转变与加载速度的关系［J］．兵器材料科学与工程，1993，16（1）：3–7.

[40] 姚红宇，宋余九，涂铭旌．对非连续增强铝基复合材料的腐蚀、应力腐蚀断裂与氢脆研究的评述［J］．材料科学与工程，1993，11（3）：60–63.

[41] 权高峰，柴东朗，王秀苓，宋余九，涂铭旌．复合材料中启裂的微观力学分析与实验观察［J］．材料研究学报，1994，8（5）：460–466.

[42] 姚红宇，宋余九，涂铭旌．点蚀萌生的突变数学模型［J］．腐蚀科学与防护技术，1994，6（1）：68–72.

[43] 黄兴家，谢宁，赵晰明，涂铭旌．锌铝硅合金耐磨性的研究［J］．机械，1994，21（2）：2–5.

[44] 权高峰，罗兴宏，柴东朗，宋余九，涂铭旌．非连续体增强铝基复合材料热机械处理工艺与性能研究［J］．材料工程，1994（5）：7–10.

[45] 姚红宇，宋余九，花迎春，涂铭旌．SiCp/Al复合材料的界面优先溶解［J］．材料研究学报，1994，8（5）：467–472.

[46] 刘颖，涂铭旌．塑料黏结NdFeB永磁体的研究进展［J］．材料导报，1994（6）：15–20.

[47] 刘颖，涂铭旌，毛献忠．偶联处理对黏结钕铁硼永磁的性能影响

[J]. 成都科技大学学报，1995（1）：53-56.

[48] 刘颖，涂铭旌，毛献忠．表面处理对黏结钕铁硼永磁的抗氧化性研究[J]．成都科技大学学报，1995（1）：57-59.

[49] 刘颖，涂铭旌，毛献忠．塑料黏结钕铁硼的热稳定性研究[J]．成都科技大学学报，1995（2）：75-78.

[50] 沈保罗，李伟，涂铭旌，李中，钟毓茂．聚八钛酸钾晶须增强ZL109复合材料的润滑磨损行为[J]．成都科技大学学报，1995（2）：70-74.

[51] 权高峰，柴东朗，宋余九，涂铭旌．颗粒增强复合材料中微观热应力和残余应力分析[J]．应用力学学报，1995，12（2）：123-133.

[52] 沈保罗，李伟，钟毓茂，涂铭旌．挤压铸造$K_2O \cdot 8TiO_2$（W）/ZL109复合材料强度和耐磨性的研究[J]．铸造，1995（6）：10-12.

[53] 李伟，兰国秋，涂铭旌，赵晰明．干摩擦条件下Al_2O_3f/ZL109复合材料的磨损行为[J]．成都科技大学学报，1995（4）：60-64.

[54] 蓝国秋，涂铭旌，李伟，李昆．Al_2O_3短纤维增强Al-Si复合金复合材料的界面研究[J]．中山大学学报，1995，34（3）：40-44.

[55] 沈保罗，李伟，钟毓茂，李昆，涂铭旌，宁小光，李吉红，叶恒强．$K_2O \cdot 8TiO_{2w}$/ZL109复合材料的制备、性能以及界面结构[J]．复合材料学报，1995，12（3）：23-25.

[56] 权高峰，柴东朗，宋余九，涂铭旌．复合材料中增强粒子与基体中微观应力和残余应力分析[J]．复合材料学报，1995，12（3）：70-75.

[57] 权高峰，柴东朗，宋余九，涂铭旌．金属基复合材料基体中原位组织与性能研究[J]．兵器材料科学与工程，1995，18（5）：3-9.

[58] 沈保罗，李伟，祝海，涂铭旌，李吉红，宁小光，叶恒强．界面反应对$K_2O \cdot 8TiO_2$（W）/ZL109复合材料高温强度的影响[J]．理化检验—物理分册，1995，31（6）：25-30.

[59] 李伟，兰国秋，涂铭旌．纤维的二维择向分布对Al_2O_{3f}/Al-Si复合材料磨损行为的影响[J]．机械工程材料，1995，19（6）：7-9.

［60］李伟，兰国秋，涂铭旌．载荷对 Al_2O_{3f}/Al–Si 复合材料磨损行为的影响［J］．机械，1996，23（1）：2–5.
［61］刘颖，涂铭旌，陈家钊．塑料黏结钕铁硼的温度稳定性研究［J］．功能材料，1996，27（2）：150–152.
［62］刘颖，涂铭旌，陈家钊．表面宏微处理对塑料黏结 NdFeB 永磁性能的影响［J］．功能材料，1996，27（2）：152–154.
［63］姚红宇，涂铭旌，宋余九，马宗跃．SiCp/2024 复合材料的氢脆敏感性研究［J］．复合材料学报，1996，13（2）：33–37.
［64］姚红宇，宋余九，涂铭旌．SiCp/2024 复合材料在拉伸过程中的力学—化学效应［J］．材料科学与工程，1996，14（2）：63–64.
［65］康雪雅，陶明德，涂铭旌．ZnO 压敏陶瓷的晶界结构［J］．材料研究学报，1996，10（3）：301–303.
［66］姚红宇，花迎春，宋余九，涂铭旌．颗粒增强 SiCp/2024 铝基复合材料的应力腐蚀断裂行为［J］．中国腐蚀与防治学报，1996，16（2）：206–210.
［67］陈家钊，蒋渝，刘叙，涂铭旌．透气性金属 – 陶瓷复合材料热膨胀特性的研究［J］．兵器材料科学与工程，1996，19（4）：9–13.
［68］康雪稚，宋世庚，韩英，涂铭旌，陶明德．ZnO 纳米粉对压敏陶瓷材料显微结构和电学特性的影响［J］．材料研究学报，1996，10（5）：529–535.
［69］黄婉霞，陈家钊，涂铭旌，刘颖，毛健，邓绍清，陈强，焦伟筱．PZT/Ni–Zn 铁氧体复合材料电磁特性研究［J］．功能材料，1996，27（5）：431–433.
［70］刘锦云，刘颖，涂铭旌．TiC 中间过渡层对硬质合金表面沉积（类）金刚石的影响［J］．金属热处理学报，1996（17）：38–41.
［71］姚红宇，宋余九，涂铭旌．非连续增强铝基复合材料的环境行为［J］．腐蚀科学与防护技术，1997（9）：56–60.
［72］黄婉霞，陈家钊，涂铭旌，刘颖，毛健．ZnO 晶须 /Ni–Zn 铁氧体复合材料对电磁波阻抗及反射能力研究［J］．兵器材料科学与工程，

1997，20（2）：13–16.

［73］陈荐，离升吉，肖建梅，沈保罗，涂铭旌. $3Al_2O_3 \cdot 2SiO_{2f}$/Al–Si复合材料磨损机理［J］. 国家自然科学基金资助项目，1997（2）：49–50.

［74］毛健，陈家钊，涂铭旌，黄婉霞，刘颖. 偶联剂和固化工艺对电磁波屏蔽用Ni涂料导电性能的影响［J］. 功能材料，1997，28（2）：137–139.

［75］黄婉霞，涂铭旌，陈家钊，刘颖，毛键. 环氧树脂含量对Ni–Zn铁氧体复合材料电磁特性的影响［J］. 功能材料，1997，28（2）：131–133.

［76］李伟，涂铭旌，赵晰明. 氧化铝短纤维增强铝硅合金复合材料高温摩擦磨损性能的研究［J］. 机械工程材料，1997，21（2）：1–3.

［77］陈荐，沈保罗，高升吉，涂铭旌. 铝基复合材料的磨面、磨屑与磨损机制［J］. 兵器材料科学与工程，1997，20（3）：19–23.

［78］陈荐，沈保罗，高升吉，涂铭旌. 莫来石纤维增强铝基合金复合材料在干滑动条件下的摩擦磨损特性［J］. 摩擦学报，1997，17（2）：140–145.

［79］陈家钊，黄婉霞，涂铭旌，刘颖，毛健. PZT对Ni–Zn铁氧体衰减电磁波能力的影响［J］. 复合材料学报，1997，14（3）：41–44.

［80］顾江镇，黄兴家，涂铭旌. Al_2O_3和ZTA陶瓷热冲击及磨损性能研究［J］. 四川冶金，1997（3）：40–52.

［81］陈荐，沈保罗，肖建梅，高升吉，涂铭旌. 纤维取向对复合材料磨损性能影响的统计学研究［J］. 复合材料学报，1997，14（4）：75–80.

［82］毛健，陈家钊，涂铭旌，黄婉霞，刘颖. 高导电粒子微观渗透提高Ni涂层屏蔽效能的研究［J］. 功能材料，1997，28（6）：626–628.

［83］黄婉霞，陈家钊，毛健，涂铭旌. 氧化锌形态及含量对ZnO/Ni–Zn铁氧体复合材料电磁特性的影响［J］. 功能材料与器件学报，1997，3（4）：259–262.

[84] 陈云贵，涂铭旌，高升吉，沈保罗．稀土对 ZA27 合金底缩影响的机制［J］．中国稀土学报，1997，15（4）：325−329.
[85] 毛健，陈家钊，黄婉霞，刘颖，涂铭旌．金属导电短纤维提高 Ni 涂层导电性能研究［J］．功能材料与器件学报，1997，3（4）：263−266.
[86] 陈云贵，涂铭旌．ZA27 合金液氧化特性［J］．特种铸造及有色合金，1998（1）：1−4.
[87] 肖素芬，沈保罗，陈荐，肖建梅，高升吉，涂铭旌．r−Al_2O_3、莫来石纤维增强 Al 一 iS 复合材料拉伸过程原位 SEM 研究［J］．理化检验一物理分册，1998，34（1）：6−8.
[88] 康雪雅，常爱民，韩英，王天雕，陶明德，涂铭旌．ZnO 压敏陶瓷的微波烧结［J］．无机材料学报，1998，13（5）：751−754.
[89] 顾江镇，黄兴家，涂铭旌．Al_2O_3 和 ZTA 陶瓷的制备及性能研究［J］．现代技术陶瓷，1998（1）：11−15.
[90] 毛健，陈家钊，涂铭旌，黄婉霞，刘颖．Ni 粉 /Ni−Zn 铁氧体复合材料复合磁导率的研究［J］．复合材料学报，1998，15（1）：20−23.
[91] 高升吉，沈保罗，杨刚，黄兴家，涂铭旌．Si 对 Zn−Al 合金性能的影响［J］．特种铸造及有色合金，1998（2）：4−6.
[92] 陈云贵，涂铭旌．ZA27 合金的尺寸变化规律及其尺寸稳定化工艺［J］. 中国机械工程，1998，9（4）：67−70.
[93] 高升吉，沈保罗，杨刚，涂铭旌．Zn−25%Al−X%Cu 合金的力学性能和耐磨性研究［J］．特种铸造及有色金属，1998（3）：16−18.
[94] 陈家钊，蒋渝，刘颖，涂铭旌．金属一陶瓷透气性复合材料的热震性研究［J］．四川联合大学学报，1998，2（3）：101−105.
[95] 陈云贵，涂铭旌．Zn−48．48Al−1．65Cu−0.03Mg 合金液表面氧化膜微细特性［J］．金属学报，1998，34（6）：621−626.
[96] 陈云贵，涂铭旌．含镧 ZA12 和 ZA27 合金相变过程的 DSC 分析［J］．材料开发与应用，1998，13（3）：20−23.
[97] 陈云贵，涂铭旌，沈保罗，高升吉．过饱和 ZA27 的尺寸收缩及其与组织转变的关系［J］．中国有色金属学报，1998，8（2）：254−258.

[98] 沈保罗，高升吉，涂铭旌．硅酸铝短纤维增强 ZL109 复合材料的热疲劳性能［J］．理化检验－物理分册，1998，34（9）：3-5.

[99] 阎康平，罗春晖，涂铭旌．铝箔交流侵蚀过程的计算机监测（1）［J］. 电子元件与材料，1998，17（5）：6-10.

[100] 毛健，黄婉霞，陈家钊，吴行，谢宁，涂铭旌．多层复合材料屏蔽电磁波的理论模型［J］．四川联合大学学报，1998，2（6）：114-118.

[101] 黄婉霞，毛健，吴行，陈家钊，涂铭旌．铁磁性 Mn-Zn、Ni-Zn 铁氧体与铁电性 $BaTiO_3$ 复合材料吸收电磁波能力研究［J］．四川联合大学学报，1998，2（6）：114-118.

[102] 赵平，高升吉，陈睿，董斌，沈保罗，涂铭旌．挤压铸造中压强对复合材料强度的影响［J］．材料工程，1998，（12）：110-113.

[103] 刘颖，涂铭旌．纳米晶 $Fe_3B/Nd_2Fe_{14}B$ 黏结永磁体的磁性能研究［J］. 稀土，1998，19（6）：48-50.

[104] 赵平，高升吉，沈保罗，涂铭旌．莫来石纤维 /ZL109 复合材料中纤维分布状况分析［J］．四川工业学院学报，1998，17（4）：11-14.

[105] 赵平，高升吉，陈睿，董斌，沈保罗，涂铭旌．浸渗过程中纤维与基体之间氧化膜的形成机制［J］．中国有色金属学报，1998，8（s1）：201-204.

[106] 陈睿，赵平，董斌，高升吉，沈保罗，涂铭旌．莫来石短纤维增强 ZL109 铝基复合材料的时效行为［J］．中国有色金属学报，1998，8（s1）：181-184.

[107] 陈家钊，蒋渝，刘颖，涂铭旌．Ca-PSZ 对透气性金属——陶瓷复合材料性能和组织结构的影响［J］. 四川联合大学学报，1999，3（1）：72-77.

[108] 陈家钊，周秀丽，朱达川，李宁，涂铭旌，张自明，胡兆敏．Li 对工业纯 Cu 中夹杂物的净化效应［J］．稀有金属材料与工程，1999，28（5）：273-276.

[109] 霍永忠，陈远富，祖小涛，陈孟思，涂铭旌．NiTi 形状记忆合金拉伸实验及数值模拟［J］．功能材料，1999，30（1）：71-73.

[110] 黄婉霞，陈家钊，涂铭旌，毛健. 纳米级 Fe_3O_4 对电磁波的吸收效能研究［J］. 功能材料，1999，30（1）：105–106.
[111] 沈保罗，赵平，高升吉，涂铭旌. 保温时间对铝基复合材料抗拉强度的影响［J］. 特种铸造及有色合金，1999（1）：21–22.
[112] 刘颖，图铭旌. 阴极脉冲电泳涂层对黏结 NdFeB 永磁性能的影响［J］. 功能材料，1999，30（1）：
[113] 文玉华，李宁，陈孟诗，涂铭旌，李平全，刘迎来，马颖丽. 碳含量对不同淬火态 Fe–Mn–Si–Cr–Ni–C 系合金形状记忆效应的影响［J］. 金属热处理，1999（3）：24–25.
[114] 毛健，涂铭旌，陈家钊，黄婉霞，吴航，谢宁. Ni/ 聚乙烯复合材料复磁导率研究［J］. 功能材料与器件学报，1999，5（1）：53–56.
[115] 赵平，高升吉，陈睿，董斌，沈保罗，涂铭旌. 挤压浸渗中的包抄现象及气孔形成机制［J］. 中国有色金属学报，1999，9（1）：29–34.
[116] 赵平，王珊玲，高升吉，沈保罗，涂铭旌. 纤维长度对 M/ZL109 复合材料强度及可靠性的影响［J］. 理化检验－物理分册，1999，35（3）：102–104.
[117] 桑革，陈云贵，涂铭旌，韩满贵. AB_5 型贮氢合金吸放氢过程的中毒现象［J］. 功能材料，1999，30（2）：137–140.
[118] 毛健，陈家钊，涂铭旌，黄婉霞，谢宁，吴航. Ni/ 聚乙烯复合材料复介电常数研究［J］. 功能材料，1999，30（2）：212–213.
[119] 阎康平，罗春晖，涂铭旌. 电流对高纯铝箔交流电侵蚀的影响［J］. 中国有色金属学报，1999，9（3）：582–585.
[120] 陈荐，符慧林，沈保罗，涂铭旌，高升吉，肖素芬. 莫来石短纤维增强铸铝合金复合材料断裂机制及强度分析［J］. 长沙电力学院学报，1999，14（2）：163–166.
[121] 刘颖，陈悦，涂铭旌. 不同表面处理工艺对快淬 NdFeB 永磁粉抗氧化性和磁性能影响［J］. 功能材料，1999，30（3）：252–253.
[122] 阎康平，涂铭旌，严季新，胡广军，王建中. 侵蚀电流对中高压电

容器铝箔孔密度和电容量的影响［J］. 电子元件与材料，1999，18（3）：26–27.

［123］毛健，涂铭旌，陈家钊，黄婉霞，吴行. 电磁波屏蔽材料梯度功能设计—基本原理及材料可行性初探［J］. 功能材料与器件学报，1999，5（2）：137–141.

［124］李全安，陈云贵，王丽华，涂铭旌. 贮氢合金的开发与应用［J］. 材料开发与应用，1999，14（3）：33–36.

［125］文玉华，李宁，陈孟诗，涂铭旌，李平全，刘迎来，马颖丽. 碳含量对不同淬火态 Fe–Mn–Si–Cr–Ni–C 系合金回复应力的影响［J］. 金属热处理，1999，（7）：15–17.

［126］陈云贵，陈远富，涂铭旌，唐定骧，唐劲科. 具有巨磁热效应的 GdSiGe 系磁致冷新材料的介绍［J］. 中国有色金属学报，1999，9（S1）：290–293.

［127］朱达川，陈家钊，周秀丽，涂铭旌，张自明，胡兆敏. 锂对工业纯铜的抗氧化性能的影响［J］. 中国有色金属学报，1999，9（S1）：260–264.

［128］刘颖，陈悦，涂铭旌，敬安晋. 各向异性的黏结钕铁硼 / 铁氧体永磁复合材料的磁性能［J］. 功能材料，1999，30（4）：352.

［129］朱达川，陈家钊，周秀丽，涂铭旌，张自明，胡兆敏. 锂消除纯铜铸造枝晶组织的研究［J］. 特种铸造及有色合金，1999，（4）：1–2

［130］陈荐，符慧林，沈保罗，涂铭旌，高升吉. $3Al_2O_3 \cdot 2SiO_2f/ZL109$ 复合材料的界面反应［J］. 兵器材料科学与工程，1999，22（5）：20–23.

［131］陈家钊，朱达川，李宁，张伟东，涂铭旌，胡兆敏. 锂对工业纯铜中非金属夹杂的净化作用及热力学分析［J］. 中国有色金属学报，1999，9（S1）：111–114.

［132］陈荐，符慧林，沈保罗，涂铭旌，高升吉，李录平. Al–Si 复合材料内在组分对润滑磨损性能的影响［J］. 材料保护，国家自然科学基金资助项目，1999，（4）：17–18.

[133] 赵平，高升吉，沈保罗，涂铭旌. 富镧混合稀土对莫来石短纤维增强ZL109 复合材料高温强度的影响［J］. 中国稀土，1999，20（5）：27–30.
[134] 文玉华，李宁，陈孟诗，涂铭旌，李平全，刘迎来，马颖丽. 淬火温度对冷拉态 Fe–18Mn–5Si–8Cr–4Ni 形状记忆合金回复应力的影响［J］. 功能材料，1999，30（6）：620–621.
[135] 文玉华，李宁，陈孟诗，涂铭旌，李平全，刘迎来，马颖丽. 淬火温度对冷拉态 Fe–18Mn–5Si–8Cr–4Ni 形状记忆合金形状记忆效应的影响［J］. 功能材料，1999，30（6）：622–623.
[136] 阎康平，涂铭旌，严季新，王建中，胡广军. 电极布置对电容器铝箔失重和比容均匀性的影响［J］. 电子元件与材料，1999，18（6）：15.
[137] 桑革，涂铭旌，闫康平，李全安，陈云贵. 一种新型稀土合金 $MLNi_{4.5}Al_{0.5}$ 的贮氢性能［J］. 中国稀土，1999，20（6）：65–67.
[138] 赵平，高升吉，沈保罗，涂铭旌. 残余孔洞对莫来石短纤维 /ZL109 复合材料强度的影响［J］. 中国有色金属学报，1999，9（4）：744–747.
[139] 涂铭旌，刘颖，朱达川. 纳米稀土材料的研究进展［J］. 四川大学学报，2002，34（4）：1–4.
[140] 涂铭旌. 充分利用四川丰产稀土资源，促进稀土工业持续发展［J］. 世界科技研究与发展，2003，25（1）：1–5.
[141] 涂铭旌，唐英，王召东. 从“点石成金”到现代点金术（一）［J］. 重庆文理学院学报，2003，32（5）：1–3.
[142] 涂铭旌，宋大余，刘颖，郭岗. 应用纳米技术改造和提升传统产业［J］. 涂料涂装与电镀，2004，2（1）：3–6.
[143] 涂铭旌，宋大余，刘颖，朱达川. 纳米材料和纳米技术的应用开发［J］. 功能材料，2004，1（1）：38–40.
[144] 涂铭旌，宋大余，刘颖. 纳米材料和纳米技术提升传统产业［J］. 后勤工程学院学报，2005，21（2）：1–4.
[145] 涂铭旌，陈云贵. 稀土、钒钛贮氢合金及镍氢电池研究进展［J］. 四川大学学报，2006，3（5）：1–6.
[146] 涂铭旌，唐英，孟江平. 创造发明的思路与方法［J］. 西南科技大

学学报，2012，27（2）：1-4.
[147] 涂铭旌，唐英，张进，孟江平. 创新型人才培养的思路、方法及路径（一）[J]. 西华大学学报，（自然科学版），2012，31（4）：1-4.
[148] 涂铭旌，欧忠文. 表面工程的发展及思考[J]. 中国表面工程，2012，25（5）：1-5.
[149] 涂铭旌，唐英，张进，孟江平. 创新型人才培养的思路、方法及路径（二）[J]. 西华大学学报，（自然科学版），2012，31（6）：1-8.
[150] 涂铭旌，徐迪，唐英，张进. "少人区""无人区"科技谋略[J]. 重庆高教研究，2013，1（1）：32-35.

著作

[1] 涂铭旌. 钢的热处理[M]. 北京：龙门联合书局，1952.
[2] 涂铭旌. 机械零件失效分析与预防[M]. 北京：高等教育出版社，1993.
[3] 涂铭旌. 材料创造发明学[M]. 北京：化学工业出版社，2000.
[4] 涂铭旌. 材料创造发明学[M]. 成都：四川大学出版社，2007.
[5] 涂铭旌，杜生民. 科技竞争谋略 36 法[M]. 成都：四川大学出版社，2009.
[6] 涂铭旌，任华. 辩证思维与科技谋略[M]. 重庆：重庆出版社，2012.
[7] 涂铭旌，张铁军，宋大余，张崇才. 机械设计与材料设计[M]. 北京：化学工业出版社，2014.
[8] 涂铭旌，鄢文彬. 低合金钢低温脆性断裂论文集[M]. 西安：西安交通大学出版社，1985.

参考文献

[1] 皋古平主编. 同济大学 100 年 [M]. 上海：同济大学出版社，2007.

[2] 翁智远，屠听泉主编. 同济大学史第一卷（1907-1949）第二版 [M]. 上海：同济大学出版社，2007.

[3] 栉风沐雨铸辉煌——哈尔滨工业大学建校九十周年纪念文集 [Z]，内部出版物，2010.

[4] 周惠久. 金属机械性能 [M]. 北京：机械工业出版社，1961.

[5] 涂铭旌. 液体金属对钢及耐热合金的高温强度及塑性的影响 [J]. 西安交通大学学报，1963（3）：71-87.

[6] 涂铭旌. 液体金属对鋼及耐热合金的高溫持久强度的影响 [J]. 金属学报，1966，9（1）：56-62.

[7] 周惠久，涂铭旌，邓增杰，朱维斗. 再论发挥金属材料强度潜力问题—强度、塑性、韧度的合理配合 [J]. 西安交通大学学报，1979（4）：1-21.

[8] 周惠久，涂铭旌，邓增杰，朱维斗. 再论发挥金属材料强度潜力问题—强度、塑性、韧度的合理配合（续完）[J]. 西安交通大学学报，1980，14（1）：25-38.

[9] 周惠久，涂铭旌，鄢文彬. 从材料强度观点论机器零件的失效分析及失效的防止 [J]. 西安交通大学学报，1981，15（3）：5-17.

[10] 鄢文彬，涂铭旌. 结构钢在低温下冲击断裂时的裂纹萌生与扩展 [J]. 西安

交通大学学报，1981，15（6）：41–49.

[11] 胡志忠，张平生，涂铭旌. 疲劳断裂机制图在失效分析中的应用 [J]. 机械工程材料，1982（1）：52–55.

[12] 涂铭旌. 零件失效分析及材料强度、塑性、韧性的合理配合 [J] 金属材料与热加工工艺，1982（4）：24–32.

[13] 张良运，涂铭旌. 复合强化对结构钢疲劳强度的影响 [J]. 机械工程材料，1983（1）：48–52.

[14] 张良运，涂铭旌. 中碳合金结构钢的循环热处理与滚压强化 [J]. 金属科学与工艺，1983，2（1）：13–21.

[15] 涂铭旌，郭大展，王静宜，胡志忠，安仁杰. 表面强化对球铁疲劳裂纹萌生、扩展的影响 [J]. 西安交通大学学报，1983，17（6）：53–60.

[16] 涂铭旌，鄢文彬，周惠久，富振成. 结构钢在低温下的多次冲击断裂抗力 [J]. 西安交通大学学报，1984，18（6）：57–65.

[17] 涂铭旌，鄢文彬，张平生，富振成，刘忠林，李吉厚. 80 吨工矿电机车从动齿轮脆断失效分析及改进措施 [J]. 西安交通大学学报，1985，19（4）：53–60.

[18] 涂铭旌，张平生，邓春枝. 法 KT–1501 型汽轮机动叶片的疲劳断裂与强度校核 [J]. 西安交通大学学报，1985，19（4）：43–51.

[19] 涂铭旌，金志浩，刘德跃，周敬恩. 冷变形工模具钢强度、塑性、韧性及冲击疲劳抗力的研究 [J]. 机械材料工程，1986（4）：10–14.

[20] 涂铭旌，鄢文彬，张平生，郑森林. 正火态低合金结构钢 15MnMoVNRe 的微观组织与低温力学行为 [J]. 西安交通大学学报，1987，21（2）：59–66.

[21] 涂铭旌，郭大展，张良运. 论发挥球墨铸铁的强度潜力 [J]. 新技术新工艺，1987（6）：4–6.

[22] 涂铭旌，张建中，冯忠信. 热处理节能与材料强度研究 [J]. 金属热处理，1987（12）：4–11.

[23] 涂铭旌，张良运，张振洪，马丽华，金毓洲. 低合金高强度钢拉 – 拉脉动腐蚀疲劳性能的研究 [J]. 金属科学与工艺，1988，7（3）：1–6.

[24] 涂铭旌，周敬恩. 钢的第一类回火脆性 [J]. 兵器材料科学与工程，1988（3）：1–9.

[25] 涂铭旌，周敬恩，刘德跃，金志浩. T10 钢和 GCr15 钢第一类回灭脆性的研

究 [J]. 兵器材料科学与工程，1988 (4)：20−27.
[26] 涂铭旌，张振洪，张良运，胡志忠，盛玉林，吕兴武，尤加恩，金毅洲. 煤矿井下圆环链断裂分析 [J]. 西安交通大学学报，1988，22 (5)：115−120.
[27] 涂铭旌，邢志强，黄淑菊，宋宇九. 低碳钢的组织对腐蚀疲劳的影响 [J]. 金属学报，1988，24 (6)：398−403.
[28] 涂铭旌，鄢文彬，林君山. 影响解理断裂应力 σf 测定因素的分析 [J]. 西安交通大学学报，1988，22 (6)：25−31.
[29] 涂铭旌，张建勋，史耀武. 焊接不均匀裂纹体全塑性解的研究 [J]. 焊接学报，1989，10 (1)：65−72.
[30] 涂铭旌，鄢文彬. 结构钢的低温脆断机制判据及其预防 [J]. 兵器材料科学与工程，1989 (1)：12−22.
[31] 周惠久. 金属材料强度学 [M]. 北京：科学出版社，1989.
[32] 崔忠圻，刘北兴编. 金属学与热处理原理 [M]. 哈尔滨：哈尔滨工业大学出版社，1996.
[33] 徐国财，张立德编. 纳米复合材料 [M]. 北京：化学工业出版社，2002.
[34] 石德珂主编. 材料科学基础 (第 2 版) [M]. 北京：机械工业出版社，2003.
[35] 周祖福主编. 复合材料学 [M]. 武汉：武汉理工大学出版社，2004.
[36] 崔忠圻主编. 金属学与热处理原理 [M]. 哈尔滨：哈尔滨工业大学出版社，2004.
[37] 涂铭旌. 材料创造发明学 [M]. 成都：四川大学出版社，2007.
[38] 唐有根编. 镍氢电池 [M]. 北京：化学工业出版社，2007.
[39] 易丹青，崔振铎，刘华山，黄伯云等主编. 金属材料及热处理 [M]. 长沙：中南大学出版社，2010.
[40] 唐定骧，刘余九，张洪杰. 稀土金属材料 [M]. 北京：冶金工业出版社，2011.
[41] 潘金生，仝健民，田民波. 材料科学基础 (修订版) [M]. 北京：清华大学出版社，2011.
[42] 吴承建主编. 金属材料学 (第 2 版) [M]. 北京：冶金工业出版社，2011.
[43] 朱张校主编. 工程材料学工程材料学 [M]. 北京：清华大学出版社，2012.
[44] 高树理，张明习. 功能复合材料的性能与应用 [A]. 复合材料的现状与发展——第十一届全国复合材料学术会议论文集 [C]. 2000.

[45] 李全安，桑革，李建文，陈云贵，涂铭旌. 非化学计量比贮氢合金 Ml（Ni0.71Co0.15Al0.06Mn0.08）x 的电化学性能 [J]. 中国有色金属学报，2000（05）：559–662.

[46] 徐廷献，王树彬. 功能复合材料研究进展 [A]. 第四届中国功能材料及其应用学术会议论文集 [C]，2001.

[47] 李秉哲，宋延沛，张恒，K.U.Kainer. 大断面铁基梯度功能复合材料的梯度结构与性能 [A]. 第四届中国功能材料及其应用学术会议论文集 [C]. 2001.

[48] 李全安，桑革，陈云贵，李宁，唐定骧，涂铭旌. Ce 含量对贮氢合金及其电极特性的影响 [J]. 稀有金属材料与工程，2001（01）：54–57.

[49] 李全安，桑革，李建文，陈云贵，涂铭旌. 贮氢合金电极的表面分析 [J]. 功能材料，2001（02）：151–153.

[50] 李全安，桑革，李建文，陈云贵，涂铭旌. 非化学计量比贮氢合金及其电极特性 [J]. 功能材料，2001（02）：156–163.

[51] 李建文，陈云贵，涂铭旌. 热处理对 LPC（NiCoAlMn）5. 0 贮氢合金电化学性能的影响 [J]. 稀有金属材料与工程，2002（05）：397–400.

[52] 郑群，陈云贵，王金国，陶明大，唐定骧，涂铭旌. 退火处理对快淬贮氢合金显微组织及电化学性能的影响 [J]. 中国稀土学报，2003（04）：417–420.

[53] 吴朝玲，陈云贵，陶明大，李锋，涂铭旌，唐定骧. 薄壁铸造铸态贮氢合金的电化学性能及微观分析 [J]. 中国有色金属学报，2003（04）：854–858.

[54] 李全安，陈云贵，涂铭旌. 热处理对快淬贮氢合金组织和电化学性能的影响 [J]. 稀土，2004（01）：5–8.

[55] 宋延沛，毛协民，董企铭，欧阳志英. 颗粒增强 Fe–C 功能复合材料的现状及展望 [A]. 第五届中国功能材料及其应用学术会议论文集Ⅱ [C]. 2004.

[56] 吴朝玲，陈云贵，李锋，陶明大，涂铭旌，唐定骧. 薄壁铸造和退火工艺对 LPCNi3.55Co0.75Mn0.4Al0.3 贮氢合金电化学性能的影响 [J]. 中国稀土学报，2004（04）：476–480.

[57] 付浩，陈云贵，张铁邦，涂铭旌. Gd5Si2Ge2 相的线状缺陷 [J]. 中国稀土学报，2005（04）：409–413.

[58] 陶明大，陈云贵，吴朝玲，付春艳，涂铭旌. Low–Temperature Hydrogen Storage Alloy and Its Application in Ni–MH Battery [J]. Journal of Rare Earths,

2004（06）：882-886.
[59] 陶明大，陈云贵，闫康平，周川，吴朝玲，涂铭旌．稀土氧化物对贮氢合金电极电化学性能的影响［J］．稀有金属材料与工程，2005（04）：552-556.
[60] 郭鹤桐，王为．电化学技术制备表面功能复合材料［A］．第六届全国表面工程学术会议暨首届青年表面工程学术论坛论文集［C］．2006.
[61] 涂铭旌，陈云贵．稀土、钒钛贮氢合金及镍氢电池研究进展［J］．四川大学学报（工程科学版），2006（05）：1-6.
[62] 羊恒，陈云贵，陶明大，吴朝玲，涂铭旌．镍氢电池——用无钴 AB5 型贮氢合金的研究进展［J］．四川稀土，2008（03）：20-22.
[63] 宋延沛，李永凯，王悔改．载荷对不同磨损速度下再生功能复合材料磨损性能的影响［A］．第七届中国功能材料及其应用学术会议论文集（第 3 分册）［C］．2010.
[64] 肖勋文，房江华，高浩其，衫本豐成．TTF 衍生物的电磁双功能复合材料（英文）［A］．全国第八届有机固体电子过程暨华人有机光电功能材料学术讨论会摘要集［C］．2010.
[65] 宾月珍．聚乙烯基功能复合材料的结构与性能研究［A］．2011 年全国高分子学术论文报告会论文摘要集［C］．2011.
[66] 涂铭旌．材料创造发明学［M］．成都：四川大学出版社，2007.
[67] 涂铭旌，杜生民．科技竞争谋略 36 法［M］．成都：四川大学出版社，2009.
[68] 冯国端．辩证思维及其当代意义［J］．北京：北京行政学院学报，2010（5）.
[69] 涂铭旌，刘定祥．从美学的角度看科学与艺术［J］．科学中国人，2011（13）.
[70] 涂铭旌，任华编．辩证思维与科技谋略［M］．重庆：重庆出版社，2012.
[71] 刘晓东．师韵：北科大走出的院士［M］．北京：冶金工业出版社，2012.

后记

2013 年，我们接受了涂铭旌院士学术成长资料采集的任务，经过一年多的工作，今天终于画上了句号。

首先应该感谢的是涂铭旌院士。在了解我们的工作需求后，涂院士给予了采集小组极大的支持，一年多来，他老人家时常辗转于成渝两地，无数次配合我们进行了录音录像采访。每次访谈，涂院士总是提前审阅提纲，做好精心准备，对我们准备不足的部分，他还会事先补充标注，及时与我们沟通。记得开始正式访谈是在 2014 年 3 月，初春的成都，天气还有些微凉，地处一楼的四川大学教育电视台演播室的气温似乎更低，涂铭旌院士却常常在这里一坐就是一天，针对我们的提问反复回忆、认真解答。2014 年 10 月，涂院士身在重庆，他想与采集小组当面交代年表和访谈稿的审核意见，但考虑到采集小组的同志工作都很忙，他为了不让我们再奔波，居然不顾年迈，让司机开车几百公里送他回到成都，回来后又不顾一路疲乏，利用午饭时间与我们边吃饭边交流情况，然后下午又赶回重庆。涂铭旌院士严谨求实的精神和真诚待人的态度，感染了采集小组每一位成员。当采集小组提出要收集珍贵的实物资料时，虽然最初很不舍，但经过多次交流，涂院士最后捐出了自己几乎所有的信件、手稿和证书，装了整整一麻袋。他的倾力支持，给予了采集小组莫大的动力。采集小组耗时一年多完成了采集工作，同时也在潜移默化中接受了涂铭旌院士一年多的言传身教，获益良多，无以详述。涂铭旌院士的夫人唐昭莼女士，也为采集小组提供了许多帮助，尤其是对时代背景和涂院士生活状态的描述，唐女士提供了许多重要线索。

除了涂铭旌院士及其家人的全力支持，一年多来，采集小组奔波于北京、西安、上海、重庆等地，也得到了江津几江中学（前身为旅宜四川中学）、同济大学、哈尔滨工业大学、北京科技大学、西安交通大学、四川大学、重庆文理学院、重庆市科学技术研究院等单位和诸多人士的鼎力相助。由于涂铭旌院士早已年过八旬，他的朋友、同学、同事也大多年事已高，有的甚至还抱恙在家，但听说了我们的意图后，多数都爽快接受了我们的拜访，并提供了大量有价值的口述或实物资料。比如，1958—1988年，涂院士曾在西安交通大学工作和生活了三十年，当采集小组向西安交通大学材料学院提出采访和资料采集申请时，就得到了学院的全力配合。西安交通大学材料学院同仁不仅代为联系了涂铭旌的多位老同事，还联系了学校档案馆，为采集小组查阅档案资料提供了便利。涂铭旌院士在西安期间的老同事邓增杰教授、金志浩教授、宋余九教授和周敬恩教授，得知采集小组已到西安，都主动前往学院接受采访，让我们大为感动。涂院士的挚友李鹤林院士，不但在西安接受了两次采访，还为课题组提供了对涂铭旌院士的学术评价，让学术成长资料的采集增添了重要的参考材料。为了保证口述的准确性，邓增杰教授、金志浩教授和宋余九教授在第二次采访时提议，采取同时采访的形式，便于大家相互提点和补充。类似的细节，采集过程中比比皆是。采集工程办公室和四川省科协也给予了我们很多具体的指导，特别是张藜老师和李梅老师为我们提出了许多中肯的意见。正是依靠这些帮助，采集任务得以顺利完成，在此一并致以诚挚的谢意。

一年多来，采集小组成员同时兼顾了繁重的日常工作和课题研究，工作量成倍增加，但是大家都毫无怨言，牺牲了大量的休息时间，加班加点，使采集工作得以顺利推进。四川大学研究生张闯、张欣、张小倩等也在资料编目和书稿校对上做了很多细致的工作。采集小组取得的成果是团队的成绩，是每个成员辛勤劳动的结果，愿将此次课题研究的经验化为我们今后工作的动力。

最后再次感谢曾给予采集小组支持的所有同仁！

老科学家学术成长资料采集工程丛书

已出版（76 种）

《卷舒开合任天真：何泽慧传》
《从红壤到黄土：朱显谟传》
《山水人生：陈梦熊传》
《做一辈子研究生：林为干传》
《剑指苍穹：陈士橹传》

《情系山河：张光斗传》
《金霉素·牛棚·生物固氮：沈善炯传》
《胸怀大气：陶诗言传》
《本然化成：谢毓元传》
《一个共产党员的数学人生：谷超豪传》

《含章可贞：秦含章传》
《精业济群：彭司勋传》
《肝胆相照：吴孟超传》
《新青胜蓝惟所盼：陆婉珍传》
《核动力道路上的垦荒牛：彭士禄传》

《探赜索隐　止于至善：蔡启瑞传》
《碧空丹心：李敏华传》
《仁术宏愿：盛志勇传》
《踏遍青山矿业新：裴荣富传》
《求索军事医学之路：程天民传》

《一心向学：陈清如传》
《许身为国最难忘：陈能宽》
《钢锁苍龙　霸贯九州：方秦汉传》
《一丝一世界：郁铭芳传》
《宏才大略：严东生传》

《此生情怀寄树草：张宏达传》
《梦里麦田是金黄：庄巧生传》
《大音希声：应崇福传》
《寻找地层深处的光：田在艺传》
《举重若重：徐光宪传》

《魂牵心系原子梦：钱三强传》
《往事皆烟：朱尊权传》
《智者乐水：林秉南传》
《远望情怀：许学彦传》
《没有盲区的天空：王越传》

《行有则　知无涯：罗沛霖传》
《为了孩子的明天：张金哲传》
《梦想成真：张树政传》
《情系粱菽：卢良恕传》
《笺草释木六十年：王文采传》

《妙手生花：张涤生传》
《硅芯筑梦：王守武传》
《云卷云舒：黄士松传》
《让核技术接地气：陈子元传》
《论文写在大地上：徐锦堂传》

《铃记：张兴钤传》
《寻找沃土：赵其国传》
《虚怀若谷：黄维垣传》
《乐在图书山水间：常印佛传》
《碧水丹心：刘建康传》

《我的气象生涯：陈学溶百岁自述》
《赤子丹心 中华之光：王大珩传》
《根深方叶茂：唐有祺传》
《大爱化作田间行：余松烈传》
《格致桃李半公卿：沈克琦传》
《躬行出真知：王守觉传》
《草原之子：李博传》
《我的教育人生：申泮文百岁自述》
《阡陌舞者：曾德超传》
《妙手握奇珠：张丽珠传》
《追求卓越：郭慕孙传》
《走向奥维耶多：谢学锦传》
《绚丽多彩的光谱人生：黄本立传》

《宏才大略 科学人生：严东生传》
《航空报国 杏坛追梦：范绪箕传》
《聚变情怀终不改：李正武传》
《真善合美：蒋锡夔传》
《治水殆与禹同功：文伏波传》
《用生命谱写蓝色梦想：张炳炎传》
《远古生命的守望者：李星学传》
《探究河口 巡研海岸：陈吉余传》
《胰岛素探秘者：张友尚传》
《一个人与一个系科：于同隐传》
《究脑穷源探细胞：陈宜张传》
《星剑光芒射斗牛：赵伊君传》
《蓝天事业的垦荒人：屠基达传》